Hans-Günter Rolff

Wandel durch Selbstorganisation

Theoretische Grundlagen und
praktische Hinweise für eine
bessere Schule

Juventa Verlag
Weinheim und München 1993

Der Autor
Hans-Günter Rolff, Jg. 1939, Dipl.-Soz., Dr. rer. pol., ist Professor für Schulpädagogik und Bildungsplanung an der Universität Dortmund. Seit seiner Gründung 1973 ist er gleichzeitig Leiter des Instituts für Schulentwicklungsforschung (IFS) der Universität Dortmund.

Die Deutsche Bibliothek — CIP-Einheitsaufnahme

Rolff, Hans-Günter:
Wandel durch Selbstorganisation : theoretische Grundlagen und praktische Hinweise für eine bessere Schule / Hans-Günter Rolff. — Weinheim ; München : Juventa Verlag 1993
   (Eine Veröffentlichung des Instituts für Schulentwicklungsforschung der Universität Dortmund)
   ISBN 3-7799-1011-X

© 1993 Juventa Verlag Weinheim und München
Umschlaggestaltung: Atelier Warminki, 6470 Büdingen 8
Umschlagfoto: Elisabeth Niggemeyer, Berlin
Printed in Germany

ISBN 3-7799-1011-X

Inhalt

Einleitung

Schulen sind wieder ins Gespräch gekommen, nachdem sie in den achtziger Jahren an den Rand des öffentlichen Interesses gedrängt waren. Die Gründe für das neuerliche Interesse an Schulen sind zunächst problematischer Art: Finanzknappheit bei den Schulträgern, Sparpolitik in allen Bundesländern, steigende Klassenfrequenzen, Kürzung der Stundentafeln, Unterrichtsausfall, aber auch „unbequeme" Kinder und Jugendliche, Überforderung der Lehrkräfte, Existenzkrise der Hauptschule oder Identitätskrise von Gymnasium und Gesamtschule. Es wächst aber auch das „positive" Interesse: Schule wird immer wichtiger als gesellschaftliche Integrationsinstanz, und Schulreform rückt in das Blickfeld von Unternehmern und Gewerkschaftern in dem Maße, in dem die Qualifikationsanforderungen wachsen und Selbständigkeit, Analyse- und Planungswissen sowie soziale Kompetenz gefordert werden.

Die Reaktion der Beteiligten und Betroffenen ist ambivalent: einerseits Resignation, „innere Kündigung" und — berechtigter — Protest, andererseits ebenfalls Protest, aber auch Begreifen der Schulkrise als Chance für einen neuen Aufbruch.

Für einen neuen Aufbruch sind in der Tat die objektiven Bedingungen günstig: Die Öffentlichkeit erwartet von der Schulpolitik nicht nur Sparmaßnahmen und Krisenmanagement, sondern Gestaltungsmaßnahmen, wenn nicht Reformen. Und einige Kultusministerien haben bereits reagiert mit Entwürfen für neue Schulgesetze, Städtetag und Städte- und Gemeindebund propagieren Konzepte für eine neue Schulverfassung und Regierungen oder Parlamente haben Schulreformkommissionen eingesetzt. Wichtiger noch ist die sich verbreitende Erkenntnis, daß die Zeit zentraler Reformplanungen vorbei ist, weil sie nicht funktionieren, weil sie nicht akzeptiert werden und weil sie für die meisten Einzelschulen nicht passen. Anstelle dessen treten mehr und mehr Selbstorganisation in Form von Eigeninitiative und situationsangemessene Lösungen in lokaler und regionaler Schulentwicklung, die allerdings überlokale Unterstützung benötigen.

Davon handelt dieses Buch, von Selbstorganisation und Unterstützungskonzepten.

9

Es ist aus der Praxis entstanden, aus zahlreichen Beratungen von Einzelschulen, von Schulträgern wie auch der Schulaufsicht und Schulpolitik. Zahlreiche Anregungen zum Schlußteil verdanke ich dabei Per DALIN, dem Gründer und Leiter von IMTEC, und der Mitarbeit beim LSW, dem nordrheinwestfälischen Landesinstitut für Schule und Weiterbildung in Soest, das die Entwicklung neuer Schulkonzepte zusammen mit der Lehrer- und Schulleiterfortbildung sowie der Schulaufsicht vorantreibt.

Die eher theoretischen Beiträge sind auf ihre Weise ebenfalls praxiserprobt, indem ich sie etliche Male als Vorträge gehalten und nach der Diskussion revidiert und überarbeitet habe. Die meisten sind danach in Fachzeitschriften veröffentlicht worden. Für die Publikation im vorliegenden Band habe ich sie erneut überarbeitet.

Dabei ist ein in zwei Teile gegliederter Band herausgekommen. Nach dem Prinzip, „keine Lösungsvorschläge ohne vorhergehende gründliche Diagnose", analysiere ich im ersten Teil die Problemsituation aus mehreren Perspektiven. Ich beginne mit einer Darstellung der Lebensbedingungen von Kindern, um unmißverständlich klarzumachen, daß Schulentwicklung in erster Linie für Schülerinnen und Schüler betrieben wird. Es folgen Erörterungen bildungstheoretischer Art angesichts einiger grundlegender gesellschaftlicher Veränderungen und der damit korrespondierenden Veränderung der Wissensformen, die für schulischen Unterricht bedeutsam sind. Daran schließen sich Analysen der allgemeinen Erziehungsbedingungen und des Qualifikationsbedarfs an. Der erste Teil wird abgeschlossen durch eine schonungslose Darstellung des Dilemmas, in dem sich die aus dem 19. Jahrhundert stammende deutsche Schulstruktur am Ausgang des zwanzigsten Jahrhunderts befindet.

Der zweite Teil handelt von Ansätzen von Lösungen. Zunächst werden die Bedingungen von Lösungen dargestellt, die bei der Einzelschule ansetzen. Das setzt ein vertieftes Verständnis der Besonderheiten der Schule als sozialer Organisation voraus, die ausführlich dargelegt werden. Motor der Entwicklung können nur Kollegium und Schulleitung selbst sein, aber sie benötigen die Unterstützung von Schulaufsicht und Schulverwaltung, die sich in einer Weise ändern müssen, die abschließend skizziert wird. Wie der „Motor zum Laufen gebracht" werden kann, versuchen die methodischen Hinweise im Kapitel über die sich-selbst-verändernde Schule deutlich zu machen. Sie orientieren sich am Konzept der Organisationsentwicklung, das sich über das ausführlich kommentierte Literaturverzeichnis vertieft erschließen läßt, welches diesem Band angefügt ist.

Insgesamt will diese Veröffentlichung Mut machen und auch praktische Hinweise dafür geben, wie die Beteiligten die sie betreffenden Dinge in die eigenen Hände nehmen können, um Visionen und Methoden für eine bessere Schule zu entwickeln, in einer Art und Weise, die über bloße Überlebensstrategien hinausführt und dennoch die Lehrerinnen und Lehrer nicht überfordert. Selbstorganisation ist dabei mehr als ein modisches Schlagwort: Es ist Ziel und Weg zugleich.

Dortmund, im September 1992
Hans-Günter Rolff

Teil A:
Diagnose

I. Kindheit heute —
Leben aus zweiter Hand?[1]

Kindheit ist heute anders als je zuvor. Noch in der Generation meiner Eltern konnten Kinder im wesentlichen nur das erleben, was ihre Eltern bereits vor ihnen erlebt hatten. Die Eltern hatten den Kindern mithin die Erfahrungen voraus, weil sie alles, was ihre Kinder erfahren konnten, in ihrer eigenen Kindheit vorweg erfuhren. Aber schon die Generation nach mir machte Erfahrungen, die ich als Kind nicht kannte: sie sehen fern, lesen bebilderte Zeitungen, telefonieren unbeschränkt und ausgiebig, und sie spielen mit Plastik- oder Elektronikspielen, das eine Spielwarenindustrie für sie herstellt, eine Industrie, die im übrigen auch Kindercassetten, Kinderspeisen und Kindersendungen herstellt. Aber heißt das, daß Kindheit heute ein Leben aus zweiter Hand ist oder gar, daß das für das Aufwachsen der Kinder von Schaden ist? Schlicht mit Ja beantworten kann ich diese Frage nicht. Das Thema „Leben aus zweiter Hand" ist offenbar verzwickter als es auf den ersten Blick erscheint.

Die Redeweise vom „Leben aus zweiter Hand" ist zwar sehr populär, aber nicht sehr präzis. So ist ein rechteckiger Fisch oder ein Fischburger verglichen mit dem Fisch im Wasser unnatürlich, aber ihn zu essen ist dennoch nicht einfach Leben aus zweiter Hand. Leben aus zweiter Hand heißt auch nicht, daß Erfahrungen spurlos verschwinden, sicher ist nur, daß sie sich verändern.

---

1 Dieses Kapitel basiert auf einem Vortrag, den ich am 29.09.1989 auf dem Bundesgrundschulkongreß in Frankfurt/M. gehalten habe.

Die Redeweise vom „Leben aus zweiter Hand" wirkt zudem etwas abschätzig, als sei es etwas Zweitklassiges. Aber ist das Leben in der Unmittelbarkeit eines entlegenen Dorfes erstklassig und das im Betonstil zweitklassig? Schließlich könnte es durchaus der Fall sein, daß das Leben aus zweiter Hand den Kindern gut gefällt, vielleicht besser sogar als das aus erster Hand. Sicher ist das alles nicht. Wir wissen nicht genau, wie die Kinder selber das Leben in einer sich verändernden Wirklichkeit wahrnehmen. Alle Berichte, gerade Forschungsberichte, die wir zu diesem Thema kennen, sind aus der Sicht von Erwachsenen geschrieben. Es fehlt Kinderforschung aus der Sicht der Kinder, die eine ganz andere sein könnte als die von Erwachsenen. Sicher ist nur, daß Kinder heute mehr konsumieren und in völlig neuartiger Weise in eine Welt technischer Bilder verstrickt sind. Dieses Leben nennen manche mit einer gewissen Plausibilität ein „Leben aus zweiter Hand". Wie dieses Leben im einzelnen aussieht und was das für Erziehung bedeutet, will ich im folgenden etwas aufdröseln (vgl. ausführlich dazu: ROLFF/ZIMMERMANN 1990).

Eine erste Klärung oder Annäherung versuche ich, indem ich die Kindheit vor ein oder zwei Generationen mit der heutigen vergleiche.

1. Veränderte Lebenswelt: Konsumismus und Ikonomanie

In der Nachkriegszeit herrschte Mangel in der Kinderwelt. Es gab kaum Spielzeug und wenig Kinderbücher. Eine elektrische Eisenbahn zu besitzen, die irgendwer über den Krieg gerettet hatte, war ein außergewöhnliches Privileg, im ganzen Wohngebiet bekannt und beneidet. Die meisten Kinder mußten ihre Spielsachen selber basteln: Das Katapult, eine Astgabel mit dazwischen gespanntem Einmachgummi zum Steinchen- oder Krampenschießen, den Drachen, die Stelzen, die aus Besenstielen und Querlatten zusammengezimmert wurden, oder die Buden und Bauten, die als Versteck, Lager oder Regenschutz dienten. Gelesen wurde ziemlich viel, oft aus geliehenen Büchern. Kino gab es zunächst gar

16

nicht, und das Radio und auch das Telefon waren Hoheitsgebiet der Erwachsenen.

Heute herrscht demgegenüber ein Überangebot an Spielwaren in allen sozialen Schichten. Es hat sich eine bis dahin unbekannte Ausstattung der Kinderwelt entwickelt, von Kinderfernsehsendungen über Kinderzeitschriften und Kinderkleidung bis zu Kinderschallplatten und Kinderspielcomputern reichend.

Kinder sind heute zu Konsumenten geworden, in viel größerem Ausmaße als in irgendeiner Generation zuvor, und Kinder sind zu Zuschauern geworden. Dafür ist in erster Linie das Fernsehen verantwortlich, das seit den sechziger Jahren zur Standardausstattung der Kinderwelt geworden ist. Über Bildschirme verfügen auch Computer, die nicht nur rechnen, sondern auch Bilder produzieren können. Darüber hinaus enthalten Illustrierte und Tageszeitungen erheblich mehr Bilder als vor 20, 30 oder 40 Jahren, tendenziell sind sie alle zur Bild-Zeitung geworden.

Kinder schwimmen heute in einer Bilderflut. Gewiß sind Bilder nötig und harmlos wie Wasser, aber wenn man zuviel davon hat, kommt man darin um. Nicht das Bildbetrachten ist das Problem, sondern Bilderschwärmerei. Das ist ein historisch neuer Tatbestand. Deshalb benutze ich dafür auch ein neues Wort: Ikonomanie, von Eikon = das Bild und Mania = das Berauschtsein. Dem Konsumismus und der Ikonomanie will ich im folgenden genauer nachgehen, in der Absicht, dem „Leben aus zweiter Hand" etwas genauer auf die Schliche zu kommen. Ich beginne mit dem

2. Leben als Konsument

Die Kultur, die sich Nachkriegskinder aneigneten, war alles andere als eine Konsumkultur. HELGA, eine unserer Interviewpartnerinnen, schildert einen Sommernachmittag um 1950 so: „... Anfangs waren auf dem Hof nur einige Jugendliche, und einige Kinder liefen drumherum. Plötzlich kam jemand auf die Idee, Zelte aufzubauen, und bald waren alle in den Häusern verschwunden, um Material zu holen. Die Ausrüstung bestand aus alten Wolldecken, Wäscheklammern und Steinen. Die Wolldecken die wurden mit Wäscheklammern am Zaun befestigt, und auf die Enden der Decke hat man die Steine gelegt. So entstanden dann Zelte, und im Laufe des Tages, es kamen ja immer mehr Kinder und Jugendliche nach draußen, da war auch schon ein ganzes Zeltdorf beisammen. Ja, wir hatten dort eine Post, einen Krämerladen, eine Arztpraxis . . . Die Kinder, die ahmten uns alle nach, und wir haben sie auch gewähren lassen. Aber wir Größeren hatten nur die höhere Funktion inne, die Kleinen waren mehr unsere Handlanger. Manche Zelte standen sogar bis zur Dämmerung, und dann boten sie Schutz für einen flüchtigen Kuß oder eine Umarmung . . ." „Ich weiß noch", ergänzte Helga, „wir hatten da in der Nähe unseres Hauses so einen freien Platz, und da wurde abends oft Lagerfeuer gemacht. Wir haben da die Kartoffeln gebraten, und alle haben das organisiert. Gleich daneben war auch noch ein Wäldchen, wo wir anschließend immer drin 'rumstromerten."

CLAUDIA, kurz nach 1960 geboren, erzählt dagegen im Interview weniger von Spielen und desto mehr von ihren Spielsachen: „An Spielzeug besaßen wir ziemlich viel, z.B. Puppen, Babypuppen, Puppenhaus, Puppenwiege und -wagen, alle erdenklichen Stofftiere, Kasperletheater und dazugehörige Puppen, Arztkoffer, Kaufladen, Zauberkasten, Spielesammlung, viele Bücher, Legosteine, Klötze, Knete, Fimo, Emaillierkasten, Granulat, Silberdraht, Farbkästen, Plakafarben, Malstifte, Malbücher, Berge von Glanzbildern, Tierpostkarten, Roller, Rollschuhe, Schlittschuhe, Fahrrad und vieles, vieles andere mehr!"

Die Interviewszenen illustrieren eindrucksvoll, wie sich der Kinderalltag in einem Zeitraum von höchstens 10 bis 15 Jahren verändert hat. In der Nachkriegszeit verfügte kaum ein Kind über Taschengeld, jedenfalls nicht über nennenswertes. Wenngleich der Verkauf von Buntmetall auch hin und wieder einige Groschen brachte, so bewirkte das noch keine Nachfrage nach Spielwaren — höchstens nach einem Heißgetränk. Konsequenterweise wurden Kinder zu jener Zeit vielfach — wie in der Vorkriegszeit — auch nicht allein, d.h. ohne Erwachsene, in ein Kaufhaus hineingelassen; Portiers hielten sie davon ab. Das zeigt, daß Kinder als Käufer uninteressant waren.

Zur Entwicklung des Taschengeldes gibt es nicht allzuviel brauchbare Untersuchungen. Dennoch kann gesagt werden, daß Taschengeld heute in erster Linie zum Ausgeben bestimmt ist, früher kam es in die Sparbüchse. Das hat einen realen Hintergrund:

Vieles, allzu vieles, was ein Kind heute zu bekommen wünscht, muß mit Geld bezahlt werden, die Waren sowieso, aber auch Dienstleistungen, also Pommes und Ballett, Musikunterricht und Fußballtraining. Hinzu kommt die permanente Verführung zur Kaufsucht, durch Werbung und Schaufenster, Warenauslagen in Kinderaugenhöhe, bei denen alles demonstrativ vor den Kinderaugen zum Greifen nah ausgebreitet wird.

Der Hauptkonsumartikel ist fraglos das Spielzeug. Nach Angaben der Arbeitsgemeinschaft Spielzeug e.V. in Bamberg führt ein Spielzeugeinzelhandelsgeschäft heute im Durchschnitt 20.000 bis 25.000 Artikel, Warenhäuser und Fachabteilungen bis zu 100.000. Zur Zeit sind schätzungsweise eine Viertelmillion verschiedene Spielsachen auf dem Markt.

Das Spielzeug ist zudem anders geworden. Es übt viele Funktionen selber aus. So können Puppen heutzutage lachen und weinen, sprechen und Liedchen singen. Die Tätigkeit der Kinder bleibt bei nicht wenigen Artikeln zunehmend auf den Griff zum Schalter, auf den Druck eines Hebels, also im wesentlichen auf die Bedienung beschränkt. Einmal so in Gang gesetzt, spult derart hochtechnisiertes Spielzeug automatisch sein vorprogrammiertes Spielerlebnis-Repertoire ab, ohne daß eine produktive Veränderung möglich ist. Oftmals ist zu beobachten, daß Spielen im hergebrachten Sinne erst dann beginnt, wenn diese Spielapparate ihre Funktion aufgeben. Die Reparaturarbeiten sind für Kinder plötzlich interessanter als das Spielzeug selbst.

Spielzeug wird heute gekauft, kaum selbst hergestellt. Es ist auch nicht einzusehen, wie es hergestellt wird. Das trifft erst recht zu auf neuartiges Spielzeug, das frühere Generationen nicht kannten, wie Systemspielzeuge aus Kunststoff, Playmobil, Duplo, Lego und Elektronikspielzeug wie Computerspiele oder Roboter. Von einer traditionsstiftenden Weitergabe von Spielerfahrungen kann in diesen Fällen keine Rede sein. Zudem hat sich das Ausmaß der Konsumhandlungen von Kindern über den Bereich der gegenständlichen Waren in den Bereich der Dienstleistungen hinein ausgeweitet. Öffentliche Dienste kann das Kind inzwischen genauso konsumieren wie vor ihm schon die Erwachsenen, sei es beim Spielpädagogen auf dem Abenteuerspielplatz, bei der Erzieherin im Kinderhort oder auf der Ferienparty der Stadtverwaltung. Das Kind ist zum Kunden geworden. Es ist auf dem Weg zu lernen, daß ein gutes Leben darin besteht, die richtigen Waren und Dienstleistungen zu konsumieren oder — wie FROMM es ausdrücken würde — das Sein über das Haben zu definieren.

Die Kehrseite dieses Trends zum Massenkonsum besteht in einem merklichen Verlust an Eigentätigkeit. Um Mißverständnisse gar nicht erst aufkommen zu lassen, räume ich ein, daß Konsumhandlungen eben auch Handlungen sind, also keineswegs als Untätigkeit verstanden werden dürfen. Jedoch sind Konsumhandlungen im spezifischen Sinne beschränkt: Sie blenden die Planung und Herstellung der Artikel von vornherein aus. Demgegenüber schließt Eigentätigkeit immer auch die Planung und Herstellung des Gegenstands ein und damit die ganzheitliche Auseinandersetzung mit der Objekt- und Ideenwelt.

In dem Maße, in dem Kinder weder selbst Produzierende sind noch Produktionsabläufe hautnah erleben, erkennen sie sich weniger in ihren eigenen Handlungen wieder, aber desto mehr in den Waren, die sie konsumieren. Und diese kommen aus einer anderen Lebenswelt. Sie müssen dem Kind also äußerlich bleiben und sind austauschbar. Bei eigentätiger Aneignung objektivieren sich Selbstbild und Selbstsicherheit, Kompetenz und Urteilsvermögen. Im hergestellten Gegenstand, der verinnerlicht wird, bleiben sie erhalten. Das Selbstbild beruht also auf Eigenem, und es ist gefestigter und ist deshalb auch weniger von den Urteilen und Erwartungen anderer abhängig, weniger narzißtisch orientiert.

Schließlich kommt der Eigentätigkeit noch eine besondere Eigenschaft zu, die konsumierender Aneignung gänzlich abgeht: Eigentätigkeit ist die materielle Grundlage der Erkenntnistätigkeit. Das Kind lernt durch die eigene Herstellung des Gegenstandes noch am ehesten Eigenschaften und Verwendungsmöglichkeiten, ja sogar dessen Wesen kennen: Man kann etwas besser verstehen, wenn man es entstehen sieht. Dies gilt nicht nur für die schöpferischen Leistungen, sondern ebenso für den Nachvollzug oder die Wiederholung derselben. Und selbstverständlich haben die Nachkriegskinder ihre selbstangefertigten Spielzeuge nicht selbst erfunden, sondern nachgebaut — aber eben nicht per Konsumhandlung erworben. In der Konsumhandlung entfällt die Erkenntnistätigkeit. Der Käufer muß sich auf die Bedienungsanleitungen der Produzenten verlassen, um die Waren richtig benutzen zu können. Die Folge kann wachsende Gleichgültigkeit gegenüber den Gegenständen sein. Da Kinder die Bestandteile der Waren weder kennen noch sich darum kümmern, ist es für sie bedeutungslos, wenn sie durch andere ersetzt werden.

Da Konsumhandlungen nicht aus sich selbst heraus das nötige Maß an Vertrautheit mit den Gegenständen erzeugen, gehören zum Massenkonsum unweigerlich die Massenmedien, die über das informieren, was nicht mehr aus sich selbst heraus oder aus der vertrauten Lebenswelt spricht.

3. Leben in einer Welt technischer Bilder

Kinder sind heute zu Zuschauern geworden. Sie schauen sich an, was auf dem Bildschirm gezeigt wird. Sie haben dabei nicht mit irgendwelchen Bildern zu tun, schon gar nicht mit Kunstwerken, deren Wert als Bildungsmittel völlig außer Frage steht, sondern mit *technischen* Bildern, wie sie die Kulturindustrie herstellt.

Technische Bilder werden durch Apparate erzeugt, die Punktelemente wie Photonen und Elektronen zu Bildern zusammensetzen, d.h. das unanschauliche anschaulich machen. Die Apparate sind Teil einer Kulturindustrie, bei der ganze Belegschaften von Autoren, Dramaturgen, Programmierern, Systemtechnikern, Kameraleuten, Tontechnikern, Designern und Pädagogen bei der Herstellung und bei der Verbreitung zusammenwirken.

3.1 Das Leben mit dem Computer

Der Computer ist der neueste und zugleich leistungsfähigste Apparat zur Erzeugung technischer Bilder. Er wird zu Recht als Universalmedium bezeichnet, das nicht nur Rechnen

kann, sondern auch als effektive Schreibmaschine mit ange-
schlossenem Drucker als Graphikerzeuger oder auch als
Bild-Plattenspieler und auch als Klangproduzent zu gebrau-
chen ist.

Er dringt langsam aber stetig in die Lebenswelt der Kinder
ein. Unser Dortmunder „Institut für Schulentwicklungsforschung" hat Befragungen zur Verbreitung von Computern
unter Kindern durchgeführt und den Einsatz des Computers
in einer Grundschule erprobt. Ein Ergebnis unserer Befragung von fast 900 Grundschülern der 3. und 4. Klassen ist viel
zitiert worden: Danach sagen 26% aller Kinder, also ein Viertel, daß sie einen Computer zu Hause haben. Wir haben allerdings gleichzeitig die Eltern befragt, ob in ihrem Haushalt
ein Computer vorhanden sei. Dabei kamen wir zu einer sehr
viel geringeren Zahl, nämlich auf 15%. Demnach verfügt jeder 7. Haushalt von Grundschülern über einen Computer.
Die Differenz erklären wir uns so — und wir haben uns darüber auch bei Eltern und Grundschülern vergewissert — daß
die Eltern einen klareren und anspruchsvolleren Begriff vom
Computer haben — oder wie immer man das nennen will: Jedenfalls beginnt bei den Eltern der Computer beim Home-
computer und nicht schon bei elektronischen Spielgeräten,
die ja auch irgend etwas vom Computer an sich haben und
von den Kindern häufig zu den Computern gezählt werden.
Die seriösere Zahl ist also, daß 15% aller Haushalte von
Grundschülern einen Computer haben. Wir fragten ferner,
wozu die Kinder den Computer nutzen, und auch in diesem
Fall haben wir Kinder und Eltern getrennt gefragt. Diese
Frage ist deshalb besonders aufschlußreich, weil Computer-
kinder nicht notwendig bloße Zuschauer sein müssen. Sie
können etwas mit den technischen Bildern anfangen, sie ak-
tivieren, darauf reagieren, sie im besten Fall sogar herstellen
und mit ihnen interagieren.

Bei der Befragung der Kinder, ob und wie häufig sie Computerspiele spielen, sagen genau dieselben 26%, daß sie das ein-
bis zweimal in der Woche tun. Nur 6% der Grundschulkinder
spielen jeden Tag am Computer. Von einer Computerkind-
heit kann man also nicht sprechen. 6% der Grundschüler
spielen einmal pro Tag oder jeden Tag und 26% ein- bis zweimal in der Woche — mit geschlechtsspezifischen Unterschieden allerdings, die Jungen häufiger als die Mädchen. Von besonderem Interesse ist die Frage an die Eltern, ob ihre Kinder

auch programmieren. Demnach schreiben nur 3% der Kinder Programme oder arbeiten mit Lernprogrammen.

Man kann also bisher — es sind Daten aus dem Jahr 1987 — nicht davon ausgehen, daß die außerschulische Grundschulkindheit in irgendeiner Weise von Computern beherrscht ist. Allerdings glauben wir, daß sich hier Entwicklungen anbahnen und daß die Prozentsätze in den nächsten Jahren steigen werden.

Wir wollten darüber hinaus von den Eltern wissen, ob sie Computer zum regulären Bestandteil der Grundschule machen wollen. In einer bundesweit repräsentativen Stichprobe haben das 50% der Eltern von Grundschülern verneint und weitere 16% waren unentschieden. Ein Drittel indes war dafür. Wir haben diese Befragung im Jahre 1987 in Dortmund wiederholt und präzisiert. Bei der Frage, ob Kinder schon in der Grundschule lernen sollen, mit dem Computer umzugehen, ist das Ergebnis ähnlich wie in der bundesweiten Befragung. In der Sozialforschung ist allerdings bekannt, daß die Art der Frage die Art des Ergebnisses bestimmt, was bei Suggestivfragen am augenfälligsten ist. Deshalb haben wir bei der Dortmunder Untersuchung die Fragestellung mehrfach variiert. Vor allem haben wir unsere Fragen nicht nur auf die Grundschule beschränkt, sondern die Eltern mit der Alternative Grundschule *oder* Sekundarschule konfrontiert. Genauer: Wir haben gefragt, ob Computer erst in der Sekundarstufe I oder schon in der Grundschule eingesetzt werden sollen. Bei dieser Alternative stimmen 62% aller Eltern für den späteren Einsatz in der Sekundarschule und nur noch 20% für die Einführung von Computern in der Grundschule. Das Ergebnis ist also abhängig davon, ob man repräsentativ fragt und wie man die Fragen formuliert. Deshalb sollte man mit Verallgemeinerungen vorsichtig sein.

Die Schulerprobung haben wir im vorigen und in diesem Jahr in mehreren Klassen einer großen Dortmunder Grundschule realisiert, durch Gerda LANGENBUCH angeleitet und von ihr und Karl-Oswald BAUER ausgewertet (vgl. LANGENBUCH u.a. 1989). Wir haben vor allem Programme zur Textverarbeitung, zum Rechtschreibtraining und zum Übungsrechnen eingesetzt. Ein Ergebnis, das wir nicht unbedingt erwartet haben, war, daß alle Kinder ohne Ausnahme gern mit dem Computer arbeiteten. Sie waren motiviert, interessiert, z.T. sogar begeistert, also so, wie sich LehrerInnen Schüler wünschen. Verbindliche Aussagen über Erfolg oder Mißerfolg können jedoch noch nicht gemacht werden, weder aufgrund unserer Untersuchung noch aufgrund irgendeiner anderen. Ebensowenig ist klar, welche Schüler Vorteile aus der Arbeit mit dem Gerät ziehen können. Es ist nicht auszuschließen, daß die guten Schüler vom Computer mehr profitieren. Dies kann allerdings auch durch die vorhandene Hard- und Software bewirkt sein, deren pädagogische Qualität weder unstrittig noch sehr armselig ist.

Deutlich sichtbar war in der Bearbeitungsphase eine starke Motivation der Schülerinnen und Schüler, Texte zu erstellen, von denen einige auch einen größeren Umfang hatten als bisherige Schreibprodukte. Eine inhaltliche Analyse der Qualität der Schreibprodukte wäre wichtig, konnte bisher jedoch noch nicht vorgenommen werden. Diese vorläufigen Eindrücke müßten zudem über einen längeren Zeitraum validiert werden, um zu überprüfen, ob die genannten Effekte Bestand haben oder reine Neuigkeitseffekte sind. Auffällig war das allgemeine große Interesse den technischen Geräten gegenüber, nicht nur gegenüber Computern. Wir brachten im Laufe der Zeit immer mal wieder Kassettenrekorder, verschiedene Modelle von Fotoapparaten und Videokameras mit in die Klassen. Ein geschlechtsspezifisch unterschiedlicher Umgang mit dem Computer konnte von uns bislang nicht ermittelt werden. Wir beobachteten in einer 2. Klasse, daß vor allem Mädchen kompetent damit umgingen. In einer 4. Klasse war das Verhältnis indes ausgeglichener. Auch dieser erste Eindruck müßte langfristig überprüft werden.

Um zu erfahren, wie Computer das Alltagswissen von Kindern beeinflussen, haben wir den Versuch gemacht, Kinder zum „lauten Denken", sozusagen zum Philosophieren über Computer anzuregen. Es folgt ein Auszug aus einem Beobachtungsprotokoll. Ich zitiere diesen Auszug und unsere Interpretation der Anschaulichkeit wegen vollständig:

Die Forscherin fragt:

„Was meint Ihr, ist der Computer lebendig?"
Als Antwort rufen alle „ja" und „nein" durcheinander.
Je die Hälfte der Klasse ist der einen oder anderen Meinung.
Die einzelnen Äußerungen gehen dann jedoch einhellig in die Richtung, er sei lebendig, mit ähnlicher Begründung.

- „Wenn er spricht, dann lebt er"
- „wenn man die Wörter eintippt"
- „wenn er an ist, wenn er spricht".

Die Lehrerin greift ein: „Na, gut, dann geh und such' den Herzschlag; alles, was lebendig ist, hat einen Herzschlag." Und: „Die Frage ist doch: Was ist lebendig?"

Hierauf verneinen die Kinder, gesagt zu haben, der Computer sei lebendig.

Dragica: „Die Tatjana hat gesagt, es gibt auch einen elektronischen Menschen!"

Dieses Beobachtungsprotokoll handelt offensichtlich von dem vieldiskutierten Problem, ob Kinder den Computer durchschauen können oder ihn vermenschlichen, „anthropomorphisieren" sagen einige, und ob Computerunterricht einer Anthropomorphisierung entgegenwirken kann. Wir haben für dieses Problem keine schnelle Lösung, machen dazu aber folgenden Deutungsvorschlag:

Die Handlungsbeteiligten — Lehrerin, Forscherin, Kinder — haben die Situation in unterschiedliche Bezugsrahmen gestellt und je unterschiedlich interpretiert. Die Kinder haben zunächst mit einem spontanen Interpretationsentwurf gearbeitet, diesen dann aber im Verlauf des Gesprächs grundlegend abgeändert. Die Forscherin wollte die Kinder zum Philosophieren über Computer anregen. Sie war vorrangig daran interessiert, zu erfahren, wie Kinder über Computer denken. Sie war nicht darauf eingestellt, die Äußerungen der Kinder in „richtig" oder „falsch", „gut" oder „schlecht" einzuteilen.

Anders die Lehrerin. Sie hat das Gespräch als „Unterrichtsgespräch" aufgefaßt und die erste Gelegenheit ergriffen, die Antworten der Kinder in die „richtige" Richtung zu lenken. Dabei sollten die Kinder durch logisches Kombinieren darauf kommen, daß der Computer nicht lebt. Die Kinder wiederum haben sich zunächst auf das Ansinnen der Forscherin eingelassen und dementsprechend ausgesprochen, was ihnen zu der Frage einfiel. Durch den Einwand der Lehrerin sind sie jedoch nicht nur angeregt worden, logische Regeln anzuwenden, sondern auch, die Situation neu zu definieren. Die neue Definition sah dann etwa so aus: Die Lehrerin erwartet von uns richtige Antworten auf die Frage, ob der Computer lebt. Sie macht Einwände. Also will sie wahrscheinlich hören: Der Computer lebt nicht. Und ein Herz hat er sowieso nicht. Und manche Kinder haben vielleicht gedacht: Eine Schnecke hat auch kein Herz, und sie lebt doch; und ein Baum auch.

Also gibt es keine einfachen Aussagen zum Bewußtsein, das Kinder vom Computer haben. Es ist vielmehr von der Situationsdefinition der Beteiligten abhängig, wie mit der Frage umgegangen wird, ob der Computer lebt. Die Kinder sind offenbar in der Lage, sofort zu erkennen, was von ihnen erwartet wird. Und sie wissen, daß in der Schule richtige und falsche Antworten gegeben werden. Es fällt ihnen in diesem Fall auch nicht schwer, die richtige Antwort zu finden.

Unserer Ansicht nach kann hier jedoch weniger von einem Lernprozeß die Rede sein als von einer Art „Umschalten". Die Kinder haben sich kulturelle Regeln angeeignet, die es ihnen ermöglichen, die Situation „Unterricht" von der Situation „Gedanken frei äußern" zu unterscheiden. Was sie „wirklich" über Computer denken und ob Computer sie anregen, über philosophische Fragen zu spekulieren, wissen wir noch nicht. Nur eines wissen wir sicher: Mit einfachen Fragebögen kann man das nicht ermitteln.

Wir haben ferner die vieldiskutierte Frage untersucht, ob der Einsatz von Computern im Unterricht zu einer Isolierung einzelner Schüler führt, also zu einer Art sozialer Verarmung, oder aber umgekehrt zur Kooperation anregt. Wir haben beobachtet, daß am Computer meist in kleinen Gruppen oder paarweise gearbeitet wird. Die Einübung in die Gruppenarbeit ist im Sinne reformpädagogischer Zielsetzungen und wird daher allgemein als wünschenswerter Nebeneffekt der Computerarbeit angesehen. Und man kann in der Tat beobachten, daß Kinder häufiger in Gruppen oder Teams arbeiten, wenn Computer im Unterricht eingesetzt werden. Das kann allerdings auch in dem banalen Umstand liegen, daß die geringe Anzahl eingesetzter Computer die Schüler aus äußeren Gründen zur Kooperation zwingt. Und schaut man genauer hin, fällt zudem auf, daß es sehr unterschiedliche Formen von Schülerkooperation gibt. Drei Beispiele mögen das verdeutlichen.

1. Beispiel

Die Kinder einer zweiten Grundschulklasse, in der ein Computer zur Verfügung steht, haben die Aufgabe, einen selbst

verfaßten Text in den Computer einzugeben und auszudrucken. Drei Mädchen werden in der beobachteten Situation an den Computer geschickt. Wie gehen die Kinder nun
mit dem Problem um, daß sie nicht einzeln, sondern zu dritt
an das Gerät dürfen?

Im Beobachtungsprotokoll heißt es dazu:

„Ich schreib zuerst", sagt Daniela bestimmend und setzt sich
auf den mittleren Stuhl. „Wir können uns ja abwechseln",
sagt Alexandra mit leiser Stimme.

„Ich schreib zuerst" — damit teilt Daniela ihre Entscheidung
mit, daß sie als erste ihren Text eingeben will. Daß sie eine
solche Entscheidung überhaupt treffen kann, setzt aber eine
verborgene Struktur der gemeinsamen Arbeit am Computer
voraus. Diese Struktur beinhaltet beispielsweise die Regel,
daß die Kinder *nacheinander* jeweils für sich ihre Texte ein-
tippen sollen. Bei einem bestimmten Aufgabentyp sehen
sich die Kinder also vor das Problem gestellt, eine sequen-
tielle Ordnung zu finden — in Analogie zu anderen Lebens-
bereichen spricht BAUER hier von einer „Warteschlange".
Kooperation in Warteschlangenart ist gewiß nichts Compu-
tertypisches. Sie kommt immer dann vor, wenn mehrere
Kinder ein Produkt herstellen, z.B. wenn mehrere Kinder anhand einer Bildergeschichte einen Text mit der Hand schreiben.

2. Beispiel

Ein Beitrag für die Schulzeitung wird auf dem Computer ge-
schrieben. Klaus, Günter und Erkan sitzen vor dem Gerät.
Klaus (deutlich): „Auf zwei müssen wir drücken" (um ins
Textprogramm zu kommen) . . . Sie geben den Text ein.
Manchmal tippen alle drei, jeder mit einem Finger genau ei-
nen Buchstaben, ohne sich dabei ins Gehege zu kommen.
Klaus: „So ganz locker draufdrücken, das reicht schon." (Da-
mit erklärt er Günter, wie die Maus zu handhaben ist).

Aus dem Protokoll der Folgestunde: „Statt" muß eingegeben
werden. Günter verwechselt es mit „Stadt". Klaus: „Das ist
ein anderes ‚statt'." Und — später: „‚Lecker' mit ‚ck'."

Ähnlich wie im ersten Beispiel wird hier die Aufgabe bearbeitet, einen Text einzugeben und auszudrucken. Aber die
Kinder gehen mit dem Problem, eine Struktur für die Team-

arbeit zu finden, ganz anders um als im ersten Beispiel. Sie arbeiten nicht nacheinander, sondern miteinander. Ein Schüler, der einen deutlichen Kompetenzvorsprung hat, übernimmt dabei die Rolle eines Lehrers, der den anderen beiden zeigt, wie es geht. Wir finden hier also einen weiteren Typ der Kooperation, den Typ „Kinder unterrichten Kinder" oder: „Kinder als Tutoren". Hier ist allerdings ein Problem, ob nicht die besseren Kinder mehr vom Computer profitieren und die Kluft der Ungleichheit größer wird.

3. Beispiel

Zwei Mädchen sitzen vor dem Bildschirm und steuern mit dem Joystick einen Frosch vom unteren Rand des Bildschirms über verschiedene Hindernisse und Gefahren so hinweg, daß er am oberen Rand des Bildschirms in ein Loch gelangt. Sie wechseln sich dabei von Zeit zu Zeit ab. Wenn der Frosch „überfahren" wird, erscheint ein Totenkopf und es erklingt ein Musikzeichen. Wenn er ertrinkt, ertönt die gleiche Musik. Nach einer gewissen Zeit sind alle Frösche verbraucht, und das Spiel fängt von vorn an. Vorher wird noch ein Punktwert angezeigt, der von der Zahl der Frösche abhängt, die sozusagen gerettet wurden.

Das Spiel läßt sich einordnen als wettbewerbsorientiertes Geschicklichkeitsspiel. Jeder Spieler bekommt die gleiche Anzahl Frösche. Es wird jedoch von den Mädchen hier so gespielt, daß die Frösche gemeinsam über die Hindernisse bugsiert werden. Die Mädchen vergleichen ihre Leistungen nicht miteinander, sondern versuchen gemeinsam, ein gutes Ergebnis zu erzielen. So wird ein wettbewerbsorientiertes Spiel in eine kooperative Struktur gebracht. Weiter Beobachtungen zeigten uns, daß auch bei weniger spielerischen und eher leistungsorientierten Aufgaben eine solche kooperative Struktur entstehen kann. Das heißt, daß Kinder in der Lage sind, so miteinander zu arbeiten, daß ein optimales gemeinsames Ergebnis erzielt wird. Wir bezeichnen diesen dritten Typ der Teamarbeit am Computer als „Kooperation" im engeren Sinn.

Wir haben uns zur folgenden Bewertung der drei genannten Arbeitsformen entschlossen:

Die Arbeitsform „Warteschlange" ist ein Lösungsversuch der Kinder für Probleme der Zusammenarbeit, der z.T.

durch die Technologie selbst nahegelegt wird, aber auch ohne Computeranwendung vorkommt. Noch computerabhängiger sind die Arbeitsformen „Kinder als Tutoren" und „Kooperieren". Dies belegt, daß ein Kontinuum von bloßem Reagieren auf Vorgaben der Geräte und Programme bis zur aktiven Aneignung der Möglichkeiten des Computers besteht. Der Computer „wirkt" also nur dann auf Kinder ein, wenn die Kinder die Arbeit am Computer in das kulturelle Muster des Reagierens und Abarbeitens einbetten. Dies ist nicht notwendig der Fall. Kinder verfügen auch über andere Muster wie die des Kooperierens oder die Tutorenrolle. Und sie sind in der Lage, diese Muster auf die neuartige Situation „Arbeit am Computer" anzuwenden.

Die praktische Relevanz dieser Ergebnisse liegt auf der Hand. Wenn es gelingt, eine Kultur der Zusammenarbeit der Kinder untereinander zu entwickeln, dann sind auch Computer als Element einer Lernlandschaft im Klassenraum der Grundschule ein nützliches Hilfsmittel und ein interessanter Erfahrungsgegenstand.

Damit komme ich zum wichtigsten Ergebnis aus unserem Unterrichtsversuch und der begleitenden Literaturauswertung: Es gibt keine haltbare wissenschaftliche Untersuchung, die beweist, daß der Computer den Grundschülern Vorteile bringt. Die Studien über Leistungszuwächse zeigen entweder einen unverantwortlich engen Leistungsbegriff oder haben nicht mit Kontrollgruppen gearbeitet oder konnten keine Langzeitwirkung nachweisen, – auf etliche Studien treffen alle drei Kritikpunkte zu. Andererseits kann auch nicht nachgewiesen werden, daß Computer den Kindern schaden. Am ehesten lassen sich die Forschungsergebnisse so resumieren, daß der sinnvollste Einsatz des Computers in der freien Arbeit zu sehen ist bzw. im Rahmen eines offenen Unterrichts, der viel Wert auf Eigentätigkeit der Schüler legt. Man könnte dieses Fazit auch anders formulieren: Computer sind in der Grundschule nicht schädlich aber auch nicht wichtig. Wichtig ist ein Vorantreiben der Grundschulreform im Sinne einer zeitgemäßen Reformpädagogik. Oder noch anders gewendet: Nicht Computer befördern Reformpädagogik sondern die Lehrer. Das einzige, was man mit Gewißheit sagen kann, ist, daß die Grundschulreform im reformpädagogischen Sinne weitergeführt werden muß, um den Computer für den Unterricht produktiv machen zu können.

In erster Linie muß der alltägliche Unterricht überdacht und reformiert werden, und dann erst kann gefragt werden, was der Computer leistet.

Diese Botschaft — so plausibel sie klingen mag — wird nicht überall verstanden. Ich muß gestehen, daß ich die Wirkung von Hochschullehrern fürchte, die flinke Erfolgsmeldungen in die Presse setzen über angebliche Lernzuwächse beim Computereinsatz, die kein Leser und auch kein Forscher nachvollziehen kann, die aber Begehrlichkeiten wecken. Dies gilt erst recht für agitatorischse Aussprüche folgender Art, die ich wiederholt von Computerfans gehört habe: „In der Grundschule soll man nur mit Bleistift und Papier arbeiten, und die Sekundarschulen erhalten Computer; so bleibt die Grundschule das Armenhaus der Nation". Wenn schon agitatorische Aussprüche angebracht sind, dann eher derart, daß man endlich wieder neue LehrerInnen in die Grundschule bringen muß, damit sie nicht zum Armenhaus der Nation werde. LehrerInnen sind viel wichtiger als Computer. Computer sind häufig ein Prestigeobjekt. Die Frage nach dem Computer in der Grundschule darf aber gerade nicht als Prestige-Frage behandelt werden sondern als pädagogische. Wir dürfen keinen Wettbewerb zwischen den Grundschulen anzetteln nach dem Motto: Nur eine Grundschule mit Computern ist eine gute Grundschule. Wir müssen zudem damit rechnen, daß die Computerfrage eine Eigendynamik entwickelt, die so verläuft, daß einige Grundschulen Computer erhalten und sie zur Profilierung nutzen; ehrgeizige Eltern nehmen das dann zum Anlaß, Computer auch für ihre Grundschule zu fordern. So kann sich eine *Spirale der Begehrlichkeit* entwickeln, bei der immer mehr Schulen Computer wollen — ohne jede pädagogische Motivation.

Was können wir dagegen setzen? Nicht viel, fürchte ich. Aber immerhin den Hinweis, daß kein Zusammenhang besteht zwischen Schulleistung und Computer. Zum anderen den Umstand, daß bald alle Sekundarschulen eine Computergrundbildung im Pflichtbereich vermitteln werden. Und drittens und wichtigstens den Willen, die Grundschulreform konsequent fortzusetzen, die die Computerfrage drittrangig werden läßt.

3.2 Leben mit dem Fernsehen

Das dominante Medium im Kinderalltag ist indes nicht der Computer, sondern fraglos das Fernsehen. Die Zeit, die heutige Kinder mit Fernsehen verbringen, nimmt im Gesamtumfang der Freizeitaktivitäten den größten Teil ein. In nahezu jedem bundesdeutschen Haushalt steht ein Fernsehgerät, und somit hat auch fast jedes Kind die Möglichkeit fernzusehen. 1978 geschah dies in der Altersgruppe der Drei- bis Siebenjährigen durchschnittlich eine Stunde am Tag, am Wochenende etwas länger.

Der Fernsehkonsum ist in den letzten Jahren bei den Kindern vor allem in den Haushalten, die zusätzliche Kabel- und Satellitenprogramme empfangen können, drastisch in die Höhe gegangen. Nach Messungen der Gesellschaft für Konsum-, Markt- und Absatzforschung und auch unseres Instituts sitzen Grundschulkinder täglich runde zweieinhalb Stunden vor dem Bildschirm. Ist zusätzlich ein Videorecorder vorhanden, kommt noch eine halbe Stunde hinzu. Bei manchen Schülern verliert das Fernsehen in dem Maße an Attraktivität wie Video hinzukommt.

Die Forschungsergebnisse zum Kabelfernsehen sind noch nicht ganz eindeutig. Aber es scheint so, als sei die Sehdauer bei Vorschulkindern von rund einer halben Stunde auf eine ganze stärker angestiegen als bei den Grundschulkindern und als werde in den sog. bildungsfernen Schichten seit Einführung des Kabelfernsehens noch mehr ferngesehen und noch weniger gelesen. Zudem scheint das Fernsehen die Schere zwischen guten Schülern und schlechten noch mehr zu öffnen. Ein wenig tröstlich ist, daß selbst die sog. Kabelkinder in der Bundesrepublik deutlich weniger fernsehen als in den Vielsehernationen USA, Japan, Italien oder Belgien mit täglich vier Studen durchschnittlich.

Vermutlich ist die pure Sehdauer und die präzise Minutenzahl nicht so entscheidend. Denn ungeachtet dessen, wie oft und wie lange Kinder fernsehen, sie werden in unserer Welt stark vom Fernsehen beeinflußt. Nahezu jeder Mitschüler sieht fern. Außerdem wird allenthalben über das geredet, was durch das Fernsehen zum Thema wurde. Und was noch viel wichtiger ist, das Fernsehen bestimmt zunehmend den *Modus* der Kommunikation und die Art der Aneignung von Welt. Das bedarf einer Erläuterung:

Fernsehbilder sind technische Bilder. Der Fernsehapparat produziert auf dem Sichtschirm sekundenbruchstücklange Einstellungen und Ausschnitte, die vom Seher kaum als distinkte Daten registriert, geschweige denn verarbeitet werden können. Das führt im Vergleich zu Schaubildern oder Bildtafeln — wie wir sie in Schulen kennen — mit einer gewissen Notwendigkeit zu vagen, vorwiegend emotional verankerten und stark vereinfachten Eindrücken beim Seher, vergleichbar etwa einem Passagier im D-Zug, der die Landschaft auch nur in kurzen, vorbeiflutenden Ausschnitten wahrnehmen kann.

Man kann — angeregt durch POSTMAN (1977) — feststellen, daß beim Fernsehen eine ikonische Weise der Aneignung zur Geltung kommt, die die zuvor herrschende verbalargumentative Weise zu dominieren beginnt, in letzter Konsequenz sogar zur Ikonomanie führt.

Das Bild eines Menschen, beispielsweise eine Photographie, ruft die Erinnerung dieses Menschen hervor, weil das Bild dem Menschen selber analog ist. Das Bild kann kleiner oder größer sein als der Mensch tatsächlich ist oder selbst eine andere Farbe haben; aber es bleibt genügend Ähnlichkeit zwischen der Struktur des Menschen und der Struktur der bildenden Wiedergabe, so daß man versteht, was wiedergegeben wird. Demgegenüber sind Wörter wesentlich abstrakter in dem Sinne, daß sie keine natürliche Korrespondenz aufweisen. Das Wort Mensch hat weder in gesprochener noch in geschriebener Form irgendeine innere Beziehung zu dem, für das es steht. In diesem Fall ist die Verbindung von der symbolischen Form zur Sache, die sie repräsentiert, künstlich. Man kann nicht von vornherein wissen, worauf sich das Wort Mensch bezieht, man muß dazu den semantischen Schlüssel besitzen. Man muß außerdem die Struktur kennen, durch die Wörter mit anderen Wörtern verbunden werden. „Ein Mann tötet einen Bär" meint das Gegenteil von „Ein Bär tötet einen Mann".

In analytischen Systemen müssen Bedeutungen zumindest relativ kontextfrei sein; nur deshalb sind Lexika möglich. Wörter repräsentieren nicht die Wirklichkeit, sondern Ideen darüber. Das ist auch der Grund dafür, daß analytische Kommunikation paraphrasierbar ist, ikonische jedoch nicht: Paraphrasieren heißt andere Wörter benutzen, um zu umschreiben, was jemand anderes gesagt hat. Bilder, Landkarten und Photographien sind nicht auf Wörter reduzierbar und allein deshalb nicht „übersetzbar". Deshalb kann ein Bild mehr als 1000 Wörter sagen. Aber es sagt auch weniger. Beispielsweise ist die Bedeutung einer Linie vollkommen abhängig von dem Kontext, in dem sie erscheint. Sie ist somit Gefangener dessen, was in der Realität dargestellt ist. Ikonische Symbole verfügen nicht über Bedeutungseinheiten, die in der Präzision und Tragfähigkeit mit analytischen Systemen zu vergleichen wären.

Eine direkte Übersetzung eines Bildes ist auch deshalb nicht möglich, weil es keine eindeutig bestimmte Idee darüber gibt. Wenn man eine unterschiedliche Form zur Mitteilung der Bedeutung benutzt, ändert man die Bedeutung. Beispielsweise kann man kein Bild eines Mannes benutzen, um das Bild eines anderen Mannes zu repräsentieren. Jedes Bild ist einzigartig und ruft nur ins Bewußtsein, was es darstellt. Das ist so, weil ein Bild einzigartig und spezifisch ist. Das ist auch der Grund dafür, daß es kein Bild von den Begriffen „Mensch", „Arbeit" oder „Schule" geben kann; es kann nur Bilder von spezifischen Menschen, Arbeiten oder Schulen geben. Und diese Bilder sind nicht mit Worten vollständig zu beschreiben, auch nicht mit Tausenden von Wörtern auszuschöpfen. Wortkultur ist letztlich eine besondere Form von Abstraktion, die einen besonderen Modus intellektueller Fähigkeiten verlangt.

Fernsehen indes ist eine Bilderkultur. Pointiert gesagt besteht das Fernsehcurriculum aus Bildergeschichten, die Gefühle mehr als den Verstand ansprechen, was auch Vorzüge hat, z.B. Spaß macht und unter die Haut geht. Ein Bild verlangt kaum zu abstrahieren und keine Vorstellungskraft. Das ist bequemer, hat aber seinen Preis: Was geschehen wird, muß schlicht geglaubt werden oder es wird abgelehnt. In manchen Fällen ist es auch der Phantasie und Kreativität abträglich. Ein Beispiel: Wir lesen einem Kind ein Märchen vor, in dem z.B. ein Prinz vorkommt. Der Prinz wird zwar beschrieben — meist als jung und schön —, doch versucht das zuhörende Kind, sich im Kopf vorzustellen, wie dieser Prinz in Wirklichkeit wohl aussehen könnte. Würde dieser Prinz in einem Märchen im Fernsehen vorkommen, bräuchte das Kind als Zuschauer solche Anstrengungen nicht zu unternehmen. Das Bild des Prinzen wird rein visuell wahrgenommen, und es bedarf keinerlei aktiver Umsetzung oder Übersetzung.

GARDNER (1980) verglich Kinder, die eine Geschichte gelesen hatten, mit solchen, die sie im Fernsehen sahen in einem streng experimentell-empirischen Untersuchungsrahmen. Er ermittelte, daß die Kinder, die die Geschichte gelesen hatten, mehr von der Geschichte im Gedächtnis behielten als die Kinder, die sie im Fernsehen gesehen hatten. Sie setzten vor allem auch eigene Erfahrungen und Kenntnisse bei der Interpretation ein und gingen auf diese Weise über die geschilderten Details hinaus, während die Fernsehzuschauer sich mehr auf die Details stützten, die im Programm enthalten waren.

Gewöhnen sich Kinder schon im frühen Lebensalter an die Aneignung der Welt durch Bilderkultur, könnte das — vor allem bei „Dauersehern" — die Entwicklung der Phantasie hemmen.

Die problematische Seite des Fernsehens liegt offenbar im Kern darin, daß es die verbal-analytische Aneignung von symbolischer Kultur zurückdrängt und die ikonische dominieren läßt. Anders ausgedrückt: Die Bilderkultur verdrängt die Wortkultur und erzeugt Ikonomanie.

Von dieser Verdrängung sind aber nicht nur die traditionellen Kulturtechniken Lesen und Schreiben betroffen. Fernsehen als Alternative zur linearen und dialektischen Logik des gedruckten Wortes beeinträchtigt mehr und mehr auch die Wahrnehmung nicht-medialer Wirklichkeit. So kann es dazu kommen, daß z.B. Kinder, die mit ihren Eltern am Urlaubsort ankommen, einen Ochsen sehen und verkünden: „Guck mal, Mutti, der sieht ja aus wie im Fernsehen!"

Fernsehen ist für heutige Kinder ein ständig vorhandener Bezugspunkt, der ihnen zur Weltdeutung dient. Es bleibt ihnen aber verborgen, daß es eine künstliche Weltproduktion ist, Leben aus zweiter Hand.

Dem ist zu Recht entgegenzuhalten, daß die Kinder durch das Fernsehen ihren Erfahrungsraum auch erweitern — und zwar erheblich. Kinder bekommen per Bildschirm Informationen, Bilder und Nachrichten, so reichhaltig und vielfältig und farbig wie nie zuvor; und sie können sich selbst bedienen, sich selbst entscheiden. In der Tat gab es schon Studien in der Frühzeit der Fernsehforschung, die das belegen, und diesen Studien kommt besondere Bedeutung zu, weil es zu jener Zeit noch Kontrollgruppen gab, da noch nicht jedes Kind fernsah. Hilde HIMMELWEIT (1958) z.B. fand heraus:

„Die populäre Vorstellung von dem am Fernsehgerät klebenden Kind, das alles ansieht, was immer gesendet wird, stimmt mit den Tatsachen nicht überein. Die meisten Kinder nahmen ziemlich selektiv an den Sendungen teil und wandten sich anderen Dingen zu, wenn etwas gesendet wurde, was ihnen nicht gefiel. Viele zogen auch die *Radio Times* oder die Zeitungen zu Rate, bevor sie sich vor dem Fernsehgerät niederließen, trotz der Tatsache, daß in vielen Wohnungen — nach Aussagen der Kinder in zwei Dritteln — der Fernsehapparat fast den ganzen Abend lief. Dies kam genauso oft in Familien der Mittelschicht wie in Arbeiterfamilien vor.

Je höher die Intelligenz des Kindes, desto geringer die Fernsehbeteiligung. Dieser Zusammenhang war bereits deutlich bei den Zehn- bis Elfjährigen und noch ausgeprägter bei den Halbwüchsigen erkennbar, von denen die Oberschüler das geringste Interesse von allen untersuchten Kindern zeigten und am wenigsten bereit waren, viel Zeit am Fernsehapparat zu verbringen.

In beiden Altergruppen verbrachten Jungen und Mädchen, grob geschätzt, die gleiche Zeit vor dem Bildschirm.

Fernsehen wurde anscheinend zu einer Gewohnheit, auf die das Kind zurückkam, wenn nichts Interessanteres zur Verfügung stand. Infolgedessen neigte das Kind mit vielen Interessen, das aktive Kind und dasjenige, was gern im Freien spielte, weniger zum Fernsehen als die anderen Kinder. Aber bei allen erwiesen sich das Spiel im Freien und (besonders bei den Heranwachsenden) geselliges Zusammensein als die stärksten Rivalen des Fernsehens."

Dennoch bleibt eine problematische Seite des Fernsehens unübersehbar. Bestehen bleibt neben der Tendenz, Zeit zu binden und zu domestizieren, die aufgezeigte Veränderung der Aneignungsweise von symbolischer Kultur in Form von technischen Bildern.

Das stellt selbst das ehrwürdige pädagogische Prinzip der Anschaulichkeit in Frage, macht es zumindest revisionsbedürftig (vgl. dazu SCHNOOR 1992). Denn die technischen Bilder des Fernsehens sind perfekte Bilder, professionell gemacht, unterhaltsam und gewiß auch anschaulich. Aber die Anschaulichkeit des Fernsehens will nicht unterrichten sondern unterhalten, und zwar derart, daß jeder ohne Mühe folgen kann. Das führt zu einer konsumistischen Anschauung, d.h. zu einer Art Verwöhnung durch Anschaulichkeit: Nur keine Voraussetzungen machen, nur keine Stolpersteine einbauen und erst recht keine Anstrengungen des Begriffs verlangen, scheint das Motto der Fernsehproduktion zu sein. Wer dem nicht folgt, verliert die Zuschauer, auch die kleinen. Das führt in eine Falle, nämlich zu einer stromlinienförmigen Pseudo-Anschaulichkeit, zu einer übertriebenen Anschaulichkeit, die mehr verdeckt als aufdeckt.

Dabei ist Anschaulichkeit als Unterrichtsprinzip aktueller denn je. Man konnte schon früher die Welt nicht pur und unmittelbar in die Schule holen, und das gilt heute in der Welt der Systemtechnik, der schnellen Schaltkreise und der Megamaschinen erst recht. Von vielen Wirklichkeitsfeldern kann die Schule nur Bilder zeigen oder Modelle. Wenn diese anschaulich sind, dann sind sie manchmal sogar aufschlußreicher als die Wirklichkeit selbst – und manchmal auch spaßiger.

Die Schule kann und soll deshalb auf Bilder und Anschaulichkeit nicht verzichten, im Gegenteil. Aber sie muß die neuen Bilder lesen lehren und Anschaulichkeit neu bedenken, damit Anschaulichkeit nicht durch berauschende Bilder ad absurdum geführt wird.

3.3 Leben mit der Kulturindustrie

Nachdem ich klarzustellen versucht habe, was es mit den technischen Bildern auf sich hat, kann ich genauer angeben, was die Redeweise vom Leben aus zweiter Hand bedeutet: Es bedeutet ein Leben mit der Kulturindustrie.

Bezeichnend für die Kulturindustrie ist, daß sie ,Botschaften', also Bedeutungen und Sinngebungen, massenkulturell verbreitet, die vorfabriziert sind und nicht in mehr oder weniger aufwendiger Weise entschlüsselt zu werden brauchen. Es handelt sich bei ihnen um konsumistische Anschauung. Die ,Botschaften' der Massenkultur entstehen in den Redaktionen, Studios und Labors der Kulturindustrie. Die Kulturindustrie bedient sich dabei der unterschiedlichsten Quellen, der Volks- und Regionalkultur, der Klassenkultur und auch Alternativkultur. Sie schöpft sie gewissermaßen von diesen Quellen ab und kanalisiert sie in einer Weise, die sie für ein maximal ausgeweitetes Verteilersystem geeignet macht. Denn Massenkultur zielt nicht so sehr auf Bedürfnisbefriedigung ab, sondern auf Marktgängigkeit. Sie ist Angebotskultur. Sie wird zum Zwecke des Tausches produziert, und tauschen lassen sich nur Waren. Somit ist die Kulturindustrie den allgemeinen Gesetzen der Warenproduktion unterworfen wie möglichst hoher Ausstoß und Standardisierung. Die Kulturindustrie verarbeitet und verpackt aber nicht nur vorfindliche Kultur, sie erfindet zunehmend ganz neue Kulturwaren in synthetischer Weise. E.T. ist im Bereiche der Kinderkultur ein „anschauliches" Beispiel: Ein außerirdisches Wesen, von Designern entworfen, durch Marktforschung angeregt und in der Formgebung beeinflußt, durch Mikroprozessoren bewegt, für einen weltweiten Markt produziert, als Film und als Spielzeug angeboten.

Kulturwaren werden zentral hergestellt, gleichgültig, ob sie aus der Lebenswelt „abgezogen" oder künstlich konstruiert sind. Sie werden zentral vermarktet und in diesem Sinne von oben nach unten verteilt. Dabei darf das Moment der Zentralisierung nicht zu eng aufgefaßt werden. Denn es existieren mehrere Zentralen, die miteinander konkurrieren, Redaktionen unter sich und mit Fernsehanstalten, Verlage und Filmstudios, Werbeagenturen, Modeateliers, aber auch Spielzeugfabriken — mit der Tendenz sich auszuweiten: Massenkultur mag seinen Ursprung bei der Unterhaltungsindustrie haben, sie hat längst weitere Lebensbereiche infiziert, fast die gesamte Warenproduktion, zumindest deren Werbeabteilungen — und das Strickmuster von Massenkultur ist selbst in Religion und Wissenschaft eingedrungen. Billy-Graham-Shows oder die Psychologie-des-Alltags-Kurse sind nur allzu offensichtliche Beispiele dafür.

Massenkultur präsentiert sich genau wie Massenkonsum als freiwilliges Angebot, das verschweigt, daß es strukturell unverzichtbar geworden ist. Massenkultur ist vor allem deshalb unvermeidlich geworden, weil vieles von den Traditionen der Lebenswelt zerstört oder aufgebraucht ist und sowohl bürgerliche als auch andere Klassenkultur mit ihrer sozialen Basis auch ihre Selbstverständlichkeit verloren haben. Produktion und Aneignung fallen bei auf die Spitze getriebener Arbeitsteilung auseinander. Es entsteht so eine riesige Nachfrage nach Erklärungen und Sinngebungen. Kaum etwas kann problemlos der Tradition entnommen werden, nicht einmal die Art, in der man sich kleidet oder gesellig miteinander verkehrt. Das ist ein Grund für das vielbeklagte Defizit an Sinn und Orientierung. Massenkultur stößt in diese Lücke. Massenkultur, wie sie die Warenwelt und das Fernsehen verkörpern, zwingt sich also dem einzelnen Kinde nicht direkt auf, sondern wird aufgrund des strukturierten Sinndefizits nachgefragt. Wenn ein Kind nicht fernsieht und fast alle anderen Kinder reden über Fernsehsendungen, dann geht nicht zuletzt davon eine Verführung zum Fernsehen aus. Oder wenn viele Kinder den Drachen aus dem Warenhaus höher schätzen als den eigenen selbst gebauten, dann erreicht auch den Drachenbauer der Sog der Massenkultur. Hinzu kommt die zunehmende Durchorganisierung der heutigen Kindheit, die unter anderem zu Überlastung und permanenter Zeitnot führt. Es liegt auf der Hand, daß unter diesesn Bedingungen schnelle, verständliche und leichtverdauliche Deutungsschemata Konjunkturen haben. Wenn Kultur zur Massenkultur wird und Sozialisation die individuelle Aneignung von gegenständlicher und symbolischer Kultur ist, dann wird Massenkultur zur zentralen Sozialisationsinstanz.

4. Ein Leben aus erster Hand ist eigentätiges Leben mit Menschen, Dingen und Ideen

Durch die veränderten Lebens- und Aneignungsformen verlieren Kinder etliche Gelegenheiten, Erfahrungen durch unmittelbare Auseinandersetzung zu machen und mit anderen zu bedenken. An die Stelle von Primärerfahrungen treten immer mehr Informationen *über* Erfahrungen.

Diese Entwicklung ist allerdings nicht neu, sondern Folge eines langanhaltenden Prozesses gesellschaftlicher Differenzierung und damit verbundener Abkopplung von System und Lebenswelt, um es mit Begriffen von HABERMAS zu sagen. Sie wird durch die Kulturindustrie und die Computerisierung nicht hervorgerufen, aber in enormer Weise beschleunigt und zugespitzt. Daraus darf allerdings nicht kulturpessimistisch geschlossen werden, das Ende einer freiwüchsigen Kindheit oder der Zerfall von Kindheit überhaupt stehe bevor.

Ob die heute geborenen Kinder gegenüber den eingangs erwähnten Nachkriegskindern günstigere oder schlechtere Bedingungen des Aufwachsens haben, läßt sich theoretisch nicht entscheiden. Im Grunde ist beides der Fall – in mancherlei Hinsicht geht es heutigen Kindern besser als früheren. Man denke nur an die im Durchschnitt liberalere Erziehung der Eltern. Die Lage ist also ambivalent, die Entwicklungslinien sind widersprüchlich. Was folgt daraus für die Grundschulpädagogik?

Gewiß nicht die barsche Ablehnung von Fernsehen und Computern. Ein Verbot wäre ebenso unsinnig wie das Alkoholverbot vor 50 Jahren in den USA, das ja auch nur zum heimlichen Gebrauch führte, genauer: zum unkontrollierbaren Konsum von üblem Fusel. Besser als Verbote sind Entwürfe einer auf technische Bilder bezogenen Medienpädagogik sowie Modellversuche mit dem Computer im Unterricht, von Praktikern und Wissenschaftlern gemeinsam durchgeführt. Wichtiger noch als einzelne Entwicklungsprojekte scheint mir die schulische Förderung des Lebens aus erster Hand zu sein. Denn wenn die technischen Bilder und die Computerisierung fast alle Lebensbereiche erfassen, dann sind alle Fächer und Lernfelder aufgerufen, mit den Folgen der Medienrevolution fertig zu werden. Dem universalen Charakter der neuen Medien muß durch eine projektförmige Verknüpfung der Fächer und Lernfelder entsprochen werden. Projektunterricht erhält dadurch eine neue zentrale Aktualität.

Projektunterricht muß entschieden auf Primärerfahrungen basieren. Gerade angesichts der neuen Medien und der leichten Verführbarkeit zum bloßen Konsum müssen die Bildungseinrichtungen Raum freihalten für die persönliche und erfahrungsbezogene Aneignung kultureller Tradition. Die Medien können diesen Prozeß anstoßen oder begleiten, aber sie können ihn nicht ersetzen. Die Bilderflut des Fernsehens kann die Vorstellungskraft des Menschen stimulieren oder auch reduzieren, aber in keinem Fall begründen.

Im Mittelpunkt von Bildungsprozessen muß daher nach wie vor die Vermittlung und Reflexion von *Erfahrungen mit Menschen, Sachen* und *Ideen* stehen. Miteinander sprechen, lesen und schreiben können gehören unverzichtbar dazu, Spielen ebenfalls. Nur wenn es unseren Kindern gelingt, sich eigentätig Erfahrungen anzueignen, können sie lernen, den Umgang mit Medien zu verkraften und werden sie eine Chance haben, sich als mündige Bürger in einer Mediengesellschaft zu behaupten. Es geht also um die Belebung erfahrungsbezogenen Lernens. Auch umgekehrt ist nicht die negatives Erziehung „Weg vom Fernsehen und Video" wichtig, sondern die aktive Erziehung zur Gestaltung des eigenen Lebens. Die Faszination durch Medien muß durch eine *Faszination des Selbermachens* aufgebrochen werden. Sobald man etwas selber macht, trägt einen die Begeisterung.

Natürlich kann nicht alle Erfahrung durch Unterricht vermittelt werden, und es sollte deshalb auch nicht so getan werden, als sei das erstrebenswert. Modelle und Bilder der Wirklichkeit sind unvermeidbar. Worum es geht ist, Aneignungsprozesse auf ein möglichst hohes Maß an *Eigentätigkeit* zu gründen und z.B. auch Bilder exemplarisch in eigentätiger Weise herzustellen: Skizzen, Photos oder auch Videofilme. Eine alternative Eigentätigkeit oder Anschaulichkeit wäre falsch gestellt. Was wir brauchen ist eine Balance von Anschaulichkeit und Eigentätigkeit, um eine konsumistische Anschauung und eine unanschauliche Eigentätigkeit zu vermeiden.

Eigentätigkeit ist die intensivste Form der Aneignung von Erfahrungen und dessen, was sie bedeuten, nicht nur, weil Eigentätigkeit je nach Umständen alle Sinne anspricht, sondern auch deshalb, weil der Entstehungsprozeß von Sachen und Ideen durchsichtig wird und damit der ganze Bedeutungsumfang ebenso wie das Veränderungspotential. Und weil das nicht für jede Tätigkeit zutrifft, die ja auch rein rezeptiv, reproduktiv oder reaktiv sein kann, nenne ich diese produktive Form der Tätigkeit pointiert Eigentätigkeit.

Natürlich wäre es ein antipädagogisches Mißverständnis zu meinen, ein Kind könne sich die ganze entwickelte Welt eigentätig aneignen. Eigentätigkeit ist kein Maßstab der Ausschließlichkeit, kein Alternativbegriff, sondern ein Identitätsmaß.

Eine Pädagogik erhöhter Eigentätigkeit ist nicht leicht einzulösen. Erste Schritte bestünden darin, die Gegenstände so zu behandeln, als würden sie zum ersten Mal gesehen, die Ereignisse so darzustellen, als liege der Ablauf noch nicht fest,

Sinnhaftes zu genießen, als sei es von Sinnlichem nicht zu trennen. Interpretationen sind dann zugleich Produktionen. Verschlüsseltes wird aufgeschlüsselt. Kulturgehalte werden nicht als dinglich genommen, sondern in ihrem Werden und Vergehen erarbeitet. Die Schule sollte deshalb mit Gegenständen und Materialien angereichert werden, welche die Neugier der Kinder wecken und mit denen sie handelnd Erfahrungen sammeln können. Eine Pädagogik erhöhter Eigentätigkeit darf allerdings nicht mit bloßer Geschäftigkeit oder Bastelei verwechselt werden. Eigentätigkeit heißt auch Nachdenken und Grübeln, Spaß haben und Genießen. Außerdem muß Eigentätigkeit, zumindest der Umgang mit Angeboten, etwa in der Freiarbeit, selber erst gelernt sein, wenn er nicht nur zu einer Art gehobenen Konsums führen soll. Eigentätigkeit ist geistig anspruchsvolle Tätigkeit, die sich von der althergebrachten volkstümlichen Bildung dadurch unterscheidet, daß sie Erfahrungen am Inhalts- und Methodenschatz der Wissenschaft aufklärt. Diese Art der Wissenschaftsorientierung aufzugeben, hieße einen kinderorientierten Unterricht mit Kindertümelei zu verwechseln.

Ich fasse zusammen:

Um auf die Herausforderungen der neuen Medien und neuen Technologien antworten zu können, benötigen die Grundschulen ironischerweise nicht mehr Informationsvermittlung oder -verarbeitung, sondern mehr konkretes und wirkliches Leben. Denn mediatisierte Kommunikation, elektronische Textverarbeitung, Mensch-Maschine-Programme und Fernsehbilder laufen ja allesamt darauf hinaus, daß der Unterricht entsinnlicht wird und unmittelbare Erfahrungen durch Medienerfahrungen ersetzt werden. Die Bildungseinrichtungen müßten demgegenüber bewußt Erfahrungen aus erster Hand gegen Medienerfahrung aus zweiter Hand setzen. Dafür benötigen sie mehr Autonomie und mehr Gestaltungskraft.

Perfektionierte Technologien können ohnehin die meisten der wirklich zentralen Probleme der Bildungseinrichtungen nicht lösen, eine verschwenderische Vermehrung des Fernsehprogrammangebots oder der Videospiele schon gar nicht. Die Herausforderung durch neue Medien zwingt den Bildungseinrichtungen ja nur ein neues Problem auf, ohne auch nur ein einziges altes zu lösen — wie Fremdsteuerung durch

Zensuren, schichtenspezifische Auslese, bürokratische Regelungen, Aussonderung ausländischer Schüler, Zunahme von Lernbehinderungen usw.

Wenn das alles stimmt, brauchen wir nicht bessere Techniker, sondern besser gebildete Menschen, also Menschen, die in der Lage sind, ohne Anleitung durch die Kulturindustrie aufzuwachsen, indem sie ihre Situation in dieser widersprüchlichen Welt reflektieren, Schlüsse daraus ziehen und entsprechend praktisch handeln. Bildung erwirbt man nun gerade nicht durch optimierte Informationsverarbeitung, sondern durch aktive Aneignung der kulturellen Überlieferung, durch Auseinandersetzung mit anderen Menschen, durch gemeinsame Arbeit, eben durch Eigentätigkeit. Kurz und zum Schluß kommend:

Anstelle von mehr Erfahrung aus zweiter Hand brauchen wir mehr Menschlichkeit aus erster Hand.

II. Neue Technologien und neue Formen des Wissens[1]

Die Gesellschaft der Gegenwart wurde bisher Industriegesellschaft genannt. Für die Gesellschaft der Zukunft gibt es inzwischen so viele Bezeichnungen, daß dies der beste Beweis dafür ist, daß die Gesellschaft der Zukunft noch nicht auf den Begriff gebracht ist, d.h. noch keine wirklich zutreffenden Namen hat. Ich nenne nur einige Beispiele, wovon Informationsgesellschaft das prominenteste und verführerischste ist: postindustrielle Gesellschaft, Dienstleistungsgesellschaft, Wissenschaftsgesellschaft und Konsumgesellschaft oder — sich glatt widersprechend — Risikogesellschaft und Experimentiergesellschaft. Man hat die zukünftige Gesellschaft auch Hochenergiegesellschaft genannt oder Massengesellschaft oder Fernsehgesellschaft. Man könnte sie auch Kongreßgesellschaft nennen; denn nichts ist so kennzeichnend für das Leben von modernen Menschen als die Teilnahme an Kongressen, auf denen wir typischerweise auch Informationen austauschen, besser aber noch unser Wissen vermehren, unserern Verstand schärfen und auf neue Ideen kommen. Dennoch ist das kein wirklicher Grund, unsere Gesellschaft Kongreßgesellschaft zu nennen. Ebenso scheint mir „Informationsgesellschaft" nur ein Imponierausdruck zu sein, ein Slogan oder ein „handy catchword", nicht aber ein analytischer sozialwissenschaftlicher Begriff, der uns helfen könnte, die zukünftige gesellschaftliche Entwicklung besser zu erklären und angemessener zu verstehen.

---

1 Dieses Kapitel beruht auf einem Vortrag, den ich zuerst am 06.10.1988 beim IMTEC-Kongreß in Snowmass/Colorado gehalten habe.

Mir scheint vielmehr, daß wir uns immer noch und lange noch in einer Industriegesellschaft befinden. Die Zukunft ist nicht postindustriell, die Industrialisierung nimmt vielmehr zu – in Form einer Industrialisierung des Gesundheitswesens, der Forschung, der Hausarbeit, der Kindheit, der Kunst und der Kultur, der Dritten Welt oder der Kriegsführung, um nur einige Beispiele zu nennen. Der Trend geht von der industriellen zur hyperindustriellen Gesellschaft.

1. „Informationsgesellschaft" als Problem

Der englische Soziologe David LYON hat die Vermutung geäußert, die Rede von der Informationsgesellschaft diene vor allem als Strategie, im doppelten Sinne, als Marketing-Strategie der Elektronik-Industrie und als ideologische Strategie, um von den sich zuspitzenden Problemen der Industriegesellschaft abzulenken. Es werde dabei nicht wirklich über die Zukunft als Ganze diskutiert, sondern vornehmlich über technologischen Fortschritt, und es werde über technologischen Fortschritt diskutiert, um nicht über die Zukunft debattieren zu müssen.

Gewiß kann man daran zweifeln, ob die Rede von der Informationsgesellschaft erfunden wurde, um die Krisen des Industrialismus zu verschleiern. Außer Zweifel steht jedoch, daß auch in einer Informationsgesellschaft nahezu alle zentralen Merkmale einer Industriegesellschaft fortbestehen. Solche Merkmale sind

— Privateigentum an Produktionsmitteln und Herrschaft, die sich aus dem Besitz an Produktionsmitteln herleitet.
— Ungleichheiten struktureller Art hinsichtlich Besitz, Einkommen, Macht, Einfluß, Verfügungsgewalt, Ressourcen etc.
— Klassen und Klassenkonflikte, wobei sich allerdings die Klassenlagen verschieben und neue Mittelklassen unterschiedlicher Art herausbilden von Technokraten bis zu Alternativen.
— Fortbestand eines Kerns von Güterproduktion, von dem sich ein Großteil des Dienstleistungssektors überhaupt erst herleitet, z.B. die Kraftfahrzeugreparaturbetriebe.

– Lohnarbeit von Arbeitern und Angestellten ist mein letztes Beispiel. Der Begriff des Industriearbeiters ist sicher unklar geworden. Er ist aber allemal klarer als der des Informationsarbeiters, zu dem sein Erfinder, Fritz MACHLUP, auch Stripteasetänzer, zählt (nach LYON, S. 52).

Wenn man „Informationsgesellschaft" allerdings nicht als *Programm* sondern als *Problem* versteht, mag dieser Begriff durchaus nützlich sein, um auf den Zusammenhang von gesellschaftlicher Zukunft und zukünftiger Technologieentwicklung zu verweisen, die sonst allzu gern separat betrachtet werden. Und in der Tat bergen die neuen zukünftigen Technologien, die im übrigen auch nur zum Teil Informationstechnologien sind, ein riesiges Potential in sich, gesellschaftlich zu gestalten, aber auch gestaltet zu werden.

Liest man die neueren industriesoziologischen Studien durch, so haben sie allesamt von der Vorstellung eines Technikdeterminismus Abschied genommen. Die daraus resultierende Perspektive einer sozial gestaltungsbedürftigen Arbeitsorganisation läßt sich am bestuntersuchten und meistdiskutierten Beispiel der Werkzeugmaschinen verdeutlichen. Diese Maschinen haben bekanntlich eine rasante technologische Entwicklung durchgemacht. Zunächst wurde der Bearbeitungsprozeß ausschließlich bei jedem Werkstück neu von der einzelnen Arbeitskraft geplant und ausgeführt. Sie bestimmte und überwachte jeden einzelnen Bearbeitungsschritt. Dies erforderte eine hochqualifizierte Arbeitskraft, z.B. einen Dreher. Eine Änderung dieses Produktionsablaufs ergab sich, als man mit dem informationstechnologischen Instrument der numerisch kontrollierten Steuerung die einzelnen Bearbeitungsschritte, z.B. für eine Gruppe identischer Werkstücke, einmal fest programmieren und dann durch angelernte Maschinenbediener ausführen lassen konnte. Dabei fielen Planung und Ausführung auseinander, die bei qualifizierter Arbeit ursprünglich zusammengehörten. In den letzten Jahren ergibt sich dank der Mikroelektronik eine weitere Änderung dadurch, daß mit der Einführung der computerisierten Steuerung (CNC) eine flexible Produktion mit jeweils neuen Programmierungen für rasch wechselnde Serien möglich wurde. Im Prinzip kann die Programmierung derartiger Maschinen sowohl durch die Arbeitskraft als „Werkstattprogrammierung" als auch von ihr abgetrennt in einem Programmierbüro erfolgen. Eine technische Determinierung für das eine oder das andere Vorgehen gibt es also nicht. Auch sind keine wesentlichen Kostenunterschiede festgestellt worden. Was „Werkstattprogrammierung" möglicherweise an zusätzlichen Qualifikationskosten verursacht, gleicht sie gegenüber der Zentralisierung in Programmierbüros durch geringere Ausfallzeiten und höhere Qualitätskontrolle wieder aus.

Die Bedeutung, die die eine oder die andere soziale Organisationsform der Arbeit mit Werkzeugmaschinen hat, liegt auf der Hand: „Werkstattprogrammierung" bedeutet die Wiedervereinigung von Planen und Ausführen und damit die Erhaltung anspruchsvoller Arbeitsplätze; Programmierung in der Arbeitsvorbereitung oder „zentrale Programmierung" bedeutet dagegen Zuspitzung der Arbeitsteilung, bedeutet eine Konzentration qualifizierter Arbeit in der Arbeitsvorbereitung und eine Herabstufung der ausführenden Arbeit.

Eine ähnliche Weichenstellungssituation bahnt sich auch im Bereich der Büroberufe an. Einen Technik-Determinismus gibt es offenbar auch hier nicht. Im Großen und Ganzen führen zwei Wege in die Zukunft der Büroarbeit, die bei den Versicherungen und Banken längst begonnen hat. Hier wird zwischen computergesteuerter und computerunterstützter Kundenberatung unterschieden. Bei computergesteuerter Bankarbeit beispielsweise verfügt jeder Kundenberater über einen eigenen Bildschirm, vor dem er ohne Kontakt zu seinen Kollegen allein tätig ist. Sowie sich ein Kunde mit irgendeinem Auftrag an den Kundenberater wendet, läßt dieser mittels seines Computers eine umfassende Analyse bestehender Kundenbeziehungen vornehmen. Das EDV-System übermittelt das Ergebnis dem Kundenberater überblicksartig auf dem Bildschirm. Gleichzeitig gibt es ihm anhand eines Spiegels von Marktlücken eine Handlungsanweisung für das Beratungsgespräch vor.

Die Mehrzahl der Banken zieht offensichtlich ein weniger systembestimmtes Verfahren vor, das vom Computer nicht gesteuert, sondern bloß unterstützt wird. Charakteristisch ist bei diesem Konzept ein Nebeneinander von elektronisch zusammengestellten Grundinformationen einerseits und persönlichen Kontakten zum Kunden andererseits. Darüber hinaus sind für einen Kundenstamm immer Gruppen von etwa drei Personen zuständig. Diese beraten sich untereinander und teilen sich einen Personalcomputer bzw. Terminal. Hier reduziert der Computer die Qualität von Büroarbeit nicht, sondern reichert sie an.

An beiden Beispielen wird klar ersichtlich, daß es für die Zukunft der Arbeit erhebliche Gestaltungsspielräume, ja geradezu Scheidewege gibt: Integrative, qualifikationsintensive Arbeit oder atomisierte und dequalifizierte Arbeit. Wir können die neuen Möglichkeiten einer menschenfreundlicheren Arbeitsgestaltung allerdings nicht nutzen, wenn lediglich in Kapital und nicht in Qualifikation investiert wird, also mehr in Geräte und Organisation und weniger in Bildung und Selbstverantwortung. Anders ausgedrückt: Wir brauchen nicht unbedingt mehr Qualifikation für alle, wenn wir mehr produzieren wollen. Das ist auch mit mehr Apparatur und weniger Arbeitsvermögen realisierbar. Aber wir brauchen mit Gewißheit mehr Qualifikation für mehr Menschen, wenn wir die neuen Technologien sozial gestalten wollen, d.h. menschenwürdigere Arbeitsplätze und eine humane Fortentwicklung der Industriegesellschaft haben wollen. Das ist vielleicht die größte Herausforderung an die Schule im Jahr 2020.

Das Wichtige und Richtige an der Debatte um die neuen Informationstechnologien ist also, daß sie die Suche nach einer anderen Gesellschaft und einer anderen Schule neu eröffnet hat. Weil die Informationstechnologien fast alles ermöglichen und fast überall anzutreffen sind, machen sie konkrete Gestaltungsspielräume und alternative Zukünfte sichtbar. Wie die Schule darauf reagieren kann, ist die Leitfrage dieses Kapitels, die ich im folgenden zu behandeln versuche.

2. Worauf die Schule vorbereiten muß

„Die Schule ist eine Funktion der Gesellschaft" hat der Philosoph Wilhelm DILTHEY vor fast einem Jahrhundert formuliert. Worauf die Schule vorbereiten muß hängt also wesentlich davon ab, welche Art von Gesellschaft wir haben wollen.

Vor dem eben skizzierten gesellschaftlichen Hintergrund sehe ich vier Aufgabenbereiche für die Schule, die ich zunächst erläutern und begründen möchte, bevor ich daraus meine Überlegungen über das morgen nötige Wissen herleiten kann. Als gesellschaftliche Anforderungen nenne ich:

(1) Gestaltung der Arbeitswelt,
(2) Selbstbewußter Umgang mit Computern,
(3) Entschlüsselung mediatisierter Erfahrung und
(4) Rückeroberung der Zukunft.

Den ersten Aufgabenbereich sehe ich in der

2.1 Gestaltung der Arbeitswelt

Ich erinnere an die Beispiele der CNC-Maschinen und der computerorientierten Kundenberatung: Wie die Produktionsverfahren und Arbeitsplätze der Zukunft gestaltet werden, welche Rolle der arbeitende Mensch im Arbeitsprozeß spielt, wird nicht von den neuen Technologien festgelegt. Die Einsatzmöglichkeiten der neuen Technologien sind so flexibel, daß sie viele Formen der Arbeitsorganisation offenlassen, das Ende der Arbeitsteilung wie eine Arbeitszerlegung auf höchstem technischen Niveau. Die Zukunft der Arbeitsgestaltung wird zweifellos gesellschaftspolitisch entschieden.

Aus international vergleichenden Untersuchungen (SORGE et. al. 1981) wissen wir, daß für die Realisierung des humanen und sozial verträglichen Modells des Fortschritts ein hohes Qualifikationspotential der Arbeitskräfte die unabdingbare Voraussetzung ist. Beispielsweise ist „Werkstattprogrammierung" nur zu realisieren, wenn eine größere Zahl von Facharbeitern fähig und bereit ist, sich Zusatzqualifikationen anzueignen. Das bedeutet umgekehrt, daß es geradezu zwangsläufig zur zentralen Programmierung kommt, wenn bei den Facharbeitern keine ausreichenden Qualifikationen vorhanden sind.

Es scheint so, daß die führenden Industrienationen diesbezüglich sehr unterschiedliche Wege in die Zukunft beschreiten. Die anglo-amerikanischen Länder setzen ebenso wie Frankreich offenbar mehr auf das technische Modell des Fortschritts, bei dem mehr in Sachkapital investiert wird und

48

in eine relativ kleine Elite von Entwurfs- und Produktionsingenieuren. Die mittel- und nordeuropäischen Staaten sowie Japan favorisieren eher das sozialverträgliche Modell des Fortschritts und investieren mehr in das Humankapital, d.h. in die Ausbildung der großen Mehrheit der Arbeitskräfte.

So haben in der Bundesrepublik beispielsweise die Unternehmer gemeinsam mit den Gewerkschaften die Berufsbilder der Facharbeiter in den Metall- und Elektroberufen neu geordnet und eine breit angelegte, umfassende Grundbildung für alle vereinbart. In einem Ausbildungsrahmenplan wurde geregelt, daß ein grundlegendes Verständnis für die neuen Technologien vermittelt werden soll. Dabei wird ein doppeltes Ziel verfolgt. Zum einen sollen die Facharbeiter sich rasch und flexibel auf den technischen Wandel und veränderte Arbeitsanforderungen anpassen können. Zum zweiten sollen personale Fähigkeiten und Kompetenzen gestärkt werden wie Entscheidungsfähigkeit, Verantwortungsbereitschaft, Belastbarkeit, Teamgeist und ähnliche, die erforderlich sind, um die eigene Arbeit selbständig planen, durchführen und kontrollieren zu können.

Zusammengefaßt orientiert sich dieses Ausbildungskonzept an drei Kriterien:

Erstens an einer breit angelegten Grundbildung, die zur fachlichen Mobilität befähigt,

zweitens an einer hohen Fachkompetenz für das Berufsfeld und

drittens an Kooperationsfähigkeit und Selbständigkeit, welche für den Umgang mit den neuen Technologien von größter Bedeutung sind.

Dieses Ausbildungskonzept gilt auch nach dem Urteil ausländischer Beobachter als großer Vorteil gegenüber dem bloßen „on-the-job-training". Denn in der Automobilindustrie beispielsweise wurden bisher Ungelernte nach einem relativ kurzen Anlernprozeß eingesetzt, waren Facharbeiter für die Instandsetzung verantwortlich und Ingenieure bzw. Techniker für die Qualitätssicherung. Heute schon und erst recht in der Zukunft werden für die Produktion, Instandsetzung und Qualitätssicherung zunehmend Teams von Facharbeitern und Ingenieuren eingesetzt, in denen Angelernte keinen

Platz mehr haben. Diese Form der Arbeitsorganisation kann viel schneller auf wechselnde Kundenwünsche reagieren als die bisherige.

2.2 Selbstbewußter Umgang mit Computern

Den zweiten Beitrag der Schule zur Zukunftsgestaltung sehe ich in der Befähigung der Schüler zum selbstbewußten Umgang mit Computern. Vielfach wird heute gefordert, den Schülern möglichst schnell eine Art „Computerführerschein" mitzugeben. Damit sind Grundkenntnisse im Programmieren gemeint, zumeist BASIC-Kenntnisse, manchmal LOGO- oder TURBOPASCAL-Kenntnisse. Als Gründe werden immer wieder die Wettbewerbsfähigkeit der Wirtschaft und bessere Chancen der Jugendlichen auf dem Arbeitsmarkt angeführt. Beide Gründe treffen nicht zu. Über die Wettbewerbsfähigkeit der Wirtschaft entscheidet auf diesem Gebiet die Forschung und nicht die Schule. Und im Kampf um knappe Arbeitsplätze wird ein „Computerführerschein" wenig nützen, die vorher dargelegte breite berufliche Grundbildung desto mehr. Denn wir wissen aus Arbeitsmarktstatistiken und -prognosen, daß in den 90er Jahren nur weniger als 5% aller Arbeitsplätze reine Programmierkenntnisse verlangen (vgl. HESSE u.a. 1988).

Andererseits erfordern eine sozialverträgliche Gestaltung dieser Arbeitswelt und die sich ausweitende Nutzung von Computern im Alltag von nahezu jedermann einen kompetenten und selbstbewußten Umgang mit Computern, was nicht identisch ist mit Programmierkenntnissen. Zum selbstbewußten Umgang mit Computern gehört sehr wohl ein Wissen über Algorithmen und Kenntnisse darüber, wie man Programme schreibt.

Wir haben ein solches Konzept des selbstbewußten Umgangs mit Computern für das Land Nordrhein-Westfalen, das größte Land der BRD, zu entwickeln versucht. Ich will es kurz in den Grundzügen beschreiben.

(I) In der Grundschule sollen Computer kaum eine Rolle spielen. Sie werden nur in knapp einem Dutzend Schulen des Landes auf ihre pädagogische Tauglichkeit hin erprobt.

50

(II) Am Ende der Pflichtschulzeit wird allen 14-, 15- bis 16-Jährigen eine informations- und kommunikationstechnologische Grundbildung vermittelt. Dabei wird eine Programmiersprache nicht gelernt, wohl aber das Programmieren anhand einer vorbereiteten sog. Programmierumgebung. Jeder Schüler lernt dabei, dem Computer einfache Befehle zu geben und sie zu kleinen Programmen zu verknüpfen. Er lernt ferner die wichtigsten Anwenderprogramme kennen und wird befähigt, die sozialen Implikationen des Computereinsatzes zu beurteilen.

(III) Obwohl wir der Meinung sind, daß Informatik bzw. computerscience, d.h. vor allem Lernen von Programmiersprachen, nicht Pflichtfach sein soll, bieten wir es allen Schülern ab dem 15. Lebensjahr als Wahlfach an.

(IV) Den Abschluß bildet im Schulsystem die Fachbildung im berufsbildenden Bereich, also z.B. Programmieren von CNC-Maschinen oder kaufmännisches Rechnen mit dem Computer.

Die Grundbildung am Ende der Pflichtschulzeit ist der innovativste Bereich. Hier haben wir uns für Projektunterricht entschieden. Es gibt also kein Leitfach wie Mathematik oder Physik, sondern alle Fächer wirken mit. Ferner versuchen wir, Mediendidaktik und Sozialwissenschaften in jedes Projekt zu integrieren. An einem Beispiel möchte ich kurz zeigen, was integrierte Mediendidaktik meint. Wir entwickeln mit den Schülern Fragen wie: Wie kommt es, daß Videogames, z.B. Weltraumspiele, scheinbar lernfähig sind? Wie kommt es, daß sich Meteoriten auf dem Bildschirm so schnell bewegen können und nicht vorauszuberechnen sind? Sie treffen die Weltraumfähren häufig in einem Augenblick, zu dem wir es nicht erwarten. Und wenn wir als Spieler besser werden, dann fallen die Meteoriten noch schneller. Die mediendidaktische Schlüsselfrage lautet: Was steht hinter den technischen Bildern, wie sind sie programmiert?

Wir lassen dann die Schüler solche Programme anhand der bereitgestellten Programmierumgebung selber schreiben. Das Zufallsmoment besorgt ein Zufallsgenerator. Und die scheinbare Lernfähigkeit resultiert einfach daraus, daß das Programm schneller abläuft, wenn die Fehlerquote geringer wird. Dahinter stecken im Grunde nur zwei Subprogramme, die man mit Schülern herausfinden, ausprobieren und auch selber herstellen kann (vgl. v. LÜDE/ROLFF 1989).

2.3 Entschlüsselung mediatisierter Erfahrung

Den dritten Beitrag der Schule zur menschenwürdigen Weiterentwicklung der Industriegesellschaft nenne ich Entschlüsselung mediatisierter Erfahrung.

Vom Schweizer Dramatiker Max FRISCH stammt der Satz: Erfahrung macht dumm. Max FRISCH spricht offenbar aus Erfahrung: Er weiß, daß mehrere Menschen aus dem gleichen Erlebnis ganz unterschiedliche Schlußfolgerungen ziehen, daß derselbe Mensch immer wieder die gleiche schlechte Erfahrung machen kann und trotzdem nichts daraus lernt. Kurzum: Max FRISCH meint, daß keine Erfahrung für sich selbst spricht. Erfahrung ist immer mediatisiert und muß deshalb entschlüsselt werden.

Die Notwendigkeit, Erfahrungen entschlüsseln zu müssen, erhält in der Welt der neuen Technologien eine besondere Zuspitzung. Denn zum einen sind die Erfahrungen, die man mit Computern macht, immer im spezifischen Sinne eingeschränkt und bedürfen deshalb einer besonders aufwendigen Entschlüsselung: Es müssen immer unvollständige Daten interpretiert werden. Computer-Modelle wollen immer ein Stück Wirklichkeit repräsentieren. Aber worin besteht das Repräsentative? Wenn man von einem Sandhaufen ein Sandkorn wegnimmt, bleibt er ein Sandhaufen. Aber wenn man ganz viele Körner wegnimmt, was dann? Handelt es sich dann immer noch um einen Sandhaufen? Hinzu kommt, daß Erfahrungswissen im traditionellen Sinne an Wert verliert. Immer wichtiger wird Planungs-, Steuerungs- oder Analysewissen, also Wissen, das man nicht im Alltag, sondern speziell in Bildungseinrichtungen erwirbt. Genau das macht die Funktion der Schule so wichtig, morgen noch mehr als heute. Ich komme darauf noch zurück.

Schließlich nimmt die Mediatisierung von Erfahrungen mit den neuen Medien rapide zu. Das begann mit dem TV und schreitet fort mit Video, Computer und Bildplatte. Erfahrung wird immer mehr Bildschirmerfahrung, bebildert, unterhaltsam und häufig in nichtssagender Form anschaulich. Das gute alte pädagogische Prinzip der Anschaulichkeit wird dabei auf den Kopf gestellt. Bilder der Unterhaltungsindustrie helfen immer weniger, die Welt zu verstehen und zu erklären, sie müssen vielmehr selber entschlüsselt und auf ihren Aussagegehalt geprüft werden. Es gehört zu den schwierigsten Aufgaben der künftigen Schule, die Schlüssel zur Entschlüsselung von mediatisierter Wirklichkeit zu liefern. Ich habe mich dazu bereits in Kapitel I geäußert.

2.4 Rückeroberung der Zukunft

Die vierte gesellschaftliche Aufgabe der Schule läßt sich noch weniger mit schulischen Mitteln allein erfüllen als die eben genannte: Die Rückeroberung der Zukunft. Seitdem die moderne Massen- und Pflichtschule in Europa um das Jahr 1800 entstanden ist, wird sie von ihren Theoretikern als auf die Zukunft bezogen verstanden. Der Philosoph Immanuel KANT formulierte beispielsweise emphatisch:

„Kinder sollen nicht dem gegenwärtigen, sondern dem zukünftig möglich besseren Zustande des menschlichen Geschlechts erzogen werden. Dies eröffnet uns den Prospekt zu einem zukünftigen glücklicheren Menschengeschlechte".

Ein Drama der heutigen Kindheit und Jugend, zumindest in Mitteleuropa, besteht darin, daß kaum ein Kind oder Jugendlicher an eine bessere Zukunft glaubt. Vielmehr geht Zukunftspessimismus um, bei der jungen Generation viel stärker als bei den Älteren. Kaum ein Jugendlicher glaubt, daß wir einen wirtschaftlichen Aufschwung erleben, daß es gelingt, die Umweltprobleme zu lösen, daß die Atomwaffen auf beiden Seiten abgeschafft werden oder daß es einen angemessenen Arbeitsplatz für alle geben wird und die Arbeitslosigkeit verschwindet. Die meisten befürchten, daß Technik und Chemie die Umwelt zerstören, daß sich die wirtschaftliche Krise verschärft und immer mehr Menschen arbeitslos werden (HESSE et. al. 1988, S. 45).

Die Schule der Zukunft kann keine viel bessere als die heutige sein, wenn es nicht gelingt, die Zukunftsbedrohung in überzeugender Weise abzubauen. Die Rückeroberung des Zukunftsglaubens ist zweifellos eine Aufgabe, die die Möglichkeiten der Schule überschreitet. Es handelt sich um eine Aufgabe, die nur der Staat und alle gesellschaftlichen Gruppen zusammen bewältigen können. Der Schule fällt dabei die Aufgabe zu, die Jugendlichen mit dem notwendigen *Zukunftswissen* auszustatten, das sie befähigt, an dieser gewaltigen Gestaltungsaufgabe mitzuwirken.

3. Schulen als Orte zur Vermittlung von Zukunftswissen

Wenn es um die humane Gestaltung und soziale Beherrschung der zukünftigen Industriegesellschaft geht, wird die Schule also nicht an Bedeutung verlieren. Denn zur Gestaltung der Arbeitswelt gehören mehr und nicht weniger Qualifikationen; einen selbstbewußten Umgang mit Computern vermitteln die Geräte nicht aus sich selbst heraus, sie sind eher modernste Form von black boxes, mediatisierte Erfahrung spricht nicht für sich selbst, sondern muß entschlüsselt werden. Auf allen drei Gebieten ist ein Beitrag der Schule unerläßlicher denn je. Schulen sind heute und in Zukunft Orte, in denen sich Lernende in Ruhe auf eine Sache einlassen und sich auf diese Weise eine geistige Orientierung aneignen können. Sie sind Orte, in denen ein geschriebener Text oder auch ein Bildschirm-Display intensiv analysiert, interpretiert und verstanden werden können. Das Aneignen von Welt geschieht in der Schule typischerweise in Kommunikation mit anderen. Man kann sich mit Lehrern und Mitschülern austauschen. Dazu gehört auch, daß sich Schüler an der Person des Lehrers und an dessen geistiger Orientierung reiben und abarbeiten, um selbst einen Standort zu gewinnen. Dies kann auch das perfekteste interaktive Video nicht hinreichend simulieren.

Die Schule wird also als Ort, der Zukunfswissen vermittelt, eher wichtiger. Was allerdings unter Zukunftswissen zu verstehen ist, muß noch genauer untersucht werden.

3.1 Formen des Wissens

Dabei hilft eine Unterscheidung von mindestens drei Formen des Wissens. Erstens Alltags- oder Handlungswissen, zweitens operatives bzw. instrumentelles Wissen sowie drittens Bildungswissen.

Alltags- oder *Handlungswissen* ist das Wissen, das man eher intuitiv erwirbt im Umgang mit Menschen und Dingen. Alltagswissen entstammt Alltagserfahrungen, also aus der Familie, der Freundschaftsgruppe, der Tageszeitung, dem Fernsehen, den Haushaltstätigkeiten, der Bastelarbeit oder dem Probieren. Es dient der alltäglichen Orientierung und erleichtert die Routine.

Für die Schule ist es wichtig, beim Alltagswissen der Schüler anzusetzen, „sie dort abzuholen, wo sie stehen". Sie sollte an die Interessen der Schüler anknüpfen und den Unterricht handlungsorientiert gestalten. Alltagswissen erwerben die Schüler allerdings meist außerhalb der Schule. Die Schule braucht es nicht zu lehren; sie ist gerade deshalb historisch entstanden, weil das Alltagswissen zur Lebensbewältigung nicht mehr ausreichte und weil es dumm machen kann, wie Max FRISCH sagte. Schulwissen ist ursprünglich und dezidiert *operatives oder instrumentelles* Wissen.

Operatives oder instrumentelles Wissen ist Wissen, das man gerade nicht aus der alltäglichen Routine gewinnen kann, also weder unmittelbar aus der Arbeitswelt noch aus der Freizeit. Man benötigt es dennoch, um seine Arbeit verrichten, sich ein gesundes Frühstück bereiten oder die technologisierte Freizeit genießen zu können.

Der Soziologe Daniel BELL (1980) hat zu Recht darauf hingewiesen, daß gegenwärtig und erst recht in Zukunft theoretisches bzw. wissenschaftliches Wissen immer mehr dominiert. Die für das Zeitalter der neuen Technologien typische Form operativen Wissens ließe sich vielmehr noch präziser als *Systemwissen* kennzeichnen, wobei auch hier theoretisches Wissen auf einem wissenschaftlichen Hintergrund gemeint ist.

Das Charakteristische der neuen Technologien ist ja nicht der fast ein halbes Jahrhundert alte Computer oder der noch ältere Bildschirm, sondern der *Systemcharakter* dieser Technologien, der sich über die Vernetzung gleichsam materialisiert. Wenn Computer und Bildschirme untereinander vernetzt werden, kann man von innerer Vernetzung sprechen, wenn diese Einzelsysteme untereinander verbunden werden, entsteht äußere Vernetzung, die via Kabel und Satellit heute schon weltweit ist. Wissen über die Informationsgesellschaft ist also Systemwissen, ist in Systemzusammenhängen entstanden und wird in Systemzusammenhängen verarbeitet. Systemwissen ist der zukünftig vorherrschende Wissenstypus. Er muß fraglos zentraler Gegenstand von Unterricht in der Schule sein, und zwar nicht nur im Sinne des „technischen Systems", sondern ebenso des „sozialen" bzw. „absichtsvollen" Systems.

Das an Wissenschaft orientierte Systemwissen ist allerdings nicht ohne Ambivalenz und Widersprüchlichkeiten. Es ist seit langem Gegenstand wissenschaftstheoretischer und erkenntnisorientierter Kritik, die den Formalismus, Positivismus und Instrumentalismus des Systemdenkens anprangert. Überspitzt gesagt reduziert die Systemtheorie die Welt auf das, was sich durch Formeln und Zahlen ausdrücken läßt, und droht das Systemdenken aufgrund seiner immensen ökonomischen Verwertungschancen zur alles beherrschenden Weltsicht zu werden.

Deshalb muß das Systemdenken selber überdacht und durch *Bildungswissen* ergänzt werden. Systemisches Wissen sollte in den Zusammenhang kultureller Erziehung gestellt werden. Es ist nämlich ein großer Unterschied, ob man etwas bloß weiß oder ob man etwas als Etwas weiß. Das Wissen von etwas ist heutzutage in der entwickeltsten Form von Systemdenken enthalten, das Wissen *um* etwas, um Vorstellungsinhalte, überschreitet jedoch die Systemzusammenhänge. Es konstituiert das menschliche Bewußtsein. Ein System hat kein eigenes Bewußtsein.

Jetzt kann ich genauer angeben, was Bildungswissen meint: *Bildungswissen* appelliert an das Bewußtsein, ist Rohstoff für Identität. Es umfaßt die Gesamtheit der Natur- und Human-Wissenschaften, nicht nur die Systemtheorie. Es geht über wissenschaftliches Wissen hinaus, ohne auf die Stufe von Alltagswissen zurückzufallen. Bildungswissen ist integratives Wissen, das anschlußfähig ist für alle Wissenschaften und zudem für die Künste und Überlieferungen.

3.2 Kriterien für Bildungswissen

Doch woran kann man Bildungswissen erkennen bzw. was sind Kriterien für Bildungswissen? Fünf Kriterien will ich wenigstens aufzählen, damit das Bild des Wissens der Zukunft etwas deutlicher wird (vgl. dazu auch KLEMM u.a. 1985).

Das erste Kriterium nenne ich:

(I) Gestaltbarkeit: historisch-politische Zusammenhänge aufzeigen

Bildungswissen setzt die Kenntnis des Gewordenseins voraus. Nur vor dem Hintergrund eines historischen Wissens können grundlegende Bewegungstendenzen erkannt und aktuelle Ereignisse fundiert beurteilt werden.

Erst das Verstehen des Entstehens liefert Einblick in die Veränderbarkeit gesellschaftlicher Entwicklungen. Es hilft, Interessen und Konventionen als solche zu erkennen und technische oder ökonomische Sachzwänge zu entmystifizieren. Es ermutigt schließlich dazu, Entwicklungen nicht als unvermeidbar hinzunehmen und anstatt dessen ihre Gestaltung immer wieder neu zu versuchen. Die Erkenntnis der Veränderbarkeit ist in einer Welt der Bedrohung von Frieden und Umwelt, der fortschreitenden Zerteilung von Arbeit sowie der Marginalisierung großer Teile der Bevölkerung durch Arbeitslosigkeit und Armut von unschätzbarer Bedeutung.

(II) Durchschaubarkeit: Wissenschaftsorientierung und Erkenntniskritik fördern

lautet das zweite Kriterium.

Immer mehr Wissen wird durch Wissenschaft gewonnen. Das führt zur Notwendigkeit, die Schüler zu befähigen, durch Wissenschaft gewonnenes Wissen durchschaubar zu machen und zu überprüfen. Aufklärung durch Wissenschaft muß sich deshalb zunehmend auf Wissenschaft selber richten. Kritisch auf die Gültigkeitsgrenzen von wissenschaftlichen Methoden wie Ergebnisse zu achten, wird um so wichtiger in einer Welt, in der ständig mit Prozentzahlen, Wahrscheinlichkeiten und Zitaten aus wissenschaftlichen Gutachten argumentiert wird. Theoretisches Systemwissen muß erkenntniskritisch überprüft werden.

Was sich hinter Informationsverarbeitungssystemen tatsächlich verbirgt, wird um so weniger einsehbar, je komplexer die Systeme ausgelegt sind. Kinder und Jugendliche haben viel Vertrauen und zunehmend Übung darin, black-box-Systeme anzuwenden. Das ist bei mechanischen Apparaten nicht so problematisch wie bei elektronischen, die ihre Funktionsweise fast völlig verbergen. Deshalb ist eine Didaktik der neuen Medien vonnöten, wie ich sie vorhin am Beispiel der Programmierung von Videogames durch Schüler beschrieben habe.

Ich komme zum dritten Kriterium:

(III) Sinnlichkeit: Zu Eigentätigkeit anregen

Wissen wird immer mehr in Forschungseinrichtungen, Denkfabriken und Labors gewonnen. Es entspringt immer weniger einer Ansammlung von Erfahrungen handelnder Menschen. Die Schule müßte konkret wahrnehmbare Sinnlichkeit dagegensetzen. Es ist zu bedenken, Disziplinen, die heute vernachlässigt werden, wie Ästhetik und Rhetorik, wieder neu zu beleben. Vor allem aber sollte den Schülern Gelegenheit gegeben werden, selber Erkenntnisse zu gewinnen und selber Entdeckungen zu machen. Voraussetzung dafür ist, die Schüler zu eigentätigem Lernen, zum Selbermachen, anzuregen.

Eigentätigkeit macht nicht dumm. Bei Eigentätigkeit objektivieren sich Selbstbild und Selbstsicherheit, Kompetenz und Urteilsvermögen. Schüler lernen durch die eigene Herstellung von Gegenständen und selbständige Durchführung von Projekten noch am ehesten deren Eigenschaften und Verwendungsmöglichkeiten kennen. Um es am Beispiel klar zu machen: Schriftsteller in der Schule dürfen nicht nur aus eigenen Werken vorlesen, sondern sollten die Schüler anregen, selber etwas zu schreiben und sich dabei an literarischen Standards zu orientieren.

Es folgt das vierte Kriterium:

(IV) Ganzheitlichkeit: Den Zusammenhang der Lebenspraxis verständlich machen

Seit der Industrialisierung fallen immer mehr Lebensbereiche auseinander; Alltagswissen wird atomisiert, Arbeit wird zerstückelt, Arbeiten, Wohnen, Freizeit und Erziehung in auch örtlich getrennte Bereiche zergliedert. Zerstückelung ist fast überall zu finden, beim Fernsehen mit seinen rasch wechselnden Szenenfolgen, aber auch in der Schule, wo beispielsweise musische Fächer von Leistungsfächern separiert werden.

Kultivierendes Wissen muß demgegenüber Zusammenhänge zeigen, Systemzusammenhänge einerseits und die Zusammenhänge von System und Lebenspraxis andererseits. Bildungswissen müßte Planen und Ausführen zusammenbringen sowie Verstand, Gefühl und Tätigkeit wieder als Ganzheiten erkennen lassen oder wie es die griffige Formel von PESTALOZZI ausdrückt: die Einheit von Kopf, Herz und Hand herstellen.

Das fünfte Kriterium lautet:

(V) Natürlichkeit: Pfleglicher Umgang mit der Natur

Gerade zu Zeiten der Umweltverschmutzung und Naturausbeutung tritt wieder ins Bewußtsein, daß Kultur ohne Natur nicht existieren kann. Pfleglicher Umgang mit der äußeren Natur wird zur Notwendigkeit des puren Überlebens. Dies übersteigt zweifellos die Möglichkeiten der Schule. Aber die Schule muß zumindest das dafür erforderliche Wissen bereitstellen. Pfleglicher Umgang mit der Natur bezieht sich auch auf die eigene Natur, auf den eigenen Leib. Gerade weil der Körper in einer hochtechnisierten Welt eine geringere Rolle spielt, ist die Schule herausgefordert, „leibhaftes Können" zu vermitteln — als Grundlage von Gesundheit wie von Selbstsicherheit.

Diese fünf Kriterien sollen nicht definieren, was Bildungswissen ist. Sie sind eher als Orientierungen für die Auswahl und Bearbeitung von Bildungsinhalten gedacht. Das ist angesichts der zunehmend schwieriger werdenden Erziehungsbedingungen anspruchsvoll genug.

III. Eine Schere geht auf: Schwindende Erziehungskraft bei erhöhten Qualifikationsanforderungen[1]

Es hat den Anschein, als werde die Wissensvermittlungsfunktion der Schule in den 90er Jahren wichtiger und schwieriger zugleich: Nach allem, was wir von den Industriesoziologen wissen, steigen die Qualifikationsanforderungen an die künftigen Arbeitskräfte, zumindest wenn die Inhalte und die soziale Organisation der Arbeit nach humanen oder persönlichkeitsfördernden Gesichtspunkten gestaltet werden. Das verlangt von allen Schülerinnen und Schülern, die mithalten wollen, mehr dispositives bzw. theoretisches Wissen, mehr Zusammenhangsdenken, dazu kommunikative Kompetenz. Das Bildungswissen der Zukunft bezieht sich zunehmend auf abstrakte Inhalte, die nicht unmittelbar aus der Lebenswelt der Schüler stammen.

Gleichzeitig verliert das erzieherische Umfeld der Schule an Kraft in dem Maße, in dem sich ein Verlust an Eigentätigkeit vollzieht, sich eine Mediatisierung der Erfahrung ereignet, eine Expertisierung des Alltags passiert, ein Wertewandel stattfindet und sich die Kernfamilie auflöst. Es ist ein epochaler Wandel von Kindheit und Jugend zu beobachten, der die pädagogischen Anforderungen an die Schule stark verändert.

---

1 Dieses Kapitel beruht auf dem Manuskript eines Radioessays für den Saarländischen Rundfunk vom 15.01.1990

1. Verlust an Eigentätigkeit

Die erste Entwicklungslinie habe ich bereits in Kapitel I Verlust an Eigentätigkeit genannt. Was das für den Gehalt von Sozialisationsprozessen bedeutet, kann am besten am Beispiel des Drachenbaues klargelegt werden: Kinder in der Nachkriegszeit haben den Drachen noch selbst gebastelt. Mit anderen Kindern zusammen haben sie sich die Latten besorgt, Papier eingeölt oder mit Margarine beschmiert und einen Schwanz angehängt, ihn gekürzt, ihn verlängert. Wenn der Drachen dann flog, waren alle relativ froh.

Es fragt sich, was der Unterschied ist zu einer Kindheit, die den Drachen geschenkt bekommt oder die den Drachen irgendwo im Spielzeuggeschäft oder im Kaufhaus kauft. Der Unterschied ist pädagogisch gesehen ein gewaltiger: Drachen selber zu bauen, eigentätig zu sein, heißt, die Planung mit der Herstellung zu verbinden. Das ist anthropologisch gesehen etwas ganz Zentrales. Menschen sind die einzigen Lebewesen, die erst Pläne machen und dann handeln, die z.B. als Jäger erst Tiere von sich weg treiben, was nur Sinn ergibt, wenn man sich vorher einen Plan macht und Treiber und Jäger zusammenwirken. Bei Eigentätigkeit sind Planen und Ausführung immer miteinander verknüpft.

Wenn das Drachenbauen gelingt, ist ein Kompetenzgewinn damit verbunden. Selbst wenn es nicht gelingt, hat man gelernt, daß man noch etwas lernen muß. Es ist vielleicht genauso wichtig, daß mit der Eigentätigkeit, mit dem gelungenen Drachenbau, so etwas wie Objektivierung des eigenen Selbst verbunden ist. Wenn ein selbst hergestellter Drachen fliegt, sieht man gleichsam ein Stück von sich selber darin verwirklicht, hat man seine Ideen, seine Pläne, seine Absichten darin objektiviert. In dem Maße, wie man dieses tut, gewinnt das Selbstbewußtsein an Gewicht, ganz anders, als wenn man das Selbstbewußtsein abhängig macht vom Augenzwinkern anderer, von Tadel und von Belobigung. In dem Moment, in dem Kinder und Jugendliche sich nicht mehr objektivieren in eigenen Handlungen und Taten, werden sie zu stark abhängig von den Belohnungen, Gefühlen und Launen anderer. Je nach Laune fallen sie dann in Depressionen, oder werden sie auf der anderen Seite in unbegründeter Weise euphorisch.

2. Mediatisierung der Erfahrung

Die zweite Entwicklungslinie wird vielfach als Mediatisierung der Kindheit diskutiert, wobei das zentrale Medium das Fernsehen ist. Kindheit ist Fernsehkindheit. Für viele Kinder ist Fernsehen die hauptsächliche Freizeitbeschäftigung. Vermutlich ist die pure Sehdauer und die präzise Minutenzahl jedoch nicht so entscheidend. Viel wichtiger ist, was in Kapitel I erörtert wurde, daß das Fernsehen zunehmend die Art und Weise der Aneignung von Welt, der Qualität der Erfahrungen bestimmt. Das Fernsehen liefert keine Texte und auch keine unmittelbaren Erfahrungen, sondern eine Welt technischer Bilder.

Nicht Landschaften oder Menschen begegnen den Kindern, sondern symbolische Repräsentationen davon, in von den Kindern nicht beeinflußbarem Tempo, Ausschnitt, Zuschnitt und Rahmen. Dabei produzieren die technischen Bilder einen Schein von Unmittelbarkeit, der trügt — nicht einmal Anfassen kann man diese Sendboten von Erfahrung. Sie repräsentieren mehr die Welt des Showbusiness als die der Bildung und Erziehung.

3. Expertisierung des Alltags

Die dritte Entwicklungslinie des Wandels von Kindheit und Jugend könnte Expertisierung des Alltags genannt werden. Die Lernqualität der Lebenswelt nimmt ab, und die Abhängigkeit von Experten nimmt zu. Man kann immer weniger im Alltag durch Vormachen, Anschauen und Nachmachen lernen wie lehren. Immer mehr Expertenwissen verdrängt das Alltagswissen.

Was Expertisierung bedeutet, kann am klassischen Beispiel des Entstehens professioneller Berufe illustriert werden. In dem Maße, wie die Schulmedizin und die Ärzte, die akademisch ausgebildet wurden, Aufgaben übernahmen, haben sie die Volksmedizin verdrängt. Sie haben das Wissen der Mütter um Krankheit — und wie man sie behebt — zunehmend entwertet.

Ein absurdes, aber dennoch wahres Beispiel für Expertisierung wird aus einer kleinen Gemeinde im Sauerland berichtet. Man hatte dort von den Animatoren der modernen Spielpädagogik gehört. Die Gemeinde beschloß darauf, einen Abenteuerspielplatz zu errichten. Obwohl diese Gemeinde sehr finanzknapp war, wurde ein Abenteuerspielplatz errichtet und ein Spielpädagoge beschäftigt. In den ersten zwei Wochen sind die Kinder voller Neugier auf den Abenteuerspielplatz gegangen. In den nächsten Wochen mußten die Eltern die Kinder dahin zwingen, was sie bald aufgaben, weil die Kinder mehr Abenteuer in den Scheunen und in den Bächen und in der Mühle, mit Kühen und mit Pferden erleben konnten. Zumindest in den Städten werden Kinder zunehmend durch Experten betreut: Am Montag nachmittag vom *Medienpädagogen,* am Dienstag vom *Fußballtrainer,* am Mittwoch vom *Biologen* beim umweltbezogenen Mikroskopierkurs, am Donnerstag vom *Gymnasiklehrer* und am Freitag vom *Therapeuten.* Die Mütter entwickeln sich in dieser Zeit zu Taxifahrerinnen, die Kinder werden abhängig von Experten.

4. Wertewandel

Die vierte Entwicklungslinie wird in der Literatur Wertewandel genannt. In den letzten 20 Jahren hat sich eine Liberalisierung der Erziehungswerte der Familien vollzogen: von größter Strenge zu größerer Freiheit. Eine Erziehung, bei der Kinder sich nach dem Willen der Eltern zu richten haben, wird von Jugendlichen 1962 noch zu 30% befürwortet, 1983 aber nur noch zu 3%. Streng bis sehr streng erzogen fühlten sich 1962 noch 45% aller Jugendlichen, 1983 nur noch 18%. Hinzu kommt, daß bei den 16- bis 18Jährigen die Zugehörigkeit zu Cliquen, wie Soziologen die Freundschaftsgruppen Gleichaltriger nennen, gewaltig angestiegen ist. 1962 waren nur 16% der Jugendlichen Mitglieder einer festen Clique, 1983 immerhin 87%. Vielleicht noch bedeutsamer ist, daß viele Jugendliche diese Freundschaftsgruppen wichtiger nehmen als die Familien und die Schulen.

Es sind Gruppen, die nicht von Erwachsenen initiiert, geleitet und kontrolliert werden. Sie sind deshalb attraktiv, und sie treten deshalb in Konkurrenz zu den Schulen und zu den

Familien. Erziehungssoziologen betonen, daß Cliquen durchaus eine positive Funktion haben – auch in der Schule. Sie organisieren sich nicht um den Wissensaspekt, sondern gerade um den Lebensweltaspekt sowie um soziale und emotionale Bedürfnisse (vgl. dazu BAACKE 1987).

5. Auflösung der Kernfamilie

Die fünfte Entwicklungslinie wird durch eine unaufhaltsam scheinende Auflösung der Kernfamilie markiert. Als Kernfamilie bezeichnen Soziologen eine Lebensgemeinschaft, die aus einem verheirateten Elternpaar mit Kindern besteht. Nach den übereinstimmenden Prognosen der Familienforscher verliert diese Form der Lebensgemeinschaft an Verbreitung (vgl. dazu NAVE-HERZ/MARKEFKA 1989).

Seit Jahren schon sind rund ein Drittel aller Schulkinder Einzelkinder. Während der Schulzeit erlebt ebenfalls ein Drittel aller Schulkinder eine Scheidung ihrer Eltern. Dies ist ein Anteil, der deutlich im Steigen begriffen ist.

Ferner haben 40% aller Schüler Mütter, die berufstätig und deshalb als Erzieherinnen weniger anwesend sind. Auch dies ist ein Anteil, der zunimmt.

Schließlich leben 12% aller Kinder nur mit einem Elternteil, überwiegend nur mit der Mutter, zusammen. Die Zahl nichtehelicher Geburten wächst. Gerade alleinlebende Mütter sind häufig berufstätig und während dieser Zeit als Erziehungsperson nicht verfügbar.

Zudem geraten die Schülerinnen und Schüler unter zunehmenden Leistungsdruck. Denn fortgeschrittene Industriegesellschaften, in denen theoretisches Wissen mehr zählt als alles andere Wissen, sind Leistungsgesellschaften, in denen Leistung durch Examina und Zertifikate ausgedrückt wird. Ohne diese Zertifikate ist die Sicherung des Sozialstatus kaum möglich, geschweige denn sozialer Aufstieg. Das Ziel von Kindererziehung ist unter diesen Bedingungen weniger das wohlgeratene oder zufriedene Kind, sondern das leistungsfähige Kind. Deshalb steht die Familie unter einem Erziehungsdruck, der historisch ohne Vorbild ist. Und das zu einem Zeitpunkt, zu dem die Familie immer mehr zerfällt und eine Alternative zur Familienerziehung sich noch nicht etabliert hat. Übererziehung und völlige Vernachlässigung von Erziehung sind die widersprüchlichen Folgen (vgl. BECK-GERNSHEIM 1989). Die Leidtragenden dieser Entwicklung sind die Kinder und Jugendlichen, also die Schüler.

Das stellt die Schule vor Erziehungsaufgaben, denen sie bisher nicht gewachsen ist. Die Wiedergewinnung des Erzieherischen ist fraglos eine Zukunftsaufgabe der Schule, deren Lösung ohne Unterstützung aus dem schulischen Umfeld überhaupt nicht möglich ist, also ohne Unterstützung aus der Nachbarschaft, den sozialen Einrichtungen, den Kirchen, der Stadt- und Landesentwicklung.

6. Soziales Lernen als Zukunfts- perspektive

Für die Bildungseinrichtungen der 90er Jahre öffnet sich also eine Schere zwischen lebensweltfernem Unterricht einerseits und Erosion der Erziehungskraft der Lebenswelt der Schüler andererseits. An Abstraktion orientierter schulischer Unterricht setzt Erziehung voraus, aber die außerschulische Erziehung verliert an Kraft. Wenn diese Diagnose zutrifft, dann sind in Zukunft Konzepte sozialen Lernens noch mehr gefragt als heute, also ganzheitliches Lernen, das die beiden Seiten der Schere zusammenhalten kann, nämlich anspruchsvollen Unterricht einerseits und eine interessante, motivierende, schülerorientierte Erziehung andererseits.

Zukunftsträchtige Konzepte sozialen Lernens respektieren einerseits Unterschiedlichkeit und Vielfalt bis hin zu konfliktorischen Gegensätzen und betonen andererseits den gesamtgesellschaftlichen Erziehungsauftrag von Schule, also ein bestimmtes Maß von Einheit in der und durch die Erziehung. Dabei geht es um die Schaffung entwicklungsfördernder Lernumwelten, um die Klärung der außerschulischen Lernbedingungen der Schüler, um die Befähigung der Lernenden zum Erkennen und Vertreten der eigenen Interessen in sozialen und politischen Konflikten sowie um mehr Selbst- und Mitbestimmungsrechte von Schülerinnen und

Schülern, also um erweiterte gemeinsame soziale Erfahrung. Die Erfahrung, daß es völlig verschiedene Inhalte und Formen der Sozialisation gab und gibt, kann Schüler sowohl anregen als auch von unmittelbaren Zwängen der eigenen Sozialisation teilweise entlasten, sofern dabei deutlich wird, daß die entsprechenden Sozialisationsformen nicht als naturgegeben hingenommen werden müssen.

Soziales Lernen betont die Stärken bei den Schwachen. Soziales Lernen beinhaltet eine Kultur der Auseinandersetzung vor dem Hintergrund gegenseitiger Hilfe und Freundschaft, also Solidarität. Soziales Lernen folgt einem umfassenden Pädagogikverständnis, das über eine Schulpädagogik, die sich im wesentlichen auf Unterrichtsstörungen und Didaktik bezieht, weit hinausgeht.

Die Schere zwischen anspruchsvollem Unterricht und voraussetzungsloser Erziehung durch Formen sozialen Lernens zu schließen, ist eine sehr viel größere Aufgabe als die verzweifelte Suche nach der Wiedergewinnung des Erzieherischen. Aber wenn sie gelingt, werden die Bildungseinrichtungen endlich zur Gestaltung einer humanen und sozialen Zukunft beitragen, wozu sie längst aufgerufen sind.

IV. Akademikerschwemme und Facharbeitermangel?[1]

Im Jahr 1990 gab es in der alten Bundesrepublik erstmals mehr Studenten als Lehrlinge. Diese Meldung wirkte elektrisierend auf die bildungspolitische Debatte. Interessenvertreter aller Art geben seitdem bei jeder Gelegenheit der Befürchtung Ausdruck, daß eine Akademikerschwemme drohe und für qualifizierte Facharbeit der Nachwuchs ausbleibe. Der Präsident des vor allem Gymnasiallehrer vertretenden „Deutschen Lehrerverbandes" dramatisierte diese Situation mit unzutreffenden Zahlen, indem er in einer Presseerklärung (vom 25.03.1992) verlautbarte, daß das Beschäftigungssystem mit einem Abiturientenanteil von rund 30% schon jetzt erheblich aus den Fugen geraten sei, woraus er folgerte: „Die zukünftige Wachstums- und Wohlstandsbremse ist damit nicht ein Mangel an Abiturienten, sondern ein dramatischer Mangel an Facharbeitern." Der Wert von 30% Abiturienten unter den Erwerbstätigen ist maßlos überhöht. Er belief sich für alle Erwerbstätigen mit Hochschulreife 1989 auf 17,5%, wie man in den Grund- und Strukturdaten 1991/92 des Bundesbildungsministers nachlesen kann. Er muß bei den Abiturienten noch niedriger liegen, denn zur Hochschulreife zählt auch die Fachhochschulreife. Der Hinweis auf den Facharbeitermangel könnte indes berechtigt sein.

---

1 Dieses Kapitel beruht auf einem Beitrag, den ich zusammen mit K. IMHÄUSER für das 7. Jahrbuch der Schulentwicklung verfaßt habe.

1. Die Zahl der Azubis geht zurück

Wenngleich in der Debatte um eine drohende Facharbeiter-lücke häufig unzutreffende Daten und interessengeleitete Argumente für eine unangemessene Zuspitzung sorgen, vollzieht sich diese Debatte zweifellos vor dem realen Hintergrund eines epochalen Wandels in der Sekundarstufe II. Die Zahl der Lehrlinge bzw. Auszubildenden fiel seit dem Höchststand im Jahre 1985 von 1.831.300 kontinuierlich auf 1.476.900 im „Kippunktjahr" 1990, und die Zahl der Studenten ging ungebrochen hoch, bis sie 1990 die der Lehrlinge übertraf. Damit ist die Zahl der Lehrlinge zwar immer noch größer als im Jahr 1977, aber die fallende Tendenz hält an, u.a. weil sie auch demographisch bedingt ist, während bei den Studentenzahlen — aus Gründen, die noch zu erläutern sind — kein Rückgang im Ausmaße des demographischen Rückganges zu erwarten ist. Welche Folgen diese durchaus spektakulären quantitativen Entwicklungen für das Beschäftigungs- und Bildungssystem haben, ist umstritten. Arbeitgeber und Lehrerverbände fürchten das Schlimmste, Arbeitnehmer und Lehrergewerkschaft setzen indes weiter auf Bildungsexpansion. Welche Befürchtungen, aber auch Hoffnungen realistisch sind und welche nicht, will dieser Beitrag klären helfen.

Zunächst ist festzustellen, daß im Sekundarbereich II nach wie vor der überwiegende Teil der Jugendlichen eine Schule des berufsbildenden Schulwesens besucht, im Jahre 1990 immerhin noch 79,6% — dreißig Jahre zuvor waren es 89,5%. Die Oberstufe des Gymnasiums umfaßt lediglich 18,3% aller Schülerinnen und Schüler der Sekundarstufe II.

Es gilt für diesen Vergleich allerdings der gleiche Vorbehalt, der gegen den Vergleich zwischen Lehrlingen und Studenten vorzubringen ist: Es handelt sich um ganz unterschiedliche Altersjahrgänge, die in der Stärke um sechsstellige Zahlen streuen, und von denen die Gymnasiasten im wesentlichen die Sechzehn- bis Zwanzigjährigen umfassen, die Berufsschüler die Fünfzehn- bis Vierundzwanzigjährigen und die Studenten die Zwanzig- bis Sechsundzwanzigjährigen.

Um derartige Alterseffekte zu kontrollieren, kann man zwei Altersjahrgänge konstant halten und für die Siebzehnjährigen sowie die Zweiundzwanzigjährigen herausarbeiten, welche Anteile davon sich auf welche Schulformen bzw. die Hochschule verteilen (sog. Strukturquoten). Danach ist der Anteil der Schülerinnen und Schüler in gymnasialen Oberstufen erheblich gewachsen: Er liegt 1989 bei 25,5% fast doppelt so hoch wie zwanzig Jahre zuvor. Umgekehrt ist der Anteil von Berufsschülern mit ca. 44% viel geringer als er das 1970 war, aber kaum geringer als 1960. Er ist in den letzten Jahren offenbar im Fallen begriffen. Insofern bestätigt sich, daß eine Lücke entsteht zwischen zunehmenden Gymnasial- und abnehmenden Berufsschulanteilen.

Aber es besuchen immer noch knapp zwei Drittel eines einschlägigen Jahrganges berufsbildende Schulen. Und für den typischen Studentenjahrgang der Zweiundzwanzigjährigen gilt, daß gerade 14% von ihnen Hochschüler auf Universitäten und Fachhochschulen sind. Davon, daß es so viele Lehrlinge wie Studenten gibt, kann auf der Ebene von Altersjahrgängen (und der entsprechenden Strukturquote) keine Rede sein.

2. Schulabschlüsse – und wie junge Leute sie verwerten

Seit Jahrzehnten besteht ein durchgehender und ungebrochener Trend zu höherwertigen Schulabschlüssen. Deshalb soll im folgenden untersucht werden, wie groß die Anzahl höherer Abschlüsse aktuell ist, welche Abschlußwünsche die Eltern haben und wie Jugendliche die höheren Abschlüsse verwerten.

Aus Daten der Statistischen Landesämter läßt sich ablesen, daß 1990 über 31% eines alterstypischen Jahrgangs die Hochschulzugangsberechtigung erworben haben, fast 73% davon in Form des Abiturs.

Die KMK prognostiziert ein weiteres Anwachsen der Studienberechtigtenquoten, die „1999 die 40%-Marke überschreiten und bis 2010 nicht mehr unter diese absinken" (KMK 1991, S. 73).

Heute haben 73% der Studienberechtigten das Abitur, 27% haben Fachhochschulreife. Es kommen fast 90% der Abiturienten vom Gymnasium und ebenfalls fast 90% der Absolventen mit Fachhochschulreife aus der Berufsbildenden Schule. Es sieht also so aus, als gäbe es in der Sekundarstufe II zwei eigenständige und relativ abgeschlossene Bildungsgänge, den gymnasialen, der zum Abitur führt, und den berufsbildenden mit der Fachhochschulreife als höchstem Abschluß. Tab. 2 läßt außerdem erkennen, daß das berufsbildende Schulwesen in erheblichem Maße zum Studentennachwuchs via Fachhochschulreife beiträgt; Tab. 1 zeigt, daß andererseits die Erreichung des Abiturs über berufsbildende Schulen eine Seltenheit ist. Aus beiden Tabellen geht übrigens nicht hervor, wie gering der Ausländeranteil unter den Studienberechtigten ist: Er beläuft sich auf 5,6% bei den Abiturienten und auf 2,9% bei den Absolventen mit Fachhochschulreife.

Die Tabellen 1 und 2 enthalten die Studienberechtigtenquoten nach Bundesländern. Von den Flächenstaaten liegt NRW an der Spitze und Bayern am Schluß, von den Stadtstaaten liegt Hamburg an der Spitze, Berlin am Schluß und Bremen in der Mitte.

Nach den Erhebungen des Statistischen Bundesamtes wächst die Studierneigung seit 1985 wieder von 58,6% (1985) auf 68,8% (1991), wobei die Werte für Abiturientinnen um über 10 Prozentpunkte niedriger liegen als bei den Abiturienten, allerdings mit schrumpfendem Abstand. Nimmt man die Unentschlossenen noch hinzu, die angeben, daß sie vielleicht studieren, sagen 1991 nur 20,8% der befragten Abiturienten, daß sie nicht studieren wollen, ein Prozentsatz, der seit 1986 kontinuierlich fällt.

Für das hier behandelte Thema ist der Wandel der angestrebten Fächerwahl von besonderem Interesse. Die Wahl von Sprach- und Kulturwissenschaften hat bei den männlichen Studenten von 1972 bis 1991 so deutlich abgenommen, daß es sich fast um eine Halbierung handelt. Dafür haben die Ingenieurwissenschaften deutlich zugelegt, Mathematik und Naturwissenschaften bleiben unverändert. Bei den Abiturientinnen gibt es eine Verlagerung zu den Rechts-, Wirtschafts- und Sozialwissenschaften. Es wollen immer mehr Heranwachsende studieren, und sie wählen zunehmend die Fächer, die Wirtschaft und Verwaltung am häufigsten nachfragen.

Die Hochschulzugangsberechtigten im Ländervergleich (Abgangsjahr 1990)

Tabelle 1		Abiturientenquote					
Land	alterstypischer Durchschnittsjg. der 18- bis unter 21-jährigen	Gesamt-schule	Gymna-sium	Berufs-bild. Schule	Kolleg-schulen	Sonstige	zusam-men
Baden-Württemberg	138.131	0,2	17,2	6,7	x	0,7	24,8
Bayern	157.079	0	16,0	1,3	x	0,4	17,7
Berlin	24.811	2,7	18,3	1,3	x	2,6	24,9
Bremen	9.069	-	25,5	-	x	1,3	26,8
Hamburg	19.650	3,2	25,8	3,2	x	1,4	33,6
Hessen	76.185	0,5	21,5	3,0	x	1,4	26,4
Niedersachsen	107.862	0,8	18,2	2,8	x	0,5	22,3
Nordrhein-Westfalen	238.370	0,9	21,3	0,3	0,3	1,3	24,1
Rheinland-Pfalz	50.687	0,3	19,0	1,1	x	0,3	20,7
Saarland	13.825	0,1	16,4	-	x	0,5	17,0
Schleswig-Holstein	38.349	0,3	17,3	3,3	x	0,3	21,3
(bish.) Bundesgebiet	874.019	0,6	19,0	2,3	0,1	0,9	22,9

Tabelle 2		Fachhochschulquote					
Land	alterstypischer Durchschnittsjg. der 18- bis unter 21-jährigen	Gesamt-schule	Gymna-sium	Berufs-bild. Schule	Kolleg-schulen	Sonstige	zusam-men
Baden-Württemberg	138.131	-	-	5,9	x	0,1	6,0
Bayern	157.079	-	-	6,9	x	-	6,9
Berlin	24.811	-	-	4,4	x	0	4,4
Bremen	9.069	-	-	12,3	x	0,1	13,4
Hamburg	19.650	0,1	0,3	14,7	x	0,1	15,2
Hessen	76.185	-	-	7,6	x	0,2	7,8
Niedersachsen	107.862	0,1	0,7	6,7	x	0,1	7,5
Nordrhein-Westfalen	238.370	0,1	1,0	9,8	1,0	0,3	12,2
Rheinland-Pfalz	50.687	-	-	7,3	x	-	7,3
Saarland	13.825	0	0,5	7,5	x	0,4	8,0
Schleswig-Holstein	38.349	0,1	0,9	5,8	x	0,4	7,1
(bish.) Bundesgebiet	874.019	0	0,4	7,7	0,3	0,2	8,6

Quelle: LDS NRW, StBA, eigene Berechnungen

Es sieht also nicht so aus, als würden die Wünsche nach tertiärer Berufsausbildung aus dem Rahmen fallen, den das Beschäftigungssystem setzt.

3. Verwissenschaftlichung der Facharbeiterausbildung

Rund drei Viertel aller Schüler im berufsbildenden Bereich besuchen die Teilzeit-Berufsschule, deren schulisches Angebot die betriebliche Ausbildung ergänzt (duales System).

Der weibliche Anteil an der Gesamtzahl der jungen Menschen wächst, die eine Ausbildung in einem anerkannten Ausbildungsberuf absolvieren („Azubis"); er beläuft sich inzwischen auf etwas über 40%. In Berufen wie Elektrotechnik dominieren mit weit über 90% allerdings nach wie vor die jungen Männer. Hinsichtlich der schulischen Vorbildung besitzt ziemlich genau die Hälfte aller Azubis die Realschulreife. „Die Betriebe haben durchgängig eine Präferenz für Bewerber mit mittlerer Reife" heißt es im Berufsbildungsbericht 1992.

Der Trend zu höheren Schulabschlüssen der „Azubis" korrespondiert mit einem von der Industriesoziologie diagnostizierten Trend zur „Verwissenschaftlichung" der Facharbeiterausbildung. International vergleichende Untersuchungen (vgl. Sorge et.al. 1981) lassen erkennen, daß für die Realisierung des humanen und sozial verträglichen Modells des Fortschritts ein hohes Qualifikationspotential der Arbeitskräfte die unabdingbare Voraussetzung ist.

Wie in Kapitel III ausführlich dargelegt, haben in der Bundesrepublik die Unternehmer gemeinsam mit den Gewerkschaften die Berufsbilder der Facharbeiter in den Metall- und Elektroberufen neu geordnet und eine breit angelegte, umfassende Grundbildung für alle vereinbart, was auch zur Verlängerung der Ausbildungszeit um ein halbes Jahr führte. In einem Ausbildungsrahmenplan wurde geregelt, daß ein grundlegendes Verständnis für die neuen Technologien vermittelt werden soll. Dabei wird ein doppeltes Ziel verfolgt. Zum einen sollen die Facharbeiter sich rasch und flexibel auf den technischen Wandel und veränderte Arbeitsanforderungen anpassen können. Zum zweiten sollen personale Fähigkeiten und Kompetenzen gestärkt werden wie Entscheidungsfähigkeit, Verantwortungsbereitschaft, Belastbarkeit, Teamgeist und ähnliche, die erforderlich sind, um die eigene Arbeit selbständig planen, durchführen und kontrollieren zu können. Das erfordert ein erhöhtes Qualifikationsniveau auf wissenschaftlicher Basis.

4. Verberuflichung der Hochschul-bildung

Im Gegensatz zur Entwicklung der Lehrlingszahlen sind die Studentenzahlen an Wissenschaftlichen Hochschulen und Fachhochschulen im gesamten Betrachtungszeitraum nahezu ununterbrochen gestiegen. Hier spielen insbesondere die steigende Studierneigung, die Studiendauer und die zunehmende Zahl an Studenten in Zweit- oder Aufbaustudiengängen eine Rolle: Die Zahl der Studenten an Wissenschaftlichen Hochschulen hat sich von 247.000 (1960) auf 422.000, also um rd. 70% in den 10 Jahren danach erhöht; im nächsten Jahrzehnt, 1970 – 1980, verdoppelte sie sich nochmals (1980: 837.000 Studenten) und stieg in den folgenden Jahren bis 1985 um fast ein weiteres Viertel an: 1985 waren 1,04 Mio. Studenten an Wissenschaftlichen Hochschulen eingeschrieben, 1990 sogar 1,21 Mio.

Auch die Zahl der Studenten an Fachhochschulen (vor 1971: Ingenieurschulen/Höhere Fachschulen) stieg kontinuierlich an: von 44.000 (1960) über 90.000 (1970) auf 200.000 (1980), 301.000 (1985) und 373.000 (1990). 1990 gab es insgesamt über 1,58 Mio. Studentinnen und Studenten an den Hochschulen der alten Bundesländer.

Daten über die Studienanfänger und Studenten erhebt seit Jahren das „Hochschul-Informations-System" (HIS). Nach einer HIS-Untersuchung gibt es seit zwei Jahrzehnten einen Trend zur Doppelqualifikation (berufliche Ausbildung plus Studium), der sich – insbesondere bei Männern – allerdings nicht fortsetzt. Dennoch verfügt auch weiterhin jeder dritte Studienanfänger über eine abgeschlossene Berufsausbildung (meistens über eine Lehre). So hatten im WS 1990/91 insgesamt 35% aller Studienanfänger eine abgeschlossene Berufsausbildung aufzuweisen, davon 27% der Studienanfänger an Universitäten und immerhin 66% aller Studienanfänger an Fachhochschulen, wobei an den Universitäten sich die Anteile von Studenten und Studentinnen die Waage hielten und an den Fachhochschulen die Studenten überwogen. Männer planen sehr viel häufiger als Frauen von vornherein, eine Doppelqualifikation zu erwerben, Frauen bezeichnen dies häufiger als Verlegenheitslösung.

5. Genügend Abiturienten und zu wenig Lehrlinge

Wenn auf die Ausgangsfragen eine abschließende Antwort versucht wird, muß zuvor noch die künftige Entwicklung der Schüler- und Abschlußzahlen abgeschätzt und mit dem künftigen Qualifikationsbedarf abgeglichen werden.

Den Vorausberechnungen der KMK der „Schüler- und Absolventenzahlen 1989 bis 2010" ist zu entnehmen, daß wir im Bereich der Sekundarstufe II je nach Schulform sowohl mit sinkenden als auch mit wachsenden Zahlen zu tun haben werden:

Im Bereich der gymnasialen Oberstufe ist der Tiefpunkt der Schülerzahlen bereits 1992 erreicht, ab 1993 werden die Zahlen langsam, aber kontinuierlich bis zum Jahre 2008 ansteigen.

Im Bereich der (Teilzeit-) Berufsschule sinken die Schülerzahlen bis 1995 (auf 1,29 Mio.), um dann wieder bis zum Prognose-Endzeitpunt 2010 wieder anzusteigen. Danach würden wir auch im Jahre 2010 weniger Lehrlinge als Studenten haben, aber nicht weniger Lehrlinge als heute, sondern ungefähr gleich viel.

Der künftige Qualifikationsbedarf ist den einschlägigen IAB/Prognos-Studien zu entnehmen (vgl. TESSARING 1991). Danach wird sich ähnlich wie in den USA und Japan künftig in den alten und zunehmend auch in den neuen Ländern der Bundesrepublik Deutschland der Trend zu höher qualifizierten Tätigkeiten, der in der Vergangenheit bereits sehr ausgeprägt war, weiter fortsetzen. Dagegen wird die Bedeutung mittelqualifizierter Tätigkeiten bis zum Jahr 2010 leicht absinken und der Umfang der einfachen Tätigkeiten sich drastisch vermindern. Damit ist mit einem doppelten Effekt zu rechnen: Über das Absinken der einfachen Tätigkeiten werden weniger niedere Schulabschlüsse benötigt und über das Ansteigen der höherqualifizierten Tätigkeiten mehr anspruchsvolle Schul- und Hochschulabschlüsse.

Zu den Tätigkeiten, die künftig an Bedeutung gewinnen werden, zählen das Beraten, Betreuen, medizinisch Behandeln, Lehren, Ausbilden und Weiterbilden, aber auch die stark expandierenden Funktionen in dispositiven, planerischen und koordinierenden Bereichen sowie des Managements.

Da in diesen expandierenden Tätigkeitsbereichen vornehmlich Hochschulabsolventen beschäftigt werden, ist in Zukunft damit zu rechnen, daß auch der Bedarf an Hochschulabsolventen entsprechend steigen wird.

Insgesamt wird sich der Anteil der höherqualifizierten Tätigkeiten, die künftig vornehmlich von Hochschulabsolventen ausgeführt werden können, von 28% im Jahr 1985 auf 39% im Jahr 2010 erhöhen. Dieser Anstieg geht vornehmlich zu Lasten von einfachen Tätigkeiten, deren Anteile im gleichen Zeitraum von 27% auf voraussichtlich 18% im Jahr 2010 sinken werden. Eine weitergehende Prognosevariante läßt den Anteil einfacher Tätigkeiten sogar auf 13% sinken.

Angesichts des Rückgangs der Altersjahrgänge, aus denen sich Studenten rekrutieren, führt die wachsende Nachfrage nach hochqualifizierten Arbeitskräften eher zu einer relativen Verknappung von Studenten als zu einer Akademikerschwemme.

6. Fazit: Höhere Abschlüsse ohne überzogene Akademisierung

Versuchen wir zum Schluß ein Fazit zu ziehen, so sehen wir keine besorgniserregenden Anzeichen für eine überzogene, am Arbeitsmarkt vorbeizielende Akademisierung. Im Gegenteil: Der Trend zur „verwissenschaftlichten Zivilisation" (SCHELSKY) verlangt immer stärker nach einer tertiären Berufsausbildung, bei der der Berufseinstieg immer häufiger über akademische Laufbahnen erfolgt. Umgekehrt wird auch die Lehrlingsausbildung mit immer höheren „theoretischen" oder „wissenschaftsorientierten" Wissensformen konfrontiert, zumal nach der Neuordnung eines Großteils der Berufe vor dem Hintergrund des Einsatzes neuer Informations- und Kommunikationstechnologien. Zudem ist die berufliche Bildung insgesamt attraktiver geworden und ist neben Gymnasium und Universität längst ein gut funktionierender berufsbezogener Bildungsgang entstanden: Wie erwähnt, haben 90% derjenigen, die die Fachhochschulreife besitzen, diese im berufsbildenden Schulwesen erworben, und die überwiegende Mehrheit davon „verwertet" diesen Abschluß auch für ein berufsbezogenes Fachhochschulstudium. Dieses optimistische Fazit gilt ziemlich uneingeschränkt für die höherqualifizierten Tätigkeiten. Bei den mittelqualifizierten Berufen gibt es zumindest Engpässe auf Teilarbeitsmärkten und in einzelnen Regionen. Bei den Facharbeiterberufen schließlich meldet der Berufsbildungsbericht 1992 einen gravierenden Lehrlingsmangel in Elektro- und Metallberufen sowie Bauberufen; die Nachfrage überstieg das bzw. entsprach dem Lehrstellenangebot andererseits bei den Organisations-, Verwaltungs- und Büroberufen sowie bei den Körperpflege-, Gästebetreuer-, Hauswirtschafts- und Reinigungsberufen.

Zu erinnern ist daran, daß der Debatte „Facharbeiterlücke und Akademikerschwemme" auch das Problem einer demographischen Verknappung der Zwanzig- bis Dreißigjährigen zugrundeliegt, die sowohl zu einer Verknappung der Lehrlinge als auch zu einer (relativen) Verknappung der Studenten führt, was eine verschärfte Konkurrenz um Arbeitskräfte bedeutet. Dabei wird sich der Trend zu höheren Abschlüssen fortsetzen, ohne daß es dabei zu einer überzogenen Akademisierung kommt, denn das Beschäftigungssystem benötigt in den nächsten Jahren auch mehr Abiturienten und Realschüler. So spitzt sich die Entwicklung wohl in der Tat auf einen Lehrlingsmangel zu.

Es bestehen jetzt schon regionale und teilarbeitsmarktbezogene Engpässe bei der Rekrutierung von Lehrlingen. Diese Engpässe stellen allerdings das weiterhin stark nachgefragte duale System nicht in Frage, zumal es mehrere Wege gibt, diese Engpässe zu überwinden: Durch entsprechende Ausbildungswerbung, durch Nachqualifizierung der mehr als eine Million junger Leute ohne Berufsausbildung, durch Umschichtung der ebenso zahlreichen qualifizierten Facharbeiter, die bisher unterhalb ihres Qualifikationsniveaus beschäftigt werden und nicht zuletzt durch deutlich bessere Bezahlung der Tätigkeiten, die ja nicht ohne Grund für einen wachsenden Teil junger Menschen immer unattraktiver geworden sind.

V. Schulstruktur im Entwicklungsdilemma[1]

Im Schuljahr 1990/91 besuchten zum ersten Mal in der Geschichte der alten Bundesrepublik mehr Schüler das Gymnasium als die Hauptschule, bezogen auf das für Vergleiche aller Bundesländer am ehesten geeignete 7. Schuljahr. Der Trend weg von der Hauptschule und hin zum Gymnasium könnte sich in Zukunft noch beschleunigen, weil er dem Elternwillen entspricht, weil die nach den Wahlsiegen neu ins Amt gekommenen SPD-Kultusminister den Übergang zum Gymnasium weiter frei machen und weil selbst ein Land wie Baden-Württemberg die Hauptbarriere zum Übergang auf höhere Schulen, einen Notendurchschnitt von mindestens 2,3 am Ende der Grundschulzeit, vor kurzem entschärft hat.

1. Entwicklungsprobleme der Schulen der Sekundarstufe I

Der aufgezeigte Trend hat erhebliche Folgen für die Zukunft der Schulformen. Er bringt für alle Schulformen der Sekundarstufe I erhebliche Probleme. Die Hauptschule ist dabei am stärksten betroffen.

---

1 Dieses Kapitel beruht auf einem Vortrag, den ich zur Eröffnung des 2. IFS-Fachkongresses zur Entwicklung kommunaler Bildungsangebote am 17.09.1991 gehalten habe.

1.1 Gefährdung der Hauptschule

Die Umorientierung der Eltern und Schüler betrifft die Hauptschule am gravierendsten, die zudem noch durch die Folgen des Geburtenrückgangs geschwächt wurde. In NW hat sich die Anzahl der Schüler in den 5. Hauptschulklassen seit 1975 auf weniger als ein Drittel reduziert. 1975 saßen 131.198 Schüler in den 5. Klassen der Hauptschule, 1989 waren es nur noch 40.147.

Dieser gar nicht mehr so allmähliche „Abschied von der Hauptschule" (RÖSNER 1989) ist keine Angelegenheit, die auf Stadtstaaten oder besonders gesamtschulfreundliche Länder beschränkt bleibt, wie manchmal geargwöhnt wird. Sie vollzieht sich prinzipiell genauso in „Hauptschulhochburgen" wie Rheinland-Pfalz. Aus den Schulstatistiken ist zu ersehen, daß Rheinland-Pfalz bis zum Schuljahr 1988/89 in der 7. und auch noch in der 5. Klasse einen Anteilswert von über 40% am Jahrgang hatte. Dieser Wert liegt seit dem Schuljahr 1988/89 zum ersten Mal unter 40%. In Rheinland-Pfalz muß genauso wie in NW jede 4. Hauptschule den schulrechtlichen Ausnahmestatus einer einzügigen Schule in Anspruch nehmen, um nicht geschlossen zu werden. Zwar sind die Übergangsquoten zur Hauptschule in den kleineren Gemeinden nach wie vor größer als in den größeren Gemeinden und erst recht im Landesdurchschnitt. Aber sie fallen in den letzten Jahren zunehmend stärker, und es ist kein Ende des Fallens in Sicht. Im Gegenteil: Der „Abschied von der Hauptschule" ist sozialpsychologisch einer sich-selbst-erfüllenden Prophezeiung vergleichbar.

Derartige, sich selbst beschleunigende Prozesse sind für die Hauptschule besonders unangenehm, weil sie rational unbegründet sind. Die Hauptschule könnte bestandsfähig sein, sie bietet in etlichen Bundesländern den mittleren Abschluß an, und sie hat außerordentlich engagierte Lehrer, deren Qualität als Pädagogen völlig außer Frage steht. Ist aber ein bestimmter Kippunkt erst einmal erreicht, gibt es offenbar kein Zurück mehr. Wenn die einzelnen Hauptschulen nicht mehr zweizügig sind, wenn nicht zuletzt deshalb es zu Unterrichtsausfall und fachfremdem Unterricht kommt, wird die Hauptschule von der Mehrzahl der Eltern abgeschrieben.

Dann hilft auch kein Versuch mehr, die Hauptschule durch Ganztagsunterricht attraktiv zu machen. Denn erstens wissen wir aus Untersuchungen, daß längst nicht alle Eltern die Ganztagsschule wollen, und zweitens wird kaum jemand davon abgehalten, das eigene Kind zur Realschule oder zum Gymnasium zu schicken, nur weil es jetzt eine Hauptschule mit Ganztagsbetrieb gibt.

Das Beispiel Berlin spricht Bände: Keine Stadt und kein Land hat einen so schnellen „Abschied" von der Hauptschule erlebt wie Westberlin – schon in den sechziger Jahren. Aber es ist ein unvollkommener Abschied von der Hauptschule gewesen. Man hat die verbliebenen Hauptschulen in Berlin zu zwei- und dreizügigen Hauptschulen zusammengelegt, die gerade noch 10% der Schülerschaft Westberlins versorgen. Diese Schulen sind groß genug, um arbeitsfähig zu sein. Aber sie haben die Probleme, die aus dem Sonderschulbereich für Lernbehinderte bekannt sind. Sie sind faktisch „Hilfsschulen", aber nicht nur Hilfsschule für Schüler, sondern auch Hilfsschule für die Entlastung der übrigen Schulformen. In der Hauptschul-Pionierstadt Berlin hat man zuerst aus dieser Schule eine sozialpädagogische Anstalt gemacht. Diese allerdings hat Bestand und ist nicht vom „Abschied" betroffen.

Das Dilemma der Hauptschule besteht also darin, daß die Hauptschule einerseits schrumpft, daß man einen Abschied erlebt, aber daß sie andererseits künstlich erhalten bleibt, sozusagen als Schule am Tropf mit negativen Folgen für Lehrer und Schüler, die sich selber stigmatisieren und sich zu Unrecht manchmal selber die Schuld an diesem Dilemma zuschreiben.

1.2 Realschule

Eine Folge des Abschieds von der Hauptschule ist ein tiefgehender Wandel der Realschule, deren Schülerschaft sich in den letzten 20 Jahren erheblich gewandelt hat. Vereinfacht ließe sich dieser Wandel wie folgt beschreiben: Wer vor 20 Jahren zur Realschule gegangen wäre, geht heute zum Gymnasium oder zur Gesamtschule, und wer vor zwanzig Jahren die Hauptschule besucht hätte, der besucht heute die Realschule.

Die Realschule segelt gleichsam im Windschatten der großen Schulreformdebatten. Das hat ihr gewiß nicht geschadet. Sie hat sich relativ ungestört, wenn auch nicht stürmisch entwickeln können. Aus Gründen, auf die ich gleich ausführlicher zu sprechen komme, wird das Gymnasium eine Überfüllungswelle erleben und zunehmend Schüler zurückweisen, schon beim Übergang und auch nach dem sechsten Schuljahr. Ein Großteil dieser Zurückgewiesenen könnte die Realschule erneut wachsen lassen – und vor neue pädagogische Herausforderungen stellen.

Die Realschule ist faktisch auf dem Wege, die Funktion der früheren Volksschuloberstufe zu übernehmen – allerdings auf dem höheren Niveau der mittleren Reife.

1.3 Gymnasium

Auch das Gymnasium befindet sich in einer Krise. Die Krise des Gymnasiums betrifft nicht die Position des Gymnasiums, die unverändert stark ist. Hinsichtlich des Schulwahlverhaltens ist davon auszugehen, daß das Gymnasium „Marktführer" bleibt. Der Trend zum Gymnasium ist seit den 50er Jahren ungebrochen, und das Anmeldeverhalten der Eltern zeigt, daß ein von Jahr zu Jahr höherer Prozentsatz von Eltern ihre Kinder beim Gymnasium anmelden. Inzwischen gibt es einige Städte (z.B. Münster oder Bonn), wo der Gymnasialanteil schon heute weit über 50% liegt, in Städten wie Mönchengladbach liegt er bei knappen 50%.

Es könnte allerdings sein, daß gerade diese Begehrtheit das Gymnasium vor Probleme stellt, und zwar vor schulentwicklungsplanerische wie auch vor pädagogische.

Ein schulentwicklungsplanerisches Problem besteht darin, daß einerseits neue Gymnasien gefordert werden und andererseits Hauptschulgebäude leerstehen. Das wirft Kostengesichtspunkte auf, die angesichts der Finanzarmut der Kommunen immer bedeutsamer werden. Es stellt sich die Frage: Wie kann man mehr Gymnasialschüler versorgen, ohne neue Gymnasien zu bauen?

Ein pädagogisches Problem liegt darin, daß sich das Gymnasium nach wie vor – mit einigen Ausnahmen – als studienpropädeutische Schule versteht, als eine Schule, die in erster

Linie auf ein Hochschulstudium vorbereitet. Untersuchungen zeigen allerdings: Obwohl immer mehr das Abitur wollen, wollen nicht unbedingt mehr studieren (ROLFF u.a. 1992). Das Gymnasium kommt also in das Dilemma, sich nach wie vor studienpropädeutisch zu orientieren, aber immer mehr Schüler zu unterrichten, von denen beinahe die Hälfte gar nicht studieren will. Wenn man zudem noch daran erinnert, daß das durchschnittliche Gymnasium in den 50er Jahren etwa 470 Schüler und rund 25 Lehrer hatte, heute jedoch um 1000 Schüler und über 60 Lehrer, dann könnte das Gymnasium in das Dilemma laufen, gegensätzlichen Erwartungen gerecht werden zu müssen. Pointiert ausgedrückt besteht das Dilemma darin:

— Bei wachsenden Schülerzahlen eine *„Massenschule"* zu werden
— und gleichzeitig *Eliteschule,* zumindest Schule der Ausgelesenen sein zu wollen,
— am Ende aber eine Art *Einheitsschule* zu sein,

nämlich eine Schule für fast alle, aber ohne Formen äußerer oder innerer Differenzierung.

Die FAZ schrieb deshalb am 18.04.1990 zu Recht, das Gymnasium sei der Sieger, aber nicht der Gewinner der Schulentwicklung. Wörtlich: „Gerettet und verdorben". In dem Maße, wie es sich ausdehnt, gefährdet das Gymnasium sich selbst. Deshalb ist, soweit das zu übersehen ist, auch innerhalb der Philologenschaft eine gewisse Zerissenheit zu beobachten. Die einen stemmen sich gegen eine weitere Ausdehnung des Gymnasiums, um es in seiner traditionellen Form zu erhalten, die anderen wollen es ausweiten und pädagogisch modernisieren, sozusagen auf den Weg eines Gesamt-Gymnasiums bringen. Die Spitze dieser Bewegung stellt das brandenburgische Gymnasium dar, das laut Schulgesetz jeden Schüler, den es aufgenommen hat, bis zum Ende der Schulpflicht behalten und fördern muß.

1.4 Gesamtschule

Das Gymnasium, das sich ausdehnt, gefährdet nicht nur sich selbst, in dem Maße, in dem es sich ausdehnt, sondern auch die schulreformerische Alternative zum dreigliedrigen

Schulsystem, die Gesamtschule, die es ausdünnt. Auch die Gesamtschule befindet sich in einem Entwicklungsdilemma. Davon sind allerdings nicht alle Gesamtschulen in gleicher Weise betroffen. Man muß offenbar verschiedene Typen und verschiedene schulentwicklungsplanerische Ausgangsbedingungen von Gesamtschulen unterscheiden.

Gesamtschulen, von denen es nur *eine* in einer Stadt gibt, könnte man *Solitärschulen* nennen. Sie existieren z.B. in Münster und in Freiburg. Hier hat die Gesamtschule die Funktion einer Alternativschule, einer Art moderner Waldorfschule — oder wie immer man sie nennen will. Sie erscheint als pädagogische Alternative zum Gymnasium. Diese Gesamtschule wird angenommen, von Bildungsbürgern sogar eher als von Facharbeitern.

Die Solitärschule befindet sich ebensowenig in einem Entwicklungsdilemma wie ein zweiter Typ, die Gesamtschule im Flächenversuch oder die „aufhebende" Gesamtschule. Diese Gesamtschule ist ohne Konkurrenz anderer weiterführender Schulformen. Sie existiert beispielsweise im Kreis Wetzlar. Wo es nur Gesamtschulen gibt, gibt es kein „Creaming", kein „Absahnen" ehrgeiziger und lernleichter Schüler. Gesamtschulen als einzige weiterführende Schulen in kleinen Gemeinden Brandenburgs oder Nordrhein-Westfalens, die einen Gründungsboom erleben, sind tendenziell auch so etwas wie aufhebende Gesamtschulen. Sie sind weitgehend Schule für die ganze Gemeinde.

Der dritte Typ von Gesamtschule ist die Gesamtschule im Marktmodell, also die Gesamtschule, die im gleichen Stadtteil oder in einer kleinen Stadt konkurrieren muß mit Gymnasien und Realschulen. Diese Situation ergibt sich häufig, wenn zwanzig oder dreißig Prozent aller Schüler zur Gesamtschule gehen, und diese Situation ist problematisch: Gesamtschule und dreigliedriges Schulsystem können in der gleichen Stadt offenbar nur schwer nebeneinander existieren. Sie nehmen sich gegenseitig die Schüler weg, und es entstehen zusätzliche Kosten.

Das „Institut für Schulentwicklungsforschung" hat die Gesamtschule im „Marktmodell" untersucht (ROLFF u.a. 1990) und ist zu dem Ergebnis gekommen, daß in der Tat Creaming-Effekte festzustellen sind. Rolf HANSEN hat die Zensuren in den vierten Grundschulklassen erhoben und daraus vier Gruppen gebildet, das Quartil der Zensurenbesten, das Quartil der Zensurenschlechtesten und zwei Mittelgruppen. Danach werden nahezu alle Kinder des Quartils der Zensurenbesten zum Gymnasium geschickt, auch Kinder von Facharbeitern. Nur 5% der Zensurenbesten gehen zur Gesamtschule.

2. Schulabschlüsse, Schulwahlverhalten und demographische Entwicklungen

Die aufgezeigten Dilemmata der Hauptschule, des Gymnasiums und der Gesamtschule gehen vor allem auf ein verändertes Schulwahlverhalten und auf demographische Entwicklungen zurück, die beide die Schülerströme umlenken. Zunächst soll das Wahlverhalten skizziert werden, das sich an höheren Schulabschlüssen orientiert.

2.1 Wachsende Abschlußwünsche

Seit 1979 führt das „Institut für Schulentwicklungsforschung" Umfragen bei den Eltern und Nichteltern hinsichtlich ihrer Ansprüche an die Schule durch. Wir stellen dabei einen stabilen Trend fest: Die Ansprüche steigen. Schaubild 1 zeigt, daß der Anteil der Eltern, die für ihre Kinder den Hauptschulabschluß wünschen, seit 1979 kontinuierlich sinkt; er beträgt noch 11%. Das Abitur indes ist als Abschlußwunsch mit etwas über 50% etabliert. Die Werte für die neuen Bundesländer unterscheiden sich kaum von denen der alten.

Schaubild 2 enthält Daten des Statistischen Bundesamtes über die heute tatsächlich erreichten Abschlüsse. Danach hat der Anteil höherer Abschlüsse ununterbrochen zugenommen: Über zwei Drittel der Jugendlichen erlangen inzwischen einen mittleren Abschluß (Fachoberschulreife + Fachhochschulreife = 38%) oder das Abitur (25%).

Der Mittlere Abschluß ist offensichtlich zur gesellschaftlichen Mindestnorm geworden, und das Abitur hat seine einstmalige Exklusivität verloren.

Abb. 1: Schulabschlußwünsche bundesdeutscher Eltern IFS-Repräsentativumfrage 1981 und 1991

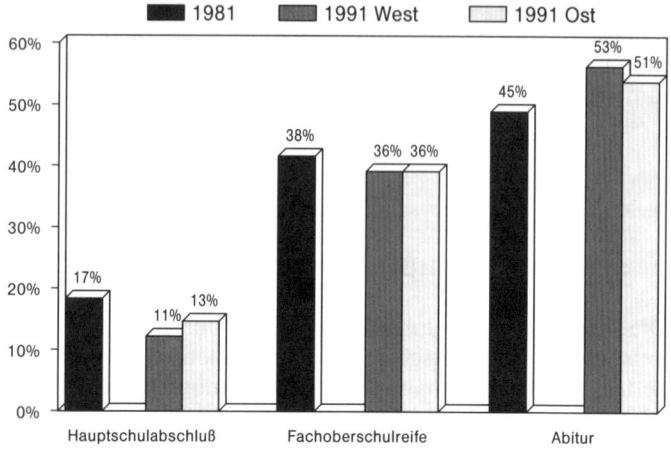

Frageformulierung: Welchen endgültigen Schulabschluß sollte Ihr Kind nach Ihren Wünschen erreichen?

Abb. 2: Schulabschlüsse im allgemeinbildenden Schulwesen in der BRD 1969 bis 1989

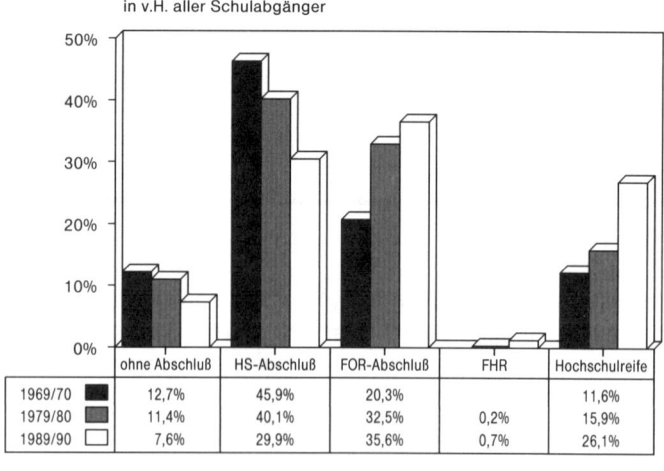

	ohne Abschluß	HS-Abschluß	FOR-Abschluß	FHR	Hochschulreife
1969/70	12,7%	45,9%	20,3%		11,6%
1979/80	11,4%	40,1%	32,5%	0,2%	15,9%
1989/90	7,6%	29,9%	35,6%	0,7%	26,1%

Quelle: Jahrbuch der Schulentwicklung

86

Im Grunde handelt es sich dabei nicht notwendig um einen Trend zum Gymnasium, sondern um einen Trend zu mehr weiterführenden Abschlüssen, die auf unterschiedlichen Schulformen erworben werden können.

Die Gründe für den Trend zu höheren Abschlüssen sind lang und breit erörtert worden, so daß es hier genügen muß, an einige Stichworte zu erinnern wie

— das Abitur ist die allgemeingültige Eintrittskarte für immer mehr Berufe;
— es gibt immer mehr Eltern, die selber das Abitur haben und die dieses von ihren Kindern auch erwarten;
— die Berufsanforderungen werden immer anspruchsvoller, und
— die Lebenspositionen werden immer weniger vererbt, wie das in kleinen Betrieben z.B. üblich war, sie müssen immer mehr über Qualifikationen erworben werden.

Hierbei handelt es sich offenbar um langfristig stabile Trends. Daran wird sich auch in Zukunft nicht viel ändern können, selbst dann nicht, wenn die Bildungspolitiker eine Änderung ernsthaft wollten. Denn die steigenden Ansprüche der Eltern haben einen Grund in steigenden Anforderungen der Arbeitswelt. Hinzu kommt ein Mechanismus der automatischen Selbstverstärkung: Eltern, die ihrerseits einen höheren Bildungsabschluß als die eigenen Eltern erreicht haben, wollen selbstverständlich, daß ihre Kinder genauso weit kommen, möglichst noch weiter. Und so wünschen immer mehr Eltern mit höheren Bildungsabschlüssen höhere Bildungsabschlüsse für ihre Kinder.

2.2 Wandel des Schulwahlverhaltens

Die wachsenden Ansprüche an die Schule sind fraglos einer der Hauptgründe dafür, daß sich das Schulwahlverhalten seit Jahrzehnten ändert — und zwar durchweg in die gleiche Richtung.

Aus Schaubild 3 läßt sich die Verteilung der Schüler auf die Schulformen der Sekundarstufe I entnehmen. Wir haben das 7. Schuljahr als Bezugsjahr gewählt, weil das 5. und 6. Schuljahr als Verteilerkreis zwischen Grundschule und Sekundarschulen anzusehen ist, der von Bundesland zu Bundesland unterschiedlich organisiert wird. So ist das 7. Schuljahr gleichsam das repräsentativste: Vorher existieren in einigen Bundesländern Beobachtungsstufen an Gymnasien und Realschulen, Orientierungsstufen oder ein 5. und 6. Grundschuljahr, danach haben einige Schüler bereits die Schulpflicht absolviert (Wiederholer).

Aus Schaubild 3 geht hervor, daß die Zugänge zu den „höheren" Schulen ständig gewachsen sind, vor allem im letzten Jahrzehnt. Die Hauptschule hat als einzige Schulform Schüleranteile verloren, die Realschule und die Sonderschulen hielten ihren Anteil, die Gesamtschule sowie das Gymnasium haben dazugewonnen.

Abb. 3: Relationsquoten 7. Jahrgang Schuljahr 1990/91

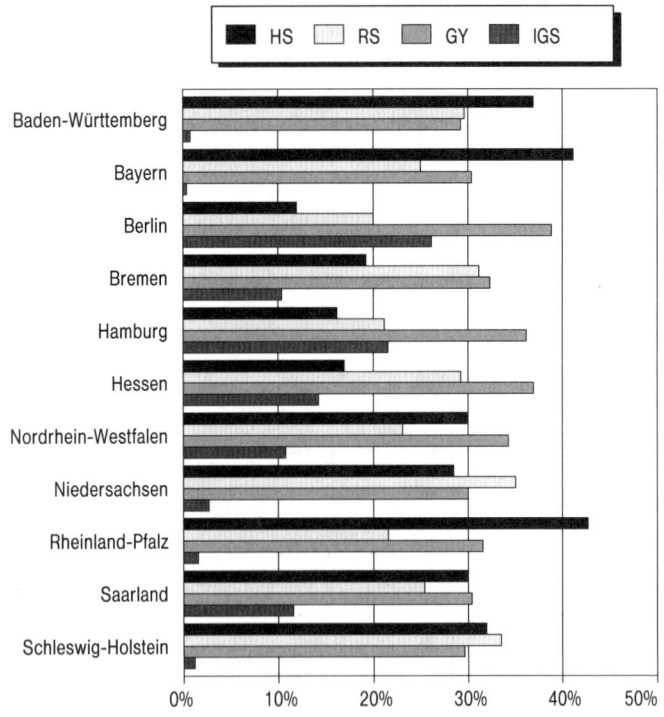

Quelle: IFS-Umfrage bei den KM

Wenn man die drei Stadtstaaten einmal ausklammert, zeigen sich bei den Flächenstaaten der alten Bundesrepublik erstaunliche Übereinstimmungen. So schwankt der Anteil Gymnasiasten an allen Siebtkläßlern des Schuljahres 1990/91 wenig zwischen 29% und 31%, wovon lediglich NRW mit 34% und Hessen mit 36% abweichen – und zwar nach oben. Im Hauptschulbereich liegen die Werte nur für Bayern mit 41% und Rheinland-Pfalz mit 42% knapp oberhalb der 40%-Marke, im 5. Schuljahr liegen sie in Rheinland-Pfalz inzwischen auch darunter (kein Schaubild). Gering sind auch die Schwankungen bei der Realschule, die in Rheinland-Pfalz mit 21,5% am geringsten und in Niedersachsen mit 34,5% am stärksten vertreten ist. Am heftigsten sind die Schwankungen im Gesamtschulbereich mit den „Gesamtschulländern" Hessen, Saarland und Nordrhein-Westfalen auf der einen Seite und Baden-Württemberg, Bayern und auch Schleswig-Holstein, wo es die Gesamtschule von zwei bis drei Ausnahmen abgesehen faktisch nicht gibt.

Ein ähnliches Bild zeigt Schaubild 4, das ausgewählte Städte vergleicht. Der Anteil der Hauptschüler ist in den Städten deutlich geringer als im Durchschnitt der Flächenstaaten. Kurzgefaßt kann man sagen, daß die Hauptschule mit der Ausnahme Nürnbergs nur noch 20% – 30% der Schüler einer Altersgruppe aufnimmt, die Realschule sehr unterschiedlich stark vertreten ist und das Gymnasium nahezu überall über dem Bundesdurchschnitt liegt. Es handelt sich auch hierbei um offenbar stabile Trends; Anzeichen für eine Umkehr der Entwicklung sind jedenfalls nicht ersichtlich.

2.3 Künftige Entwicklung der Schülerzahlen

Die künftige Entwicklung der Schülerzahlen ist nicht geeignet, die Probleme, die durch die Umorientierung der Bildungsbeteiligung entstanden sind, zu entschärfen. Schaubild 5 zeigt die zukünftige Entwicklung der Schülerzahlen, wie sie die KMK 1991 auf Basis der Oktober-Statistik von 1989 vorausgeschätzt hat. Danach hält das Ansteigen der Schülerzahlen im Grundschulbereich weiter an, das 1986 einsetzte.

Im Bereich der Sekundarstufe I geschah Ende der achtziger Jahre ein Umbruch. Hier ist die Schülerzahl seit 1978 Jahr für Jahr erheblich zurückgegangen. Ein Tiefstand war im Schul-

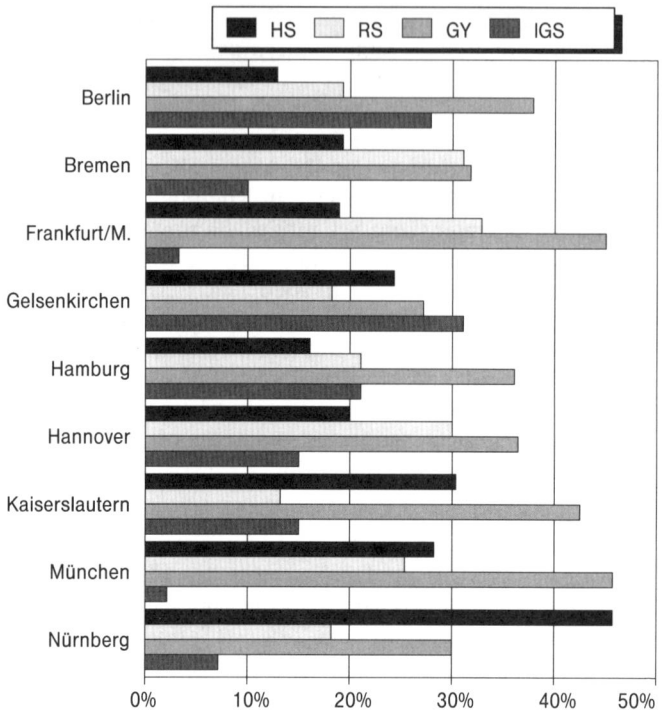

Abb. 4: Relationsquoten 7. Jahrgang ausgew. Städte Schuljahr 1990/91
– ohne Sonderschulanteile –

Quelle: Umfrage bei den Kommunen

jahr 1989/90 erreicht. Seit 1990 steigen die Schülerzahlen wieder stark an – und zwar derart stark, daß sie um die Jahrtausendwende fast 20% höher liegen werden als 1990 und im Jahr 2005 sogar um annähernd 30%.

In der Sekundarstufe II fällt die Schülerzahl im Berufsschulbereich noch bis zum Jahr 1995 und steigt danach insgesamt über 14 Jahre an. In einigen Bundesländern wurde in der gymnasialen Oberstufe bereits 1991 die niedrigste Schülerzahl erreicht. Der Anstieg hat bereits begonnen, er dauert fast 20 Jahre an.

Auch in den Sonderschulen wachsen die Schülerzahlen von diesem Schuljahr an bis zum Jahr 2000.

90

Der Anstieg der Schülerzahl hat im wesentlichen drei Gründe:

(1) Die geburtenstarken Jahrgänge der sechziger Jahre haben zur Folge, daß jetzt besonders viele Frauen in einem Alter sind, in dem sie typischerweise Mutter werden.

(2) Die Geburtenhäufigkeit ist seit 1986 wieder gestiegen; die „Fruchtbarkeitsquote" hat zugenommen.

(3) Es ist eine starke Zuwanderung zu verzeichnen von Aussiedlern (1990 fast 400.000), Übersiedlern aus den neuen Bundesländern (1990 fast 400.000) und Asylbewerbern (1990 fast 200.000), die höher liegt als im Jahre 1989 und die auch höher liegt als von der KMK vorausgeschätzt wurde.

Der starke Anstieg der Schülerzahlen bewirkt für die Schulträger einen enormen Handlungsdruck, geht er doch mit einer Finanzkrise der Städte einher, die Einnahmen verlieren und zunehmend Zinslasten tragen müssen. So geht eine Schere auf zwischen steigendem Versorgungsbedarf und schrumpfenden Finanzen.

Der stärkste Problemdruck besteht im Bereich der Sekundarstufe I, wie Schaubild 5 verdeutlicht.

Abb. 5: Entwicklung der Schülerzahlen BRD (alte Länder) 1979 bis 2005

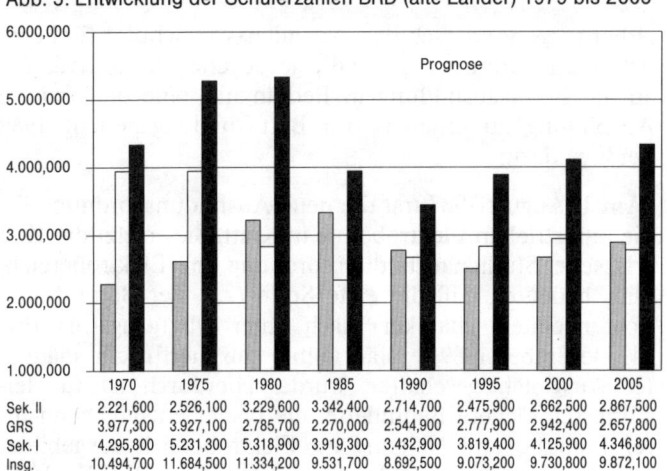

	1970	1975	1980	1985	1990	1995	2000	2005
Sek. II	2.221.600	2.526.100	3.229.600	3.342.400	2.714.700	2.475.900	2.662.500	2.867.500
GRS	3.977.300	3.927.100	2.785.700	2.270.000	2.544.900	2.777.900	2.942.400	2.657.800
Sek. I	4.295.800	5.231.300	5.318.900	3.919.300	3.432.900	3.819.400	4.125.900	4.346.800
Insg.	10.494.700	11.684.500	11.334.200	9.531.700	8.692.500	9.073.200	9.730.800	9.872.100

Quelle: KMK Prognose, Basisdaten 1989

3. Problemdruck

Die aufgezeigten Entwicklungstrends verursachen zumindest in drei Bereichen einen hohen Problemdruck, mit denen die Schulen der Sekundarstufe I in den 90er Jahren konfrontiert sind:

(1) Fortbestand von Benachteiligten-Gruppen,

(2) Erfüllung der Schulpflicht-Aufgabe unter erschwerten Bedingungen und

(3) Sicherstellung einer regional angemessenen Schulversorgung.

3.1 Fortbestand von Benachteiligtengruppen

Mit der Expansion des Übergangs zu den „höheren" Schulen sind alte Benachteiligungen gemildert, aber auch ganze Schülergruppen ausgegrenzt worden und haben sich neue Benachteiligtengruppen gebildet. Die Bundesregierung zählt zu den Benachteiligtengruppen „ehemalige Sonderschüler, Hauptschulabgänger ohne Abschluß, junge Ausländer sowie sozial benachteiligte Jugendliche" (BMBW 1989, S. 119). Für diese Gruppen haben die Länder- und Bundeseinrichtungen spezielle Förderprogramme entwickelt.

„Ehemalige Sonderschüler" (vor allem von Schulen für Lernbehinderte) kommen durch die gestiegenen Anforderungen an die Berufsausbildung in Bedrängnis, eine qualifizierte Ausbildung zu erhalten. Im Berufsbildungsbericht 1989 heißt es dazu:

„Am 1. August 1987 trat die neue Ausbildungsordnung für die industriellen Elektroberufe in Kraft. Sie ersetzt die 1972 erlassene Studienausbildungsordnung im Elektrobereich. Dies bedeutet, daß die erste Stufe (z.b. der Beruf Nachrichtengerätemechaniker) nach einer Übergangsfrist (bis 31. Dezember 1989) entfällt, ohne daß hierfür ein adäquater Ausgleich geschaffen wurde. Hierdurch ist für leistungsschwächere Behinderte, die bisher entsprechend ihrer Eignung und Neigung im Elektrobereich ausgebildet werden konnten, eine Lücke entstanden" (BMBW 1989, S. 121).

Die Zahl der „Hauptschulabgänger ohne Abschluß" ist in den letzten Jahren deutlich zurückgegangen – und nicht nur, weil die Zahl der Hauptschüler kleiner wurde. Hier hat sich die formale Auslese gelockert. KLEMM errechnet für die Bundesebene, daß „8,4% aller 15-jährigen 1986 die Schule ohne Abschluß" verließen, wobei Hauptschulen und Sonderschulen für Lernbehinderte gemeint sind (KLEMM u.a. 1990, S. 96).

Aus dem Berufsbildungsbericht 1989 kann man auch herauslesen, daß nur wenig mehr als 43% der Hauptschüler ohne Abschluß eine berufliche Ausbildung erhalten (BMBW 1989, S. 43). Wird dies in Absolutzahlen umgerechnet, dann bleiben jährlich etwa 40.000 Jugendliche, die keinen Schulabschluß haben, ohne Ausbildung. Der Berufsbildungsbericht 1991 bestätigt diese Werte.

Die Berufsbildungsberichte geben auch Auskunft über die Art des Ausbildungsplatzes, den ein Jugendlicher ohne Hauptschulabschluß üblicherweise erhält. Der von dieser Gruppe am häufigsten erlernte Beruf ist Maler und Lackierer, gefolgt von Friseuren (BMBW 1989, Übersicht 26 und BMBW 1991, Übersicht 33). Wenn Angehörige dieser Benachteiligtengruppe einen Ausbildungsplatz finden, so ist er entweder ungesund, schlecht bezahlt, unsicher, mit unangenehmer Arbeitszeit, geringem Prestige behaftet oder alles zusammen.

Die dritte Gruppe Benachteiligter sind „junge Ausländer". Auch hier hat sich die formale Auslese gelockert. Dem Berufsbildungsbericht 1991 ist zu entnehmen, daß „der Anteil der Schulabgänger ohne Hauptschulabschluß ... von 29% auf 20% gesunken (ist); die Anteile für Realschul- und gleichwertige Abschlüsse und für Hochschulreife sind von 19% auf 25% bzw. von 5% auf 9% deutlich gestiegen, während der Anteil der Jugendlichen mit Hauptschulabschluß mit 46,5% (1983) bzw. 45,8% (1989) fast gleich geblieben ist.

Der Abstand in den Schulabschlüssen zwischen deutschen und ausländischen Schulabsolventen hat sich jedoch kaum verändert, da auch bei den ausländischen Schulabgängern ein Trend zu höheren Abschlüssen vorhanden ist" (BMBW 1991, S. 103).

Zu den übrigen „sozial benachteiligten Jugendlichen" zählen die Kinder von Spätaussiedlern und Umsiedlern, deren Zahl

seit dem Sommer 1987 bzw. dem Herbst 1989 sprunghaft gestiegen ist. Deren Ausbildungs- und Berufsausbildungschan-
cen sind bisher nicht abzusehen.

Trotz der Entspannungstendenzen auf dem Arbeits- und
Ausbildungsmarkt ist auch in der jüngeren Vergangenheit
ein nennenswerter Anteil von jungen Menschen ohne Berufsausbildung geblieben. Fragen nach dem Umfang und
den Ursachen dieser Entwicklung und den bildungspolitischen Konsequenzen, die zu ihrer Änderung notwendig
sind, waren 1990 für den Bundesminister für Bildung und
Wissenschaft Anlaß, bei EMNID eine Repräsentativbefra-
gung von rund 1.800, die ohne Berufsausbildung geblieben
sind und sich derzeit auch nicht in Ausbildung befinden, in
Auftrag zu geben. Als Vergleichgruppe wurden zudem rund
1.500 Personen mit bzw. in Berufsausbildung im gleichen Alter befragt. Das Hauptergebnis dieser Untersuchung lautet:
„Eine einfache Betrachtung der betreffenden Gruppe ohne
Schüler, Studenten und Jugendliche in Berufsausbildung ergibt einen Anteil von 14,1% von jungen Erwachsenen ohne
formale Berufsausbildung. Kompliziertere Schätzungen, die
davon ausgehen, daß auch unter derzeit Auszubildenden ein
gewisser Anteil ohne Berufsabschluß bleiben wird, lassen
vermuten, daß der reale Anteil an jungen Erwachsenen ohne
Berufsabschluß an der Wohnbevölkerung ihres Alters eher
höher liegt" (EMNID 1991, S. 2).

Während zwischen Männern und Frauen diesbezügliche
Unterschiede nicht festgestellt wurden, zeigten sich sehr
deutliche Unterschiede zwischen Deutschen und Auslän-
dern:

„Unter den Befragten der in die Untersuchung einbezogenen
nichtdeutschen Nationalitäten (Griechen, Italiener, Jugosla-
wen, Portugiesen, Spanier, Türken) sind 39% ohne Berufsabschluß geblieben, das bedeutet, daß mehr als jeder dritte
Ausländer ohne beruflichen Abschluß das Bildungssystem
verläßt, während das bei 12% der Deutschen der Fall ist"
(EMNID 1991, S. 2 f.).

3.2 Erfüllung der Schulpflicht-Aufgabe unter erschwerten Bedingungen

In dem Maße, wie immer mehr Schüler in anspruchsvollere Bildungsgänge drängen, stellt sich die Frage, welche Schulform die Aufgabe der Erfüllung der Schulpflicht übernimmt. Alle vorliegenden Daten aus Großstädten zeigen, daß heute weitaus mehr Schüler tatsächlich auf die Hauptschule gehen als Schüler auf die Hauptschule gehen wollen: Es gibt Großstädte wie Frankfurt/M., in denen nicht mehr als 5% der deutschen Eltern ihre Kinder auf die Hauptschule zu schicken wünschen. Es besuchen dennoch erheblich mehr Schülerinnen und Schüler die Hauptschule, weil die höheren Schulformen Schüler abweisen. Man kann also ohne Übertreibung sagen, daß die Hauptschule zwangserhalten wird und ein Großteil der Schülerinnen und Schüler auf die Hauptschule gezwungen wird.

Es ist denkbar, daß dieser Zustand beibehalten wird. Es ist aber auch denkbar, daß es zu einem Abschied von der Hauptschule kommt, wie es etwa in Duisburg geplant ist. Dann stellt sich allerdings die Frage mit Dringlichkeit:

Wer übernimmt die Pflichtschul-Aufgabe? und Wer übernimmt die Beschulung der genannten Benachteiligten-Gruppen?

Die Antwort fällt nicht leicht:

Das Gymnasium wird diese Aufgabe vermutlich nicht übernehmen wollen und vermutlich auch nicht übernehmen können. Die Zeiten zurückgehender Schülerzahlen sind vorbei, und die Gymnasien stecken jetzt schon im Engpaß. Die kommenden Engpässe sind heute schon vorprogrammiert, wenn z.B. in den Anfangsklassen der Gymnasien fünf Parallelklassen gebildet sind, in den 10. Klassen aber nur zwei oder drei Klassen nebeneinander bestehen und das Gebäude nur auf Dreizügigkeit angelegt ist. Wenn zusätzlicher Schulraum nicht bereitgestellt wird, ist damit zu rechnen, daß die Gymnasien mehr Schüler abweisen als bisher und/oder mehr aufnehmen, einen Teil davon nach einiger Zeit, vermutlich nach dem 6. Schuljahr, auf die Realschule rückverweisen. Dann könnte die Selektivität des Gymnasiums, die in den letzten Jahrzehnten zurückging, wieder zunehmen.

Die Gesamtschule kann die Schulpflicht-Aufgabe auch nicht übernehmen, jedenfalls nicht als einzige Schulform. Sie würde dann zur Teilschule, von der sich die Eltern besserer, d.h. lernleichterer Schüler abkehrten. Im Extremfall wäre die Gesamtschule dann Hauptschulersatz. Schulreform verkäme dann zum bloßen Etikettenwechsel.

Die Realschule könnte von den Schulen des gegliederten Systems noch am ehesten die Pflichtschul-Funktion erfüllen. Organisatorisch würde das eine Zusammenlegung von Haupt- und Realschule erfordern, wie sie in etlichen alten und neuen Bundesländern bereits praktiziert wird. Auch eine Umgründung von Hauptschulen in Realschulen wäre denkbar, rechtlich durch Schließung der Hauptschule und Neuerrichtung einer Realschule zu erwirken. Dies ist wohl der einfachste Weg, – und dennoch wird er nirgendwo begangen.

3.3 Sicherstellung einer regional angemessenen Schulversorgung

In allen Bundesländern verändern sich die Schülerströme unaufhaltsam von der Hauptschule fort und zum Gymnasium und – falls sie angeboten wird – auch zur Gesamtschule hin. Auf diese Weise entstehen Versorgungsprobleme sozusagen künstlich: Hauptschulstandorte werden aufgegeben und Gymnasien wie Gesamtschulen quellen über. So könnten Lücken im Schulversorgungsnetz entstehen, vor allem in den Grundzentren ländlicher Regionen, aber auch in den Vororten von Großstädten.

Die planerisch klarste Lösung wäre, eine konsequente Stufung der Sekundarschulen herbeizuführen, d.h. die Klassen 5 bzw. 7 bis 10 in einem Gebäude und die Oberstufe in einem anderen unterzubringen. Dann könnten alle Gebäude, auch die früheren Hauptschulgebäude, optimal genutzt werden. In Bremen existiert diese Form der Stufenschule bereits seit einigen Jahren flächendeckend, in Berlin, Hamburg und Hessen gibt es Ansätze dazu. Im Ausland von Frankreich bis Skandinavien, von England bis zu den USA ist das die Regelform. In den meisten alten Bundesländern ist diese Lösung dennoch kaum durchsetzbar, wie beispielhaft die Diskussion in NRW zeigt, wo Philologenverband,

CDU, KM und einflußreiche Elterngruppen mit bedenkenswerten Argumenten an der Langform Gymnasium festhalten und Teile der GEW, die Gemeinnützige Gesellschaft Gesamtschule und wiederum das KM ebenfalls aus guten Gründen die Gesamtschule in Langform bestehen lassen wollen.

Welche Alternative gibt es? Zunächst sollen einige grundsätzliche Leitlinien eines Alternativmodells entwickelt und anschließend konkretere Elemente genannt werden:

Erstens müssen Schulstrukturen der regionalen Vielfalt der Lebensverhältnisse in verschiedenen Regionen gerecht werden, indem das Bildungsangebot an die jeweils bestehenden regionalen und lokalen Erfordernisse angepaßt wird. Es sind wohnortnahe Schulversorgungssysteme zu schaffen, die für alle Regionen ein vollständiges Angebot an Bildungswegen und -abschlüssen herstellen.

Zweitens muß an die vorhandene Schulangebotsstruktur angeknüpft werden. Bisher vorhandene Schulen und Schulformen sollten behutsam durch Verbindung oder Umwandlung in die neue lokale Schulstruktur eingebaut und vorhandene Gebäude möglichst optimal und vollständig genutzt werden.

Drittens müssen sich die regional neugeschaffenen Schulstrukturen mit Blick auf rasche Wandlungsprozesse durch Flexibilität und Anpassungsfähigkeit auszeichnen; dazu gehört, daß zum einen die Schulen der einzelnen Schulformen pädagogisch und ökonomisch vertretbare Größen haben müssen und zum anderen eine hohe Nutzungsvarianz hinsichtlich der Schulgebäude erzielt wird.

Viertens müssen Schulangebote so plaziert werden, daß unmittelbare Konkurrenz nur soweit zugelassen wird, wie sie die Grundkonzeption einer Schulform und die Entwicklung von Schulprofilen einzelner Schulen nicht erheblich beeinträchtigt. Das bedeutet, daß eine unmittelbare räumliche Nachbarschaft von Schulen verschiedener Systeme möglichst zu vermeiden ist.

Fünftens ist Wandel von innen anzustreben, d.h.: Kooperation und Angleichungen zwischen den Schulformen, wo immer dies möglich ist, Aufhebung von Grenzen zwischen den Schulformen, wo immer das realisierbar erscheint. Eine Hierarchie der Schulformen beschleunigt nur die Dynamik der Schulwahltrends. Demgegenüber ist Horizontalisierung über Kooperation und Integration anzustreben. Dies betrifft die Eingangsauslese, Förderung und Durchlässigkeit sowie gleichwertige Abschlüsse, meint allerdings ganz und gar nicht die Vereinheitlichung pädagogischer Methoden, Lernformen und Profilbildungen.

Daraus ergeben sich insbesondere die folgenden Elemente einer Struktur-Alternative:

(1) Gesamtschulen als regionale Alternative:

Für die Gesamtschule als ersetzende Schule besteht derzeit politisch keine Mehrheit. Unter der Voraussetzung, daß sie hinsichtlich Profilbildung und Ganztagsangebot pädagogisch gestärkt wird, stellt die integrierte Gesamtschule in schulorganisatorischer und pädagogischer Hinsicht eine auch im Marktmodell attraktive Alternative dar. Insbesondere in ländlichen Regionen erscheint vielerorts ein integriertes Schulangebot nicht nur als optimale Strukturlösung, sondern auch als Angebotsverbesserung (im Sinne der Schaffung eines vollständigen Abschlußangebots) gegenüber der heutigen Situation, z.B. bei Gefährdung der letzten Sekundarschule oder bei Bestehen von Haupt- bzw. Realschule als einzigem Angebot. In städtischen Regionen und Ballungsräumen wäre eine lokale Differenzierung im Sinne stadtteilspezifischer Lösungen möglich, wobei sich in erster Linie die Gesamtschule als Stadtteilschule für alle Kinder anbietet.

(2) Horizontalisierte Kooperation statt Hierarchisierung der Sekundarstufe I:

Da das dreigliedrige Schulsystem eine zunehmende Erosion erfährt, die Hauptschule als untere Etage wegbricht und sich Realschulen und Gymnasien im Innern erheblich verändern, muß die dreigliedrige Struktur zugunsten flexiblerer Lösungen — unter Einbeziehung des Gymnasiums — verändert werden. Dabei wäre die Hierarchie zwischen den Schulformen zugunsten von Kooperation weitgehend abzubauen. Sofern sie überhaupt noch weiterzuführen sind, sollten Hauptschulen nicht mehr isoliert, sondern in Verbundsystemen bzw. in Kooperation mit den beiden anderen traditionellen Schulformen, Realschule und Gymnasium, angeboten werden.

Am ehesten realisierbar wäre dies in Mittelstufenschulen der Sekundarstufe: Je nach lokalen Erfordernissen und Möglichkeiten entweder als „Mittelschule" (zwei- bis dreizügig, die genaue Bezeichnung ist unwichtig) aus bisherigen Hauptschulen und Realschulen oder als „Kooperative Sekundarschule" (fünf- bis sechszügig) aus Hauptschulen, Realschulen und Gymnasien. Letztere wäre auch als SI-/SII-Langformschule denkbar; beide kooperativen Systeme sollten zumindest mit Oberstufen kooperieren. Eine Weiterentwicklung dieser Systeme in Richtung Integration ist dabei nicht ausgeschlossen.

Besonders mit Blick auf den Schülerzahlenanstieg können somit einerseits vorhandene kleinere Schulgebäude und Schulzentren für die Sekundarstufe I weiter genutzt werden, andererseits Neubauinvestitionen für variable und damit zukunftsträchtige SI-Zentren verwendet werden.

(3) Verstärkte Einführung eines Stufenschulsystems:

Wenn Gymnasien und Gesamtschulen neu gebaut werden, sollten sie als Mittelstufenschulen errichtet werden, mit zugeordneter Oberstufe, die aber schulrechtlich kein Bestandteil der Sekundar-I-Schulen sein müssen. In der Sekundarstufe II sollten eigenständige Oberstufenzentren mit sinnvoller Mindestgröße und Integration allgemein- und berufsbildender Inhalte gebildet, gefördert und ausgebaut werden. Eine Umwandlung von Langformschulen in SI- bzw. SII-Schulen müßte ebenfalls möglich sein. Über eine enge Kooperation zwischen den Schulstufen (z.B. Lehreraustausch, Fördermaßnahmen) sind Stufenübergänge für die Schüler/innen zu erleichtern. Diese Stufung schafft in der SI nicht nur eine Angleichung der Angebotsstruktur, sondern hilft mit Blick auf den Schülerzahlenanstieg auch vorhandene Gebäudesubstanzen zu nutzen (z.B. Umbau nicht mehr benötigter SI-Gebäude zu Oberstufen).

(4) Lokale Entflechtung der Systeme:

Da auf lokaler Ebene ein parallel angeordnetes Angebot eines gegliederten Systems und integrierter Gesamtschulen für fast alle Schulformen (außer für das Gymnasium) Entwicklungsprobleme durch unerwünschte und konzeptwidrige Konkurrenzeffekte (durch „Creaming") nach sich zieht, ist die regionale und lokale Entflechtung von gegliederten Systemen angezeigt. Anders ausgedrückt: Möglichst kein „Mischsystem" in ein und derselben Region mehr, sondern Entscheidungen für ein gegliedertes oder ein integriertes System.

(5) Curriculare Horizontalisierung der Sekundarstufe I:

Die Jahrgangsstufen 5/6 aller Sekundarschulen sollten als Eingangs- und Erprobungsstufen ausgewiesen werden und unterrichtlich identisch sein. Der Einsatz von Grundschullehrern in den Erprobungsstufen ist pädagogisch sinnvoll. Darüber hinaus ist eine Parallelisierung und Abstimmung des Unterrichts in der Sekundarstufe I (insbesondere für Gesamtschulen und Gymnasien) anzustreben. Zu nennen sind: Gleiche Studientafeln, Angleichung der Differenzierungen, harmonisierte Curricula, schulformübergreifender Lehrereinsatz (als Möglichkeit), Harmonisierung der Lehrerbesoldung nach dem Stufenprinzip, stufenbezogene Schulaufsicht.

(6) Abschied von früher Auslese:

Fördern statt Auslese sollte für alle Schulen oberstes pädagogisches Prinzip sein. Das bedeutet, daß sowohl eine Eingangsauslese als auch eine Verlaufsauslese zugunsten von Durchlässigkeit und Offenheit der Bildungswege entfallen müssen. Konkret: Grundschulen müssen einerseits pädagogisch gestärkt und weiterentwickelt werden, andererseits vom Auslesedruck nach Klasse 4 befreit werden. Eltern und Schüler/innen erhalten stattdessen eine Schullaufbahnberatung und freie Wahl der Schulform der Sekundarstufe. Soweit die betreffenden Eltern dies wünschen, muß die aufnehmende Sekundarschule die aufgenommene Schülerpopulation bis zum Ende der Sekundarstufe I behalten und fördern.

Fazit:

Neue Strukturen sind dort erforderlich, wo mit den alten Modellen keine Problemlösungen erreichbar sind. Das ist eine Absage an Standardmodelle und ein Bekenntnis zu regional und lokal angemessenen Versorgungsformen. Horizontalisierte Systeme über Kooperation und Integration sind dort angezeigt, wo hierarchisierte und hochselektive Strukturen weder den pädagogischen Problemen gerecht werden noch hinreichende Akzeptanz erzielen — also nahezu überall.

Die hier skizzierte Alternative zur Veränderung der Schulstruktur orientiert sich nicht am Ziel der Vereinheitlichung des bundesdeutschen Schulwesens. Vielmehr wird ein pragmatisches Strukturmodell entworfen, das an vorhandenen regionalen Rahmenbedingungen anknüpft und auch weitgehend praktisch umsetzbar wäre. Nicht Standardisierung wäre das Motto, sondern Regionalisierung und Lokalisierung.

Teil B.
Lösungsansätze

VI. Schulentwicklung als Entwicklung von Einzelschulen?[1]

Die Theorien der Schulentwicklung orientierten sich in den sechziger und frühen siebziger Jahren vornehmlich an Bildungsökonomie und Bildungssoziologie. Die Bildungsökonomie untersuchte vor allem den Beitrag von Bildungsausgaben zum Wirtschaftswachstum, den Bedarf an qualifizierten Arbeitskräften und das Funktionieren des Berufsschul- und Weiterbildungssystems. Sie war also makroökonomisch ausgerichtet wie ihre Indikatoren auch, vor allem Rentabilität von Bildungsausgaben sowie Umfang und Struktur des Arbeitsvermögens. Ähnlich verhielt es sich mit der Bildungssoziologie, die die Rolle der Schule bei der Reproduktion von Klassen, Schichten und Statuslagen erforschte, die Sozialisationsfunktion der Schule analysierte sowie das Verhältnis von Wissensproduktion und Modernisierung thematisierte. Deren Indikatoren bezogen sich auf Bildungszertifikate und Ungleichheit der Bildungschancen. Aus beiden Disziplinen wurden Konzepte und Instrumente der Bildungsplanung abgeleitet, die an zentralstaatliche Instanzen gerichtet waren. Der Staat versuchte zu jener Zeit auch, die Planungsfunktion tatsächlich wahrzunehmen, was seinen imposantesten Ausdruck im „Bildungsgesamtplan" (1973) fand, einem auch im internationalen Vergleich einzigartig großformatigen und umfassenden Plan zur Weiterentwicklung des gesamten Bildungssystems der Bundesrepublik (vgl. dazu KLEMM u.a. 1990).

---

1 Dieses Kapitel ist die Überarbeitung eines Aufsatzes, der unter dem gleichen Titel 1991 in H. 6 der "Zeitschrift für Pädagogik" erschien.

1. Vom Gesamtsystem zur Mikropolitik

Mit der Stagnation der Bildungsreform wuchs das Interesse an der Erforschung der Gelingens- und Mißlingensbedingungen von schulischen Innovationen. Vor allem im angelsächsischen Raum wurden Implementationsstudien durchgeführt, die ausnahmslos zu dem Ergebnis kamen, daß sich die Umsetzung und damit auch der Erfolg von Plänen nicht auf der staatlichen Ebene, sondern auf der Ebene von Einzelschulen entscheidet (DALIN 1973, BERMAN et.al. 1974, HUBERMAN/MILES 1984, ODDEN/MARSCH 1989, LIEBERMAN/MILLER 1990, FULLAN 1991). Vor dem Hintergrund dieser Studien bahnt sich im Bereich der Schulentwicklung offenbar ein Paradigmawechsel an, von dem in anderen Bereichen so inflationär die Rede ist, und zwar von der „Makropolitik" zur „Mikropolitik" (BALL 1987).

Diese Wendung läßt sich ebenso im deutschen Sprachraum feststellen. Standen noch in den siebziger Jahren übergreifende Fragen der Schulstruktur und Schulverwaltung im Mittelpunkt von Reformbemühungen und Bildungsforschung, so ist es jetzt die Einzelschule. FEND war einer der ersten, der anhand empirischer Untersuchungen feststellte, daß sich einzelne Schulen derselben Schulform untereinander stärker unterschieden als von anderen Schulformen und der daraus den Schluß zog, daß die „einzelne Schule als pädagogische Handlungseinheit" (FEND 1986) anzusehen sei und nicht das Gesamtsystem Schule.

Der prominenteste Audruck dieser Wende zur Einzelschule ist der Ansatz, die „Qualität von Schule" (STEFFENS/BARGEL 1987 ff.) zum Fokus von Schulentwicklung zu machen. „Qualität von Schule gehört heutzutage zu den höchsten Prioritäten in allen OECD-Mitgliedsländern. Und das wird zweifellos auf absehbare Zeit so bleiben" (OECD 1989, S. 133). Das Konzept der „Qualität von Schule" meint einen Neuansatz von pädagogischer oder innerer Schulreform. In der Bundesrepublik engagieren sich hier in den achtziger Jahren mit FEND, HAENISCH, STEFFENS, AURIN und TILLMANN fast die gleichen Erziehungswissenschaftler, die sich in den siebziger Jahren in der Debatte um Schulsystem-Reform bzw. zur Schulsystem-Vergleichsforschung einen Namen gemacht haben. Da bei keinem der Genannten ein

Wechsel der bildungspolitischen Überzeugungen zu erkennen ist, liegt es nahe anzunehmen, daß der veränderte gesellschaftliche Hintergrund der Bildungsforschung zu einem Wechsel der Perspektive geführt hat, und daß es sich dabei um tiefgreifenden gesellschaftlichen Wandel seit den siebziger Jahren und nicht bloß um Trends und Moden handelt.

Die siebziger Jahre standen noch im Zeichen des bildungsreformerischen Aufbruchs. Es ging um die strukturelle Umgestaltung des gesamten Schulsystems, also um die Einführung der Gesamtschule als aufhebender Regelschule und um Chancengleichheit, also um Gesellschaftspolitik. Dementsprechend waren die genannten Bildungsforscher, die erstmals in der deutschen Schulgeschichte großformatige empirische Untersuchungen finanziert bekamen, an „Makropolitik" orientiert.

Ende der siebziger Jahre hatte diese Reformbewegung ihren Rückenwind verloren und desto mehr Gegenwind erfahren. Die Einführung der Gesamtschule stagnierte, erlitt sogar Rückschläge. Forschungen zum Systemvergleich waren nicht mehr gefragt. Systemvergleichsuntersuchungen hatten in der Öffentlichkeit zudem den Eindruck eines „Forschungswirrwarrs" (DER SPIEGEL) hinterlassen, was die Öffentlichkeit solange für kein Spezifikum der Bildungsforschung hielt, bis es sich in Gutachterstreitigkeiten über die Sicherheit von Kernkraftwerken, die Ursachen des Waldsterbens oder die geeigneten Maßnahmen gegen eine drohende Klimakatastrophe erwies, daß politikorientierte Forschung immer politisiert wird, auch, und in letzter Zeit sogar in besonderem Maße, die naturwissenschaftliche.

Forschungen zum Schulsystemvergleich veralteten darüber hinaus schnell, weil sie keine Handlungsrelevanz für die Hauptbetroffenen hatten: Bestenfalls Politiker, aber nicht Lehrer, konnten von den Ergebnissen der Vergleichsforschung etwas lernen oder Handlungsorientierungen ableiten. Handlungsorientierungen für den Schulalltag versprechen aber gerade die neueren Forschungen über die „Qualität von Schule", häufig popularisiert durch die Frage: Was ist eine gute Schule? Außerdem behandeln diese Studien kaum mehr gesellschaftspolitische Ziele, die per se kontrovers sind, sondern pädagogische, auf die sich seit den achtziger Jahren nicht nur die Konservativen zurückbesinnen wollen. Dieses mag die Konjunktur des Themas „Qualität von Schule" erklären, reicht aber noch nicht für eine erziehungswissenschaftliche und bildungspolitische Einschätzung aus, wird dem Thema womöglich auch gar nicht gerecht. Deshalb sollen im folgenden weitere Argumente erörtert werden, die einen Paradigmawechsel von der Makro- zur Mikropolitik begründen. Es gibt in der Tat auch gute Gründe für den Standpunkt, daß man den Dimensionen und der Geschwindigkeit der Veränderung in der Gesellschaft nur mit gemeinsamen Anstrengungen auf der landesweiten Systemebene begegnen kann. Die Schulsysteme der OECD-Länder haben über Jahre hinweg versucht, den Herausforderungen auf zentraler staatlicher Ebene zu begegnen. Allerdings waren diese Maßnahmen wenig erfolgreich, wie wir den genannten Implementationsstudien entnehmen können. Das hat vor allem drei Gründe:

Zum einen gehen Gesamtsystem-Strategien davon aus, daß eine Innovation in vergleichbarer Weise auf alle Schulen angewendet werden kann. Dies setzt an zentraler Stelle ein Wissen darüber voraus, wie unter Berücksichtigung aller Bedingungen, die an den einzelnen Schulen und regionalen Subsystemen anzutreffen sind, eine Verbesserung erzielt werden kann, die für alle, zumindest für fast alle Schulen Gültigkeit besitzt. Demgegenüber zeigen die Implementationsstudien, daß sich bildungspolitische Vorstellungen nur in der individuellen Schule materialisieren können. Sie werden unterschiedlich interpretiert, weil sie auf verschiedene Zusammensetzungen von Personen, Umständen und Bedingungen treffen. Deshalb sind standardisierte Lösungen zum Scheitern verurteilt. Zudem schaffen sie Ungleichheit von Chancen; denn man kann nicht mit vorgefertigten Lösungen arbeiten, wenn es darum geht, unter Bedingungen von Ungleichheit mehr Gerechtigkeit zu schaffen.

Zum zweiten sehen Gesamtsystem-Strategien die Lehrerinnen und Lehrer als „Konsumenten" neuer Ideen und Produkte an. Im Grunde wird die Schule als Zulieferinstitution betrachtet. Dabei geht man davon aus, daß die Schule die Lösungen, die auf der Systemebene vorbereitet wurden, einfach adoptiert. Forschungen widerlegen die Triftigkeit dieser Annahme. Sie zeigen, daß Schulen selten eine „Innovation" adoptieren, sondern eher adaptieren, d.h. versuchen, diese Innovationen den Realitäten anzupassen, wobei der „Druck von oben" nur ein Veränderungsfaktor unter anderen sein kann (McLAUGHLIN 1990).

Zum dritten nehmen Gesamtsystem-Strategien an, daß Innovationen zielgetreu zu implementieren sind. Das hat zur Voraussetzung, daß man Ziele etablieren, Mittel rational zuordnen und einen Konsens erreichen kann, der vom gesamten System verstanden und akzeptiert wird und daß die erforderliche qualifizierte Unterstützung für den Veränderungsprozeß zu bewerkstelligen und ein Gefühl von Verpflichtung bezüglich der erwünschten Änderungen zu erlangen ist. Demgegenüber geht aus den Implementationsstudien hervor, daß sich Innovationen nicht umstandslos dem Modell der Forschungs- und Entwicklungszentren einfügen lassen, welches Innovationen in zentralen Einrichtungen auf wissenschaftlicher Basis zu entwerfen und anschließend an die Adressaten zu verbreiten versucht. Dieses Konzept stammt aus dem Technikbereich und hat in Schulen nur sehr geringe Bedeutung. Änderungen in der Schule sind demgegenüber ein komplexer politischer, ideologischer, sozialer, organisatorischer und vor allem pädagogischer Entwicklungsprozeß, die einer eigenen Dynamik folgen. Änderungen von Schulen und in erster Linie Änderungen der Schulkultur (vgl. dazu schon SARASON 1971).

2. Schulkultur als Bezugspunkt

Um diese Entwicklungsdynamik besser verstehen zu können, ist es wichtig, die Forschungsergebnisse über die Wirkungen und Qualität der Schulkultur kennenzulernen.

In den letzten Jahren gibt es vermehrt Versuche, die Kultur von Schule mittels empirischer Forschung zu klären. Sie begannen in der Bundesrepublik mit der Rezeption angloamerikanischer Studien. Eingeleitet wurde sie 1980 durch die Übersetzung der Studie von RUTTER u.a. mit dem Untertitel „Schulen und ihre Wirkung auf Kinder". Besonders prominent wurde RUTTERs u.a. Entdeckung der Wichtigkeit des sog. Schul-Ethos, was nur eine etwas zu anspruchsvolle Umschreibung von Schulkultur ist: „Der kummulative Effekt der verschiedenen Aspekte der Schulsituation scheint mithin erheblich größer gewesen zu sein als der Einfluß irgendeines einzelnen Faktors. Vermutlich entsteht aus dem Zusammenwirken der verschiedenen Situationselemente ein gewisses ‚Ethos‘, eine Grundstruktur bestimmter Wertorientierungen, Einstellungen und Verhaltensmuster, die für die Schule insgesamt charakteristisch wird" (RUTTER u.a., S. 211). Dieses Ethos erwies sich auch in anderen Untersuchungen (vgl. MORTIMORE u.a. 1988) als besonders wichtige Voraussetzung für die „Qualität von Schule", unabhängig von der Zusammensetzung der Schülerschaft. Nicht zuletzt deshalb wurde das Schulethos bald als eine Art empirisch bewiesener Indikator für die „Qualität von Schule" angesehen.

Empirisch ermittelte Indikatoren für Schulleitung sind allerdings nicht unproblematisch. Bereits die Auseinandersetzungen um die Ergebnisse der Gesamtschul-Vergleichsforschung in der BRD und in Großbritannien haben klargemacht, daß einfache und von allen geteilte empirische Kriterien für Schulqualität nicht zur Verfügung stehen: Für nicht wenige derjenigen, die an den Auseinandersetzungen um die Schulsystem-Vergleichsforschung teilhatten, zählt vor allem die kognitive Leistung der Schüler; mehr Chancengleichheit war ihnen weniger wichtig ebenso wie ein besseres Schulklima oder eine schülergemäßere Erziehung. Allein dieser Umstand zeigt, daß empirische Forschung die Fragen einer Wertung in selektiver Weise behandelt.

Ähnlich problematisch ist die Debatte um „Qualität von Schule", bei der zunächst auffällig ist, wie sehr die Begriffe schillern; mal wird von „Qualität" geredet, mal von „Effektivität" und meistens schlicht von „guten" Schulen. Zudem gehen ständig Anlayse und Bewertung durcheinander: Die empirisch ermittelten Merkmale von „effektiven" Schulen werden allzu bedenkenlos als Maßstäbe für Qualität genommen. Noch viel schwerwiegender ist der Einwand, daß Qualitätsmaßstäbe gar nicht aus Datenverarbeitung und Zusammenhangsanalyse gewonnen werden können, sondern bestenfalls aus der Schul- und Bildungstheorie.

Die Kriterien der Schulqualität werden seit einiger Zeit auch im angloamerikanischen Sprachraum problematisiert. GOOD und BROPHY (1986) weisen in einem einflußreichen Aufsatz darauf hin, daß die meisten US-Studien den Inhalt von Schulqualität nicht nur in unzulässiger Weise auf Schuleffektivität verkürzen, sondern zudem noch mit einem ver-

110

engten Effektivitätsbegriff arbeiten. Schulqualität ist für GOOD und BROPHY mehr als Schülerleistung und Schülerleistung mehr als das, was die Bildungsforscher als Schülerleistung messen. Diese messen ihrer Meinung nach nämlich zumeist nichts anderes als den Lernerfolg in ein oder zwei Klassenstufen in ein oder zwei Fächern (GOOD/BROPHY 1986, S. 587).

Etliche Studien, beispielsweise die von BROOKOVER et.al. und RUTTER et.al. beziehen sich demgegenüber auf ein breites Zielspektrum. Demnach sollen nicht nur Schülerleistungen effektiviert werden, sondern ebenso die zwischenmenschliche Qualität des Lernprozesses und die Chancen aller Beteiligten, auch daran teilnehmen zu können. Diese anspruchsvolleren Untersuchungen sind indes ebenfalls nicht unproblematisch. Entweder laufen sie Gefahr, Schulklima und damit auch Schulkultur zu instrumentalisieren, also ein besseres Klima als bloßes Mittel wiederum zur Effektivitätssteigerung des Lernerfolgs einzusetzen, das heißt letztlich, den Eigenwert von Erziehung und zwischenmenschlichem Lernen zu negieren. Oder aber sie verwickeln sich in eine zirkuläre Begründung, bei der nicht mehr deutlich wird, ob ein gutes Klima gute Lernbedingungen fördert oder gute Lernleistungen eine notwendige Voraussetzung für ein angenehmes Klima sind, oder ob es überhaupt Zusammenhänge dieser Art gibt. Zirkulär ist ebenfalls das verbreitete Vorgehen (vgl. PURKEY/SMITH 1983, S. 430), gute Schulen als solche auszuwählen, die augenscheinlich viel leisten, um dann Kriterien der Leistung empirisch zu beschreiben und zu verallgemeinern.

Es ist in der Tat ja auch naiv, mittels empirischer Studien Antworten über „Qualität von Schulen" zu erwarten. „Wie gut sind gute Schulen" ist keine empirische Frage. Empirie ist ihrem Wesen nach deskriptiv, die Frage nach der Schulkultur und der „Qualität von Schulen" normativ. „Quality can always be better", erklärt die OECD (1989, S. 135), aber sie vergißt hinzuzufügen, daß Qualität ein theorie- und interessengeleiteter Begriff ist.

In der deutschen Bildungstradition ist der Versuch gemacht worden, das Zielklärungsproblem durch die Etablierung eines Bildungsideals zu lösen; BOHNSACK (1989) hat daran erinnert. Wenngleich diese Sichtweise den Horizont erweitert,

111

kann auch sie das Problem konfligierender Wertungen angesichts unterschiedlicher gesellschaftlicher Interessen nicht lösen: An eine Alternativschule in der Frankfurter Szene werden andere Vorstellungen eines Bildungsideals herangetragen als an eine Gesamtschule in Duisburg-Rheinhausen oder ein Traditionsgymnasium in Tübingen.

Dennoch verdanken wir der Forschung über gute Schulen einige wichtige Erkenntnisse, zumindest was die Wichtigkeit von Werten und Normen selbst anbetrifft, ob man sie nun Schulethos nennt oder Schulkultur. Die bereits zitierte RUTTER-Studie kann plausibel belegen, daß „die Atmosphäre einer Schule zum großen Teil davon ab(hängt), inwieweit die Schule ein zusammenhängendes Ganzes darstellt, inwieweit ... im Hinblick auf bestimmte Ziele und Methoden ein Konsens besteht, der vom gesamten Kollegium getragen wird (RUTTER u.a. 1980, S. 226). Und „wo die Lehrer im Rahmen eines effizienten Systems auf der Basis konsensfähiger Ziele zusammenarbeiten, entstand ganz offensichtlich auch ein insgesamt günstiges Arbeitsklima, das sich wiederum positiv auf den Unterricht auswirkte" (RUTTER u.a. 1980, S. 227). Allerdings haben RUTTER u.a. auch ermittelt, daß „punktuelle Kooperation wenig nützt und die bloße verbale Verständigung über bestimmte Ziele weitgehend folgenlos" (RUTTER u.a. 1980), S. 231) bleibt.

Was die Ziele einer „guten" Schule sein sollen, kann also nicht vorgegeben werden. Vorgaben führen höchstens zu Verdinglichung von Zielen oder/und zur „inneren Kündigung" der Kollegien, die die Zielvorgaben auf der Oberfläche bejahen („Leerformeln"), im praktischen Handeln jedoch negieren.

3. Qualität des Unterrichts als Gestaltungszentrum

Weiterführender ist womöglich der Versuch, die Lehrertätigkeit als Zentrum schulischer Gestaltung anzusehen und damit die Qualität des Unterrichts.

HELMKE hat in einer interessanten Studie die Qualität von Unterricht zu bestimmen versucht, indem er sich auf zwei augenscheinlich konträre, dafür aber präzis definierte Ziele bezog. Er untersuchte, ob es mit Mitteln des Schulunterrichts möglich ist, alle Schüler im Leistungsniveau zu fördern und *gleichzeitig* die Streuung zwischen den Leistungen der einzelnen Schüler einer Klasse zu verringern („Chancengleichheit"). Mit dieser Problemstellung zeichnet sich HELMKES Studie vor den angloamerikanischen dadurch aus, daß sie ein klares und eindeutiges Zielkriterium für „gute" Schulen postuliert, das zudem noch von höchstem schulpraktischen wie bildungspolitischen Interesse ist.

HELMKE hat beobachtet, daß in einigen Schulklassen überdurchschnittlich qualifiziert und zugleich streuungsmindernd unterrichtet wurde. Er und vor ihm schon BAUMERT u.a. nennen diese Klassen „Optimalklassen". Solche Optimalbedingungen scheinen je nach Schulform und Fach zwischen 15 und 30 Prozent aller untersuchten Klassen zu erfüllen. Im Fach Deutsch scheint die Optimierung eher als in den „Lehrgangsfächern" Mathematik und Englisch zu gelingen (BAUMERT u.a. 1986, S. 646).

HELMKE untersuchte 5. und 6. Hauptschulklassen. Er konnte in seiner Stichprobe von 39 Klassen sechs solcher Optimalklassen entdecken (HELMKE 1988). Er kommt − wie bereits BAUMERT u.a. (1986 und 1987) sowie TREIBER und WEINERT (1982) − zu dem Ergebnis, daß egalisierender Unterricht in den meisten Klassen zur leistungsmäßigen Unterforderung der besseren Schüler führt. Es existiert nur eine einzige empirische Studie, die behauptet, dies gelte ausnahmslos und für alle Klassen. Diese Studie ist allerdings methodisch heftig kritisiert worden (BECK u.a. 1988). BAUMERTs und HELMKEs Untersuchungen sind von einer derart fundamentalen Kritik nicht bedacht worden. Mithin kann als gültig registriert werden, was diese Untersuchungen ebenfalls belegen, daß es nämlich etliche Schulklassen in der Bundesrepublik gibt, in denen eine Verbindung *doch* gelingt und egalisierender Unterricht mit überdurchschnittlichen Leistungszuwächsen einhergeht.

Interessanter als dieses Ergebnis ist der Aufweis der *Bedingungen,* unter denen egalisierender und zugleich qualifizierender Unterricht stattfindet. Zehn solcher Bedingungen von Optimalklassen können in Anlehnung an HELMKE identifiziert werden; sie bezeichnen gleichzeitig Gelingensbedingungen von sogenannten guten Schulen:

(1) Kommen in Optimalklassen Disziplinstörungen vor, greift der Lehrer ohne Zögern ein. Dennoch handelt es sich nicht um autoritär geführte Klassen. Vielmehr gibt es ein System wohlbekannter und funktionierender Verhaltensregeln, die Lehrer und Schüler miteinander vereinbart haben. Aufgrund der Regeln ist den Schülern klar, was in verschiedenen Phasen des Unterrichts zu tun ist. Beispielsweise kommt es in Optimalklassen selten vor, daß Schüler nach Beendigung ihrer Stillarbeitsaufgaben nicht wissen, was sie anschließend tun sollen. Selten treten Verzögerungen ein, weil z.B. kein Ordnungsdienst für Tafelreinigung eingeteilt ist, oder weil der Lehrer wegen Lappalien – z.B. Bleistiftspitzen – um Erlaubnis gefragt werden muß.

(2) Optimalklassen sind lehrstofforientiert. Dies soll heißen, daß Lehrer in Optimalklassen die zur Verfügung stehende Unterrichtszeit intensiv für die Behandlung des Unterrichtsstoffs nutzen („time on task"). Es wird wenig Zeit mit Angelegenheiten verbracht, die nicht auf Unterricht bezogen sind, wie z.B. Geld einsammeln. Gewiß wird Geld eingesammelt, aber gut organisiert und zügig. Es ist im übrigen keineswegs so, daß die Lehrer der Optimalklassen einen Teil der Stoffbewältigung in den Hausaufgabenbereich verlagern. Das größte Ausmaß an Hausaufgaben stellt HELMKE bei sog. Negativklassen fest, die eine überdurchschnittliche Leistungsentwicklung und zugleich eine starke Vergrößerung der Leistungsstreuung verzeichnen. Eine verstärkte Hausaufgabenbelastung scheint also eher zu einer Verschärfung der Leistungsunterschiede zu führen. Dies ist auch insofern plausibel, als die Qualität und Intensität der Hausaufgabenbetreuung von Elternhaus zu Elternhaus stark schwanken.

(3) Eine wichtige Bedingung für Optimalklassen ist die Art der Lehr-Lern-Organisation. So fällt insbesondere die häufige Bildung von Kleingruppen ins Gewicht. Dabei spielen Hilfen für einzelne Schüler keine gewichtige Rolle. Die Lehrerin, die sich ja nicht beliebig auf Schüler verteilen kann und nicht beliebig viel Zeit hat, bezieht individualisierende Arbeiten gerade nicht auf einzelne Schüler, sondern mehr auf Zweier- oder Dreier-Gruppen, die ähnliche Probleme haben

und die sie entsprechend zusammensetzt. Sie ist dadurch effektiver in der individuellen Förderung.

(4) Besonders auffällig ist in Optimalklassen die Variation des Schwierigkeitsgrades von Anforderungen, die durch Lehrerfragen gestellt werden. Lehrer in Optimalklassen unterscheiden sich deutlich von anderen Lehrern hinsichtlich der Häufigkeit anspruchsvoller Fragen, d.h. Fragen, die auf Verständnis, Problemlösen oder Anwendung abzielen. Der Anteil anspruchsvoller Fragen ist bei Lehrern der Optimalklassen nahezu doppelt so hoch wie beim Durchschnitt der übrigen Klassen.

(5) Die Lehrer der Optimalklassen sorgen nicht nur für Variationen der Schwierigkeitsgrade, sondern zeichnen sich auch durch eine gute Dosierung der Fragen aus. In Optimalklassen geben deutlich weniger Schüler an, durch schwierige Fragen überfordert zu sein. Die Lehrer stellen wohl (und gerade) schwierige und anspruchsvolle Fragen, aber sie dosieren sie und stellen sie gut vorbereitet sowie im rechten Moment.

(6) Weiterhin sind Lehrer in Optimalklassen durch eine ausgesprochene Förderungsorientierung gekennzeichnet. Der Akzent liegt bei der Beschäftigung mit leistungsschwachen Schülern, denen ihre Hauptsorge gilt.

(7) Eine Schlüsselrolle für eine erfolgreiche Koppelung überdurchschnittlich egalisierender und überdurchschnittlich qualifizierender Leistung kommt dem Tempofaktor zu. In Klassen, in denen eine Koppelung von Egalisierung und günstiger Leistungsentwicklung gelingt, vermeiden es die Lehrer weitgehend, ihre Schüler mit solchen Anforderungen zu konfrontieren, deren Bewältigung auf Schülerseite eine hohe Geschwindigkeit informationsverarbeitender Prozesse voraussetzt. Lehrer in Optimalklassen zeigen Toleranz für Langsamkeit. Sie legen geringen Wert darauf, daß die Schüler sich auf Kommando äußern, schnell Kopfrechnen, Fragen „wie aus der Pistole geschossen" beantworten, usw. Sie nehmen dadurch bedingte zeitliche Verzögerungen des Unterrichtsfortschritts in Kauf. Vermutlich bemühen sich diese Lehrer mehr als andere um Gelassenheit und Geduld bei den Schülern wie bei sich selbst.

(8) Als weitere wichtige Bedingung für optimalen Unterricht bezeichnet HELMKE die diagnostische Sensibilität des Leh-

rers. Sie beziehen die Diagnosefähigkeit auf die affektiven Lernvoraussetzungen der Schüler, genauer: auf die konkrete Ausprägung der Leistungsangst. Lehrer müssen wissen, wann, wo und wie bei den Schülern Angst vor Leistungsversagen auftritt. Im Gegensatz dazu spielt die Genauigkeit der Diagnose von Unterschieden im Leistungsstand offenbar keine so große Rolle. Mit anderen Worten: Ganz besonders wichtig ist die diagnostische Fähigkeit von Lehrern für die optimale Befindlichkeit von Schülern.

(9) Die neunte Bedingung für optimalen Unterricht betrifft das alltägliche Lehrerverhalten: Die Lehrer in Optimalklassen sind bei ihren Schülern beliebter und werden als humorvoller erlebt. Die Schüler erfahren von ihnen häufiger Lob, Ermutigung und Freundlichkeit.

(10) Zehntens und letztens geht aus der HELMKE-Studie hervor, daß leistungsorientierter Unterricht kein Selbstzweck ist und schon gar nicht umstandslos zu den gewünschten Zielen führt. Überdurchschnittliche Leistungsförderung aller Schüler erzielt nur, wer keinen engen Leistungsbegriff anlegt, wer auf geschwindigkeitsbetonte Leistungsanforderungen verzichtet und wer in der Lage ist, Leistungsangst bei Schülern abzubauen.

4. Qualität von Unterricht weist auf die Qualität der ganzen Schule zurück

Aus HELMKEs Studien können einzelne Lehrer gewiß versuchen, den einen oder anderen Hinweis, der sich als wirksam für guten Unterricht erwiesen hat, in das eigene Unterrichtskonzept einzubauen. Ebenso können sie sich Anregungen aus dem reichhaltigen Unterrichtsrepertoire der Reformpädagogik holen, und sie können die Schülerinnen und Schüler zu mehr Eigentätigkeit anregen. Weiterentwicklung des eigenen Unterrichts ist wichtig, ja unerläßlich für Schulentwicklung. Aber: Schule ist mehr als ein Lehrerarbeitsplatz oder eine Unterrichtsanstalt. Wesentliche der von HELMKE identifizierten Bedingungen guten Unterrichts weisen über den Arbeitsplatz eines einzelnen Lehrers hinaus wie Regeln vereinbaren, Gruppenarbeit, diagnostische Tätigkeit oder

Klärung des Leistungsverständnisses. Aber noch viel wichtiger und wirksamer als eine Orientierung an bestimmten Unterrichtsmerkmalen ist, daß sich Lehrerinnen und Lehrer mit ihren Kolleginnen und Kollegen über Erfahrungen austauschen, am besten über gemeinsame Erfahrungen, und gemeinsam Konzepte entwickeln — Voraussetzung dafür sind gegenseitige Hospitationen. Lehrer könnten z.B. versuchen, Leistungsängste bei Schülern zu erkennen und abzubauen, und sie können auch besprechen, wie sie empfohlene „Toleranz für Langsamkeit" praktizieren können, ohne die Lehrstofforientierung zu vernachlässigen. Das macht deutlich: Optimaler Unterricht muß sich am Ganzen der Schule orientieren. Qualitätsverbesserung von Unterricht ist ohne Qualitätsverbesserung von Schule nicht leistbar.

Das allerdings übersteigt die normalen Alltagserfahrungen von Lehrern. Lehrer sind wohl gewohnt, an der Qualität des Unterrichts zu arbeiten. Das ist ihr zentrales Interesse. Qualität der ganzen Schule indes ist eine völlig neue Perspektive für sie.

Kinder erfahren demgegenüber ihre Schule nicht nur beim Unterricht im Klassenraum, sondern im ganzen Haus, auf dem Hof, im Zusammenleben mit den anderen Kindern, ihren Lehrerinnen und Lehrern, dem Hausmeister, der Sekretärin. Sie nehmen wahr, wie andere Kinder und die Erwachsenen miteinander umgehen. Schule ist für sie auch Lebens- und Erfahrungsraum. Sie muß darum als Ganzes gestaltet und verantwortet werden. Ganzheitlich gestalten kann keine Lehrerin und kein Lehrer allein. Ganzheitliche Gestaltung ist Aufgabe des ganzen Kollegiums. Gemeinsam die eigene Schule in den Blick nehmen, sich den Stand der pädagogischen Arbeit bewußt machen, die verbindlichen Vorgaben im Hinblick auf die Kinder dieser Schule in konkrete pädagogische Arbeit umsetzen, sich in grundsätzlichen Fragen um Konsens bemühen, pädagogische Aktivitäten aufeinander beziehen und miteinander abstimmen, die Individualität der Kinder und der Lehrerinnen und Lehrer ernst nehmen, ihre Fähigkeiten, Ideen und Interessen einbeziehen, schulische Aktivitäten für Eltern transparent machen und sie daran beteiligen — ist eine Überforderung für jeden einzelnen Lehrer. Aber es trägt noch mehr als guter Unterricht zur Weiterentwicklung der Schule bei. So schließt sich der Kreis: Weiterentwicklung der Schule bedeutet in der Quintessenz die Weiterentwicklung der Schulkultur. Wenn es außerdem so ist, daß die Schulkultur die Schülerleistungen und das Schülerverhalten in besonders bedeutsamer Weise beeinflußt, dann befriedigt es nicht, Faktoren einer förderlichen Schulkultur bloß zu identifizieren. Dann lautet die entscheidende Frage: Wie kann die Qualität der Schulkultur verbessert werden, oder: Was kann man tun, um ein gutes Schulethos zu erreichen, wie RUTTER u.a. das Ganze einer Schule in der schon weiter oben zitierten Studie nennen.

5. Zurück zur Gesamtsystem-Strategie — aber in veränderter Form

Die Kultur einer Einzelschule zu verbessern heißt, eine neue Praxis zu institutionalisieren. Dabei hat Institutionalisierung eine doppelte Bedeutung. Zum einen muß der Inhalt oder der Gegenstand der neuen Praxis institutionalisiert werden. Institutionalisierung bedeutet hier Veralltäglichung oder Routinisierung von Neuerungen. Das kann an der Durchführung von Projektwochen klargemacht werden: Für einige Schulen bleiben Projektwochen „Eintagsfliegen"; sie werden einmal, höchstens zweimal veranstaltet und nie wieder. Hier kann von einer Institutionalisierung keine Rede sein. Andere Schulen veranstalten Projektwochen regelmäßig. Hier bahnt sich zwar eine Institutionalisierung der Projektwoche an, nicht jedoch eine Institutionalisierung des Projektunterrichts. Letzteres wäre erst der Fall, wenn Lehrkräfte — durch die Projektwoche angeregt — zunehmend häufig über die Unterrichtsfächer hinaus zusammenarbeiten und mit den Schülern zusammen Projekte durchführen. Dann würde sich die Projektmethode im Unterricht veralltäglichen, und eine vollständige Institutionalisierung hätte stattgefunden.

Institutionalisierung hat aber noch eine zweite Bedeutung. Es ist bekanntermaßen nicht einfach, eine Neuerung in der Schule zu veralltäglichen. Je mehr sie eine Verhaltensänderung initiiert und je näher sie der Ebene des unterrichtlichen Handelns kommt, desto schwieriger werden Implementationen und Institutionalisierung. Deshalb ist es nötig, ein Unterstützungssystem für Neuerungen aufzubauen, das fester Bestandteil der Schulorganisation wird. Dieses Unterstützungssystem institutionalisiert die Neuerung auf einer höheren Ebene. Von dieser zweiten Bedeutung von Institutionalisierung könnte man etwas zugespitzt sagen, daß sie auf eine Institutionalisierung der Institutionalisierung hinausläuft. Erst wenn sie gelingt, gelingt eine dauerhafte Fortentwicklung der Schulkultur.

Es ist nicht zu erwarten, daß eine einzige Person oder eine kleine Gruppe der Leitung in der Lage ist, eine solche Entwicklung zu tragen. Es muß vielmehr dafür Sorge getragen werden, daß alle Betroffenen Zeit und Gelegenheit erhalten, die dazu nötigen Zusatzqualifikationen zu erwerben. Das bedeutet im Kern eine Weiterentwicklung des Qualifikationspotentials des ganzen Kollegiums. Dieses kann eine Schule häufig nicht aus sich heraus erreichen; deshalb muß sie durch Externe unterstützt werden, vor allem durch die Schulaufsicht. Kommt die Unterstützung durch Supervisoren, pädagogische Institute und Schulentwicklungsmoderatoren hinzu, entsteht ein umfassendes Unterstützungssystem. Ein solches Unterstützungssystem hätte auch die Aufgabe, Entwicklungsimpulse und -programme aus einzelnen Schulen aufzunehmen und an andere Schulen weiterzugeben. Das Unterstützungssystem weist notwendig über die Ebene der Einzelschule hinaus und bringt das Gesamtsystem wieder in den Blick.

Das Gesamtsystem gewinnt noch aus einem weiteren Grunde erneut an Bedeutung, allerdings in anderer Weise als bisher. Schulen als „pädagogische Handlungseinheit" setzen einen hohen Grad an Gestaltungsautonomie voraus, die in vielfältigster Weise genutzt werden kann. Begriffe wie „Profilbildung", „Schulprogramme", „Gestaltung und Öffnung von Schule" oder „Stadtteilschule" kennzeichnen diese Vielfalt. Vielfalt ist nicht nur Ausdruck von Autonomie, sondern sie verschärft gleichzeitig das Problem der Vergleichbarkeit von Schulen ebenso wie das der Qualitätssicherung und stellt mithin neue Anforderungen an die Schulaufsicht sowohl als Steuerungs- als auch als Unterstützungssystem.

So weist das Unterstützungssystem in dem Maße, in dem es notwendigerweise ausgebaut wird, auf die Gesamtsystem-Strategie zurück. Es bringt die Makropolitik wieder ins Spiel, die nicht nur die Finanzen und sonstige Ressourcen stellen und die Rahmenbedingungen gestalten, sondern ein Qualitätssicherungssystem etablieren muß, welches sowohl die Gleichheit der Lernbedingungen in öffentlichen Schulen verbürgt als auch der Eigenart pädagogischer Ziele und dem professionellen Zuschnitt der Lehrerarbeit und damit der Einzelschule gerecht wird. Insofern handelt es sich hier auch nicht um einen Rückfall auf den Ausgangspunkt dieses Beitrages, sondern eher um den Versuch, die Makropolitik in neuer Perspektive zu sehen: als Unterstützungssystem.

Wenn abschließend ein Fazit gezogen wird, so könnte es lauten, daß dem Aus- bzw. Aufbau eines Unterstützungssystems eine Schlüsselrolle für den Fortgang der Schulentwicklung zufällt. Dieses Fazit trifft fraglos für den Fall zu, daß schulstrukturelle Probleme nicht bestehen und es allein um die Fortentwicklung der pädagogischen Arbeit geht, wofür die Grundschulreform ein vorzügliches Beispiel ist. Wenn allerdings strukturelle Probleme einer Schulform — wie etwa der Hauptschule — unübersehbar geworden sind, sind sie auf der Ebene der Einzelschule nicht mehr zu lösen; dann kommt die Gesamtsystem-Ebene ebenfalls wieder in den Blick, und zwar als Strukturpolitik.

Ansätze zur Verbesserung der Schulkultur sind also keine Alternative zur Reform der Schulstruktur. Es geht nicht um ein Entweder-Oder, sondern um beides, um Verbesserung von Schulkultur und Schulstruktur. Daraus ergibt sich: Die Debatte um „die Schule als pädagogische Handlungseinheit" ist nicht geeignet, eine Patentlösung im Streit um die Strukturreform der Schule zu liefern. Aber sie bietet einen guten Anlaß, eine Daueraufgabe von Schulentwicklung neu anzupacken: Sich Rechenschaft über die bildungstheoretischen und pädagogischen Ziele zu verschaffen und gemeinsam im Kollegium an deren Realisierung arbeiten. Und wenn dieses konsequent genug getan wird, dann wird auch die Notwendigkeit struktureller Veränderung des Schulsystem deutlich werden.

Strukturreformen zu realisieren übersteigt allerdings die Kraft eines einzelnen Kollegiums. Hier ist vor allem die Bildungspolitik gefordert — nach wie vor.

VII. Die Schule als besondere soziale Organisation[1]

Das Schulsystem ist die zahlenmäßig größte, technisch einfachste und sozial komplizierteste Organisation mit dem qualifiziertesten Personal. Wenn man sie weiterentwickeln will, ist es von Vorteil, sie als eine ganz besondere Lernorganisation zu betrachten, deren Entwicklungsperspektive im Organisations-Lernen liegt. Was das im einzelnen bedeutet, soll im folgenden dargelegt werden.

1. Die Schule als soziale Organisation

Die einzelne Schule ist zunächst als eine Organisation wie andere auch zu betrachten, selbst wenn gelegentlich bezweifelt wird, daß die Schule überhaupt eine Organisation ist. SERGIOVANNI beispielsweise zieht es vor, die Schule als Gemeinschaft und nicht als Organisation zu verstehen (SERGIOVANNI 1992, S. 41). Richtig daran ist, daß es auch und gerade Gemeinschaften in der Schule gibt, vor allem unter den Schülern und auch unter Lehrern. Die Schule ist aber etwas wesentlich anderes als Gemeinschaft. Die öffentliche Schule ist eine Pflichteinrichtung, Gemeinschaften sind das gerade nicht. Die Schule ist Organisation und nicht nur Gemeinschaft auch in dem Sinne, daß sie bestimmte Zwecke oder Aufgaben in kontinuierlicher und möglichst effektiver Weise zu erfüllen genötigt ist. Das Schulsystem hat in den industrialisierten Ländern vermutlich mehr Mitglieder als jede

---

1 Dieses Kapitel entstand als Beitrag zum H.4/1992 der "Zeitschrift für Sozialisationsforschung und Erziehungssoziologie"

andere Einrichtung, selbst wenn man die großen Kirchen einbezieht, so daß es allein deshalb nach Organisation verlangt. Zählt man nur das feste Personal, also Lehrerinnen und Lehrer sowie Schulverwaltung und Schulaufsicht, wird die immense Größe noch nicht so deutlich wie wenn man die „fließenden" oder „temporären" Mitglieder mitzählt, also die Schülerinnen und Schüler, die ja über ein Jahrzehnt hinweg auch so etwas wie feste Mitglieder sind. Zudem gehören auch die Eltern mehr oder weniger fest zur Schule ihrer Kinder.

Das Großsystem Schule ist technisch einfach und — abgesehen von den Berufsschulen — kaum mit Apparaten und Maschinen ausgestattet, weil Maschinen zur Erfüllung seiner Aufgaben nicht nötig sind. Die Einzelschule wie das System sind aber sozial hochkomplex. Das betrifft sowohl die Aufbau- als auch die Ablauforganisation. Die Aufbauorganisation bezieht sich u.a. auf

— die regionale und sozial-hierarchische Gliederung,
— den Aufbau und die Gliederung des Schulsystems nach Schulstufen und Schularten,
— die Aufgaben der Organisationsmitglieder sowie ihre Pflichten und Rechte,
— die Ressourcenverteilung, die rechtlichen Rahmenvorgaben und die Hierarchie,
— die Zuweisung zu Stellen und Stellengruppen sowie
— die materiellen und informationalen Verbindungen zwischen ihnen.

Zur Aufbauorganisation gehören auch die Schulverwaltung und die Schulaufsicht, wobei die Schulverwaltung in der Regel vom Schulträger und die Schulaufsicht bei privaten Schulen ebenfalls vom Träger, bei staatlichen allerdings von staatlichen Instanzen ausgeübt wird.

Die Ablauforganisation betrifft die Prozesse innerhalb der Aufbauorganisation bzw. zwischen den Akteuren auf allen Ebenen und Instanzen sowie zwischen ihnen.

Die Schule ist also eine soziale Organisation wie andere auch, zumindest im Sinne der gebräuchlichen Kurzdefinition, daß *Organisation dauerhafte soziale Gebilde zum Zwecke der Erreichung gemeinsamer Ziele sind* (vgl. MAYNTZ 1968).

122

Dieser konventionellen Bestimmung von Organisationen werden allerdings seit Jahren kritische Einwände sowie alternative Sichtweisen entgegengestellt, die TÜRK (1989) zusammengefaßt hat. Danach sind Organisationen nicht nur als formale Systeme zu begreifen, sondern als lebensweltlich begründete Handlungszusammenhänge mit eigenen und unverwechselbaren Kulturen und Subkulturen. Diese Kulturen wirken weltbildprägend, und zwar sowohl integrativ als auch (über Subkulturbildung) separierend. Die übergreifenden Kulturen sind zum Teil sehr stark traditional orientiert; einige der Subkulturen wenden sich indes gerade gegen die traditionelle Organisationskultur.

Gegen den Rationalismus des konventionellen Organisationsmodells spricht vor allem, daß Organisationen nicht oder nur rudimentär über eine objektiv-versachlichte Struktur verfügen, sondern vielmehr über subjektiv differierende „kognitive Landkarten": Soviele Menschen man über die Organisationsstruktur befragt — soviele verschiedene Bilder erhält man, selbst wenn sie sich nur wenig unterscheiden. Die Frage nach der ‚wirklichen' Organisationsstruktur erweist sich danach als zu simpel.

Es bilden sich weniger allgemein geteilte objektive Strukturen heraus, aber desto mehr Regeln der Interaktion. Diese Regeln können dabei durchaus auf der oberflächlichen Fiktion eines Konsenses beruhen. Gegenstand der Organisationsforschung können nach solchen Vorstellungen, die auf Phänomenologie und Ethnomethodologie beruhen, mithin nicht nur objektive Strukturen sein. Demgegenüber wird die Rekonstruktion kommunikativen Handelns in Organisationen zum Gegenstand von Forschung.

Hinzu kommt, daß Organisationen nicht oder nur rudimentär stabil sind. Tatsächlich sind sie permanent in Bewegung: Sie erreichen Stabilität gerade nicht durch Gleichgewicht und Statik, sondern durch Bewegung. Organisationen verändern sich sozusagen durch Adaptation, indem Anforderungen wechseln, Aufgaben sich neu formieren und Autoritäten sich etablieren bzw. in Frage gestellt werden. Sie verändern sich auch dadurch, daß permanente Lernprozesse des Personals stattfinden: Jeder hat jeden Tag die Chance, durch Erfahrungen des vorangegangenen Tages klüger zu werden. Nicht zuletzt aus diesem Grunde ist der Faktor Zeit von Be-

deutung: Das Alter der Organisation insgesamt, das Dienst-
und Lebensalter der Akteure, ihre Interaktions- und Arbeits-
geschichte, die Kooperations- und Kulturgeschichte von Ab-
teilungen.

Organisationen werden in der neueren Organisationstheorie
daher nicht als zweckrationale, geplant-monolithische
Blöcke aufgefaßt. Eher kann man sie als „lebendige" Systeme
ansehen, in denen organisationale Regeln Ressourcen und
Restriktionen für Machtspiele zur Verfügung stellen. Organisationen stellen sich danach weniger als nur der Sache ver-
pflichtete Bürokratien dar, sondern eher als widerspruchs-
volle „konflikthafte politische Ökonomien" (TÜRK), in
denen um die Kontrolle über Ressourcen zum Aufbau mate-
rieller, kultureller und sozialer Kapitalien gerungen wird. Die
Formulierung „offizieller" Ziele dient häufig nur der rituel-
len Selbstdarstellung der Organisation nach außen oder gegenüber dem weniger mächtigen Organisationspersonal. Sie
haben dann Mythencharakter. Ziele werden zudem häufig
erst nachträglich formuliert: Sie sind selbst Handlungspro-
dukte. Sie werden im Handeln hervorgebracht und sind somit nicht erklärende Variable, sondern selber erklärungsbe-
dürftig.

2. Besonderheiten der Schule

Auf den ersten Blick ist die Schule also keine besondere In-
stitution, sondern eine formale soziale Organisation wie andere auch. Sie ist eine Unterrichtsanstalt mit hierarchischem
Stellenkegel, Arbeitsteilung, Leistungsorientierung und
zweckrationaler Ausrichtung des Verwaltungshandelns. Sie
produziert Zensuren sowie Zertifikate, und sie verteilt sie in
bürokratischer Manier auf Schüler wie auf Lehrkräfte.

Aber die Schule ist gleichzeitig eine Bildungs- und Erzie-
hungseinrichtung, die mehr und anderes sein muß als eine
Bürokratie, wenn sie ihren Auftrag erfüllen will. Und die
Schule ist nicht einfach eine ökonomisch-technische Pro-
duktionseinheit, deren Ergebnis durch Anwendung des ökonomischen Prinzips mit einem Vergleich von Input und Out-
put saldierbar ist. Das kann an sechs besonderen Merkmalen
der Schule plausibel gemacht werden:

2.1 Bildungsauftrag — Vermittlung von Inhalten

Das Besondere der Schule liegt zuvörderst im Bildungsauftrag begründet, der im Unterschied etwa zur Familienerziehung in erster Linie über Inhalte vermittelt werden muß, d.h. über Wissen und Vorstellungen, Ideen und Ideale. Der Bildungsauftrag prägt den Alltag und die Ablauforganisation der Schule und damit das, was im vorigen Kapitel Schulkultur genannt wurde.

Die Vermittlung von Inhalten durch die Schule ist mehr als bloße Informationsweitergabe. Dies ist nicht nur wegen des (im nächsten Abschnitt zu behandelnden) pädagogischen Bezuges der Fall, sondern wegen des „Bildungsgehaltes" der Inhalte, um den sich Schule bemühen soll. Was hiermit gemeint ist, wurde vor allem von der geisteswissenschaftlichen Pädagogik herausgearbeitet und hervorgehoben. Mit den Worten von Wilhelm FLITNER steht den Schülern „die Welt der bildenden Inhalte gegenüber" (FLITNER 1974, S. 103). Er bezieht sich auf einen anthropologischen Grundtatbestand, um zu bestimmen, was das meint: „Der Mensch ist nicht Sache unter Sachen, sondern Person und Gemeinschaft in einer Welt seiner Gegenstände und Güter. Im Symbolisieren und Denken muß er die Gegenstandswelt ‚meinen' und ‚setzen'; die Erzeugnisse seines Symbolisierens und Denkens kann er selbst wieder behandeln, sich ihrer erinnern, sie dauernd bewahren, verwandeln. So werden sie zu Sinngefügen, zu objektiviertem Geist, der eine zweite Welt für uns wird ... Wir sind von dieser Welt geistig erschaffen, wie wir in die Natur geschaffen sind" (ebenda). In der Folge davon hat der Erziehungsprozeß eine inhaltliche Seite, die sich darstellt „als das Erschaffenwerden des geistigen Menschen durch diese geschichtliche objektivierte Geisteswelt ... Der Gehalt der geistigen Welt, der in den individuellen Entwicklungsprozeß eingeht, wird als Sachgehalt der Bildung, als Bildungsgehalt bezeichnet" (ebenda).

Nicht alle Inhalte haben demnach auch Bildungsgehalt, weshalb die Vermittlung von Inhalten in der Schule durch bildungstheoretisch zu legitimierende Bildungs- und Lehrpläne gesteuert wird. Diese Pläne sind mehr als Stoffverteilungspläne. Sie benennen Inhalte, die durchaus aus gesellschaftlich notwendigen Informationen oder nützlichem Wissen bestehen, dieses aber auch transzendieren, weil sie einem Bildungsauftrag dienen, zumindest dem Anspruch nach, also Bildungsgehalt haben oder Bildungswissen darstellen, wie es in Kapitel II heißt.

2.2 Der pädagogische Bezug — begrenzte Technologisierbarkeit

Schulen bestehen aus Mitgliedern. Diese Feststellung ist nicht nur trivial, sondern gerade für Schulen bedeutsam, deren in mancher Hinsicht auffälligstes Merkmal darin besteht, daß die Masse der Mitglieder Kinder und Jugendliche, also Heranwachsende sind. Diese haben einen besonderen Status. Sie sind einerseits nicht Vollmitglieder wie das Lehrpersonal (sie sind nur temporäre Mitglieder mit eingeschränkten Rechten), wobei die Schule als Organisation jedoch ihren einzigen Grund in der Aufnahme gerade dieser Schüler hat. Das besondere Verhältnis von Heranwachsenden zu Erwachsenen ist für die Schule geradezu konstitutiv. In der Tradition der geisteswissenschaftlichen Pädagogik wurde dieses Verhältnis als „erzieherisches Verhältnis" begriffen, dessen Grundlage „das leidenschaftliche Verhältnis eines reifen Menschen zu einem werdenden Menschen, und zwar um seiner selbst willen" ist (NOHL 1982, S. 134). Für NOHL war das letzte „Geheimnis der pädagogischen Arbeit der richtige pädagogische Bezug (. . .), das heißt das eigene schöpferische Verhältnis, das Erzieher und Zögling verbindet" (NOHL 1949, S. 153), wobei er auf der Seite der Erzieher „Liebe" und „Haltung" voraussetzt und auf der Seite der Zöglinge „Vertrauen, Achtung und ein Gefühl eigener Bedürftigkeit" (ebenda).

Wenn diese Bestimmung des pädagogischen Bezugs auch kritikwürdig ist, u.a. weil sie sich eher an einer erzieherischen Dyade denn an Gruppensituationen in der Schulklasse orientiert, den Dialog über- und die Asymmetrie unterbetont oder die Ansprüche idealisierend überhöht, so sehr ist sie doch geeignet, das Besondere des pädagogischen Handelns zu betonen: Erziehungsprozesse lassen sich nur zum Teil zweckrational organisieren und nur begrenzt technologisieren. Sie beruhen auf persönlicher Begegnung. Technologien im Sinne von den Zielen fest zugeordneter Mittel sind in der Schule häufig fehl am Platz. An deren Stelle treten je individuelle Orientierungen am Menschen und an dessen Befindlichkeit. Der pädagogische Prozeß ist kein mechanischer, und mißversteht man ihn als mechanisch, so führt er nur zu den bekannten „pädagogischen Gegenteileffekten" (z.B. radikale Schüler konservative Lehrer). Bildungsprozesse sind nichts Äußerliches und nichts Äußeres. Sie gehen durchs Bewußtsein, und sie sind ohne Eigenanteil des Aufwachsenden nicht möglich. Schüler und Schülerinnen müssen sich Inhalte aktiv aneignen, d.h. es in vorhandene Strukturen integrieren, diese vielleicht weiterentwickeln, die Bedeutungen erschließen und den Sinn interpretieren, Erfahrungen kodieren und Zusammenhänge konstruieren. Lehrer können dabei hilfreich sein, aber den Prozeß nicht „beherrschen".

Diese eher grundsätzlichen Überlegungen schließen nicht aus, daß selbstverständlich ein beachtlicher Teil des Unterrichts sehr wohl technologisierbar ist und auch technologisiert wird, u.a. durch Lernprogramme, vor allem aber durch methodisch orientierte Didaktiken. Das Argument lautet – genauer formuliert –, daß sich nicht alle pädagogischen Akte technologisieren lassen, vermutlich die anspruchsvollsten und sensibelsten am wenigsten, daß die Technologisierbarkeit also begrenzt ist.

2.3 Die Schüler stehen im Mittelpunkt – Fallverstehen als Grundlage pädagogischen Handelns

Wenngleich der pädagogische Bezug ein gegenseitiges Verhältnis zwischen Erzieher und Zögling, also zwischen Lehrer und Schüler, ausdrückt, stehen dabei doch die Schülerinnen und Schüler im Mittelpunkt. Dieses entspricht zwar nicht immer, vielleicht sogar kaum der Realität im Klassenzimmer, ist jedoch seit PESTALOZZI und erst recht seit der reformpädagogischen Bewegung, die das „Jahrhundert des Kindes" ausrief, der unumstrittene schulpädagogische *Anspruch*.

Die Schule ist also schülerorientiert. Selbst wenn Lehrkräfte es wollten, könnten sie sich nicht als Person aus dem pädagogischen Prozeß völlig heraushalten. Sie sind nicht nur Wissens- und Erkenntnisvermittler, sie sind auch Erzieher, Anwälte der Kinder, Vorbilder oder negativ besetzte Symbolfiguren, konfrontiert mit oder herausgefordert durch persönliche Zuwendung. Sie sind letztlich verpflichtet, jede einzelne Schülerin und jeden einzelnen Schüler pädagogisch zu betreuen. Voraussetzung dafür ist „Fallverstehen", wie die neuere Handlungstheorie (vgl. OEVERMANN 1983) argumentiert. Zwar hat es ein Lehrer normalerweise mit einer ganzen Klasse und nicht mit einer Person als „Fall" zu tun, wie das für Richter, Ärzte oder Therapeuten eher typisch ist. Aber die Schüler stehen immer dann als „Fall" im Mittelpunkt, wenn sich Lehrer um einzelne Schüler bemühen müssen, wenn diese positive oder negative Auffälligkeiten zeigen, wenn sie Lernschwierigkeiten haben oder sonst Hilfe benötigen, aber auch wenn sie Auszeichnung verdienen. Dann sind Lehrerinnen und Lehrer aufgerufen, den einzelnen Fall als besonderen zu verstehen und für den Schüler stellvertretend zu deuten, was nur in Interaktion mit dem Schüler möglich ist, was diagnostische Erfahrungen voraussetzt und wissenschaftliches Wissen, das Lehrer zum Studium erworben haben, das aber immer wieder aufgefrischt werden muß. Bei Lernschwierigkeiten beispielsweise muß der Lehrer, um den Fall adäquat verstehen zu können, Motivations- und Angsttheorien kennen und nicht nur behavioristische, sondern auch kognitive oder psychoanalytische. Denn zunächst ist unentschieden, ob die Lernschwierigkeiten auf Verhaltensprobleme zurückgehen, wobei behavioristische Theorien zum Fallverstehen beitragen könnten, oder auf kompliziertere Umstände, die sich mittels kognitiver Entwicklungstheorien bzw. Psychoanalyse besser verstehen ließen. Und wenn ein Lehrer einen Fall verstanden hat, bleibt immer noch die pädagogische Frage, wie er damit umgeht, was er dem Schüler sagt und welche Interaktionen er intendiert.

2.4 Lehrer als unvollendete Professionelle — gebrochene Kontrolle

Lehrer, die einen Fall verstanden haben, deuten ihn sozusagen stellvertretend für ihren Schüler. Stellvertretende Deutung und Fallverstehen sind nach Oevermann wesentliche Strukturmerkmale professioneller Berufe. Professionelles Handeln liegt — mit anderen Worten — dann vor, wenn ein

Berufstätiger jenseits einer technisch-rationalen Anwendung von Wissen solche Entscheidungen treffen muß, die für die Lebenspraxis bestimmter Anderer bedeutsam sind.

Eine „stellvertretende Deutung" geschieht in einem Prozeß der Verständigung zwischen Klient oder Patient einerseits und einem Professionellen, der sich wegen der Eigenarten der Fälle nicht standardisieren läßt. Administrative Kontrolle und externe Evaluation von Erziehungshandeln sind aufgrund dieser besonderen Handlungslogik unangebracht und auch nur begrenzt realisierbar. Hieraus ergibt sich die Notwendigkeit einer beruflichen Autonomie.

Diese ist aber beim Lehrer begrenzt. Denn Lehrerinnen und Lehrer sind in Deutschland und in einigen anderen Ländern Beamte. Das stellt im Vergleich zu den übrigen Professionen eine Besonderheit dar. Der Beamtenstatus verpflichtet die Lehrkräfte zur Einhaltung übergeordneter Ziele der staatlichen Schule wie Chancengleichheit, ein wie auch immer verstandenes „nationales" Curriculum, vergleichbare Standards oder auch partei-politische Neutralität. Insofern verlangt der Beamtenstatus nach staatlichen Kontrollen. Auf der anderen Seite verweist die professionelle Tätigkeit auf Autonomie. Dieser Widerspruch führt zu einer immanenten Kontrollunsicherheit, und er ist Ausdruck einer unvollendeten Professionalisierung. Es kommt hinzu, daß sich aufgrund der dargelegten Grenzen der Technologisierbarkeit des pädagogischen Prozesses die Erfolge der Lehrkräfte und damit auch der Schule nur sehr schwer feststellen lassen. Einfache, auf Wissensvermittlung bezogene Ziele lassen sich noch am ehesten auf ihre Erreichung hin überprüfen, z.B. durch Klassenarbeiten oder Tests. Die anspruchsvolleren Bildungsziele entziehen sich jedoch einer eindeutigen Erfolgskontrolle, die zudem nur sehr langfristig angelegt werden könnte und allein deshalb wenig handlungsrelevant ist. In der Regel zeigt sich erst im Erwachsenenleben, ob die Schulzeit erfolgreich war. Und auch dann läßt sich nicht eindeutig feststellen, ob es Erfolge der Schule oder anderer Instanzen von Kindheit und Jugend waren.

Die Grenzen der Kontrollierbarkeit verschaffen den Lehrerinnen und Lehrern den Vorzug einer strukturellen Autonomie. Dies ist ein wesentlicher Grund dafür, daß Schulen „lose gekoppelte Systeme" sind — und sein müssen, was übrigens schon KATZ (1964, S. 448) betont hat. Die eigentliche Arbeit des Unterrichtens, Erziehens, Beurteilens, Beratens und Innovierens vollziehen Lehrer im Klassenzimmer, und sie ist dort weder vollständig reglementierbar noch annähernd standardisierbar. So ist die sog. Aufsichtsspanne in der Schule auch größer als in anderen Organisationen, wo Vorgesetzte in der Regel nicht mehr als 10 Untergebene beaufsichtigen. In der Schule „beaufsichtigt" der Leiter häufig um die hundert Lehrkräfte, und ist er auch nur eingeschränkt Vorgesetzter.

Der Preis für die Autonomie ist allerdings die erwähnte, der Lehrtätigkeit selber innewohnende Erfolgsunsicherheit und die permanente Ungewißheit, ob erzieherisch richtig oder falsch gehandelt wird. Unsicherheit und Ungewißheit sind nur durch kollegiale Kommunikation und Kooperation zu mildern, was im übrigen für alle Professionen gilt. Nur ist Kooperation für den Lehrerberuf ein besonderes Problem, das von der besonderen Organisationsstruktur der Schule ausgeht.

2.5 Arbeitsteilung — gefügeartige Kooperation

Das organisationssoziologisch herausragende Merkmal der Rolle der Lehrer ist der Umstand, daß Lehrer und Lehrerinnen Einzelarbeiter sind, wie es sie vermutlich in keiner anderen akademischen Disziplin geben dürfte. Hinter der zumeist geschlossenen Klassentür stehen Lehrer in aller Regel allein vor der Klasse. In den Köpfen existiert kein voll ausgebildetes „Organisationsbewußtsein", sondern weitgehend die Perspektive „Ich und meine Klasse" anstelle der Sichtweise „Wir und unsere Schule", die für die Schulleitung typisch ist. Vor diesem Hintergrund spricht LORTIE (1975, S. 13 ff.) von einer „zellularen" Grundstruktur der Schule. Er konnte allerdings nicht befriedigend klären, ob und wie diese Lehrer-Klassen-Zellen „gekoppelt" sind. Eine detailliertere Untersuchung der Kooperationsbeziehungen mag hier hilfreich sein.

Bei der Lehrtätigkeit in und durch Schulen ist zunächst *horizontale* Kooperation zwischen Lehrern zu unterscheiden von *vertikaler* Kooperation zwischen Schulleitung und Lehrern. Beide Kooperationsformen haben sich historisch im Verlaufe des Vergesellschaftungsprozesses der Erziehung entwickelt und gleichzeitig überlagert. Der historische Ausgangspunkt der Lehrertätigkeit war die Bürokratie, erst die kirchliche, später die staatliche. Die Lehrtätigkeit im höheren Schulwesen entwickelte sich aus den geistigen Ämtern und aus dem universitären Bereich. Im Volksschulbereich spielt neben dem Küsteramt die Schulmeistertätigkeit als Handwerk eine Rolle, die sich zuerst in den Städten herausbildete und in der Regel mit der Ausübung eines anderen Handwerks verbunden blieb.

Ebenso wichtig ist die Unterscheidung von gefügeartiger und teamartiger Kooperation, die wir der Industriesoziologie verdanken. Wenn wir den Bezug auf „technische Anlagen" durch „Schulorganisation" ersetzen, dann sind fünf von sechs Kriterien der Industriesoziologie (POPITZ u.a. 1964, S. 66 f.) zu verwenden, um die beiden für Schule charakteristischen Kooperationsarten begrifflich eindeutig zu bestimmen:

— Die gefügeartige Kooperation ist bedingt durch die (Schulorganisation): sie ermöglicht die Kooperation, gibt die Arbeitsteilung vor und vermittelt die Kooperation.

— Es besteht eine feste Systematik der Arbeitsplätze, die der (Schulorganisation) so zugeordnet sind, daß eine freie Beweglichkeit des einzelnen weitgehend verhindert wird.

— Es besteht eine feste Unterteilung der Arbeitsaufgabe, die durch die (Schulorganisation) so weitgehend vorgegeben ist, daß eine Dispositionschance über die Verteilung der zu leistenden Arbeit auf die einzelnen Arbeitskräfte ausgeschlossen ist.

— Durch die (Schulorganisation) ist die zeitliche Ordnung als konkretes Nacheinander bis in das Detail vorgegeben.

— Eine Hilfeleistung durch unmittelbare Beteiligung an der Arbeitsaufgabe des anderen ist nicht möglich.

Das Organisationsgefüge ist durchaus nicht „lose gekoppelt" im Sinne von WEICK, sondern eher fest gefügt. „Lose gekoppelt" ist die teamartige Kooperation:

— Die teamartige Kooperation ist durch die (Schulorganisation) bedingt: Sie ermöglicht die Kooperation und gibt die Arbeitsteilung als solche vor, ohne jedoch die Kooperation zu vermitteln.

- Die räumliche Anordnung der Arbeitsvollzüge läßt eine freie Beweglichkeit des einzelnen im gemeinsamen Arbeitsraum zu.

- Eine gemeinsame Dispositionschance über die Verteilung der zu leistenden Arbeit auf die einzelnen Arbeitskräfte ist gegeben.

- Durch die (Schulorganisation) ist die zeitliche Ordnung als Rahmen vorgegeben (was muß bis wann gemacht werden?).

- Es besteht ein wechselseitiges Unterstützungsverhältnis: einer kann dem anderen durch unmittelbare Beteiligung an dessen Arbeitsaufgaben Hilfe leisten.

Die Lehrertätigkeit war auch in der bürokratisch organisierten Schule kooperativ, allerdings gefügeartig. Das Gefüge von Lehr- und Stundenplan der bürokratischen Schule „gibt die Arbeitsteilung vor und vermittelt die Kooperation": Es bestimmt nicht nur die vertikale Kooperation, die Trennung von Leitungs- und Lehrtätigkeit, es definiert auch die horizontale Kooperation, die Aufteilung der Lehrstoffe nach Fächern und der Reihenfolge der Inhalte, nach Jahrgang und Stundendeputat sowie die Zuteilung von Fachlehrern. Da der Lehrplan als ganzer vermittelt und vom Schüler ganzheitlich angeeignet werden muß, organisiert dieses Gefüge auch die Kooperation, also den planvollen Bezug jedes Lehrers jedes Fachs in jeder Unterrichtsstunde auf das Ganze des Bildungsprozesses. Es besteht für die Lehrtätigkeit zweifellos eine „feste Systematik der Arbeitsplätze", eine „feste Unterteilung der Arbeitsaufgabe" und „eine zeitliche Ordnung . . . bis in das Detail", die „eine freie Beweglichkeit des einzelnen weitgehend verhinder(n)", und eine „Hilfeleistung durch unmittelbare Beteiligung an der Arbeitsaufgabe des anderen ist nicht möglich". Insofern handelt es sich bei der „zellularen" Struktur, die LORTIE beschreibt, nicht um Monozellen, sondern um eine gefügeartige Verbindung aller Zellen zu einer Organisationsgestalt.

Die Aufteilung der Lehrertätigkeit in Einzelzellen bringt die Gefahr mit sich, daß jeder Lehrer sein Fachgebiet den Schülern vermittelt, „als ob es ein Ziel in sich selbst wäre, obgleich es nur Mittel zum Ziel ist, auf das es immer bezogen bleiben sollte" (DURKHEIM 1972, S. 99), nämlich auf Persönlichkeits-

und Bildungsentwicklung der Schüler. Das bedeutet, daß nur durch teamartige Kooperation von Lehrern der Gefahr entgegengewirkt werden kann, daß sich für die Schülerinnen und Schüler der schulische Erziehungs- und Bildungsprozeß aufzulösen beginnt in eine Reihe isolierter Veranstaltungen, die keinen Sinnzusammenhang erkennen lassen.

2.6 Erziehung zur Selbsterziehung — Reflexivität der Ziele

Die sechste und vielleicht „besonderste" Besonderheit der Schule als Organisation liegt in der Eigenart der Organisationszwecke, also in den Bildungs- und Erziehungszielen. Sie unterscheiden sich stark von denen nicht-pädagogischer Organisationen. Pädagogische Ziele sind reflexiv, widersprüchlich und unbegrenzbar.

Die Reflexivität pädagogischer Ziele läßt sich am eindrucksvollsten am „hehren" Ziel Mündigkeit verdeutlichen. Das Gegenteil von Mündigkeit, Unmündigkeit, ist nach einer vielzitierten Bestimmung von Immanuel Kant (in dessen Abhandlung „Was ist Aufklärung?") „das Unvermögen, sich seines Verstandes ohne Leitung eines anderen zu bedienen" (1783).

Nimmt man diese Bestimmung ernst, folgt aus ihr, daß ein Lehrer einen Schüler nicht direkt zur Mündigkeit erziehen kann und schon gar nicht ein Schulleiter einen Lehrer. Denn würde man jemandem vorschreiben, wie er als Mündiger zu denken oder zu handeln habe, würde man ihn im gleichen Augenblick entmündigen. Was Mündigkeit heißt, kann man nur „reflektieren", d.h. bedenken, diskutieren und ausprobieren. Entscheiden kann es nur der Zögling selbst. Es geht also um Erziehung zur Selbsterziehung. Eine Schülerschaft oder ein Kollegium kann in solche Reflexionsprozesse einbezogen werden, und ein Schulrat kann sie initiieren — und gar nichts darüber hinaus tun. Operationalisieren oder quantifizieren kann man die großen pädagogischen Ziele jedenfalls nicht, wie auch die fehlgeleitete Debatte um Curriculumtaxonomien und Verhaltensziele des Unterrichts zu Anfang der 70er Jahre überdeutlich gezeigt hat. KANT hat sehr bewußt „negativ" formuliert und von Unmündigkeit gesprochen, statt vorbehaltslos zu formulieren, was Mündigkeit zu sein hätte.

Widersprüchlich sind pädagogische Ziele zudem. Das läßt sich am Ziel der Förderung von Schülern einsichtig machen. Ob es sich dabei um die Absicht handelt, besonders talentierte oder besonders lernschwache Schüler zusätzlich zu fördern, jede Form von Förderung muß sich gleichzeitig mit dem Gegenteil auseinandersetzen, mit Auslese. Ein Lehrer, der seine Aufmerksamkeit auf ausgewählte Schüler konzentriert, läuft Gefahr, andere zu vernachlässigen, zumindest teilweise. Vergleichbares gilt auch für den entgegengesetzten Fall. Ein Lehrer, der besonders streng ausliest, tut dies normalerweise nicht aus Eigensinn, sondern um die Verbleibenden besser fördern zu können. Fördern und Auslesen sind also widersprüchlich. Sie bilden eine unaufhebbare Einheit, die es auszubalancieren gilt, was im Schulalltag durchaus auch gelingen kann (vgl. HELMKE 1988).

Hinzu kommt, daß die Ziele von Schulen so umfangreich sind, daß man sie für unbegrenzbar halten könnte. HANDY/ AITKEN (1986, S. 38) führen einen Katalog von Schulzielen auf, der von Kinderaufbewahrung über Unterrichtung bis zur Unterstützung bei der Gemeindeentwicklung reicht. Jahr für Jahr werden der Schule neue Ziele angedient, von der Verkehrserziehung bis zur Drogenprävention. Allein diese Vielzahl von Zielen macht permanent Prioritätenentscheidungen notwendig, die leicht zu politisch-ideologischen Auseinandersetzungen führen können. Die Klärung von Schulzielen ist sozusagen strukturell politisiert.

Die pädagogischen Ziele unterscheiden sich also stark von denen nicht-pädagogischer Organisationen. Sie sind prinzipiell offen. Die Zielsysteme von marktorientierten Organisationen sind demgegenüber geschlossener und deshalb klarer. Es geht dabei vor allem um Gewinnerwartungen und Marktmacht. Auch sozialpolitische oder Wohlfahrts-Organisationen haben klarere Zielvorstellungen; es werden Versorgungsziffern oder Indikatoren festgelegt, an denen sich die Aktionsplanung orientieren kann — zum Beispiel ein praktischer Arzt pro 1000 Einwohner oder 25 Quadratmeter Wohnraum pro Person.

3. Schulen im Vergleich mit anderen Organisationen

Wenn man das Besondere von Schulen noch genauer beschreiben will, liegt es nahe, komparativ vorzugehen, die Schule also mit anderen sozialen Organisationen direkt zu vergleichen. Bei einem solchen Vergleich müssen sich die vorstehenden sechs Merkmale bewähren in dem Sinne, daß sie ihren Nutzen zu erweisen haben, aber auch auf dem Prüfstand stehen. Das Prüfkriterium ist, ob sie in der Lage sind, die Schulen von anderen Organisationen deutlich und in der Sache überzeugend zu unterscheiden.

Abbildung 6 versucht das Ergebnis einer solchen komparativen Analyse graphisch darzustellen, ein Ergebnis, das übrigens nicht nur durch systematisches Nachdenken entstanden ist, sondern das auf empirischen Erhebungen in zahlreichen schulischen Fortbildungsveranstaltungen des Soester „Landesinstituts für Schule und Weiterbildung" beruht. Dieses Schaubild, ein organisationssoziologisches Polaritätenprofil, zeigt in der Tat ein eigentümliches und unverwechselbares Profil für die Schule. Lediglich das Profil der Kirche kommt dem der Schule nahe. Allerdings spielt Informationsverarbeitung in der Kirche kaum eine Rolle und noch viel weniger ein instrumenteller Zuschnitt der Tätigkeiten.

Man könnte die rechte Seite des Polaritätenprofils als bürokratisch-mechanisches Organisationsmodell bezeichnen und die linke als professionelles Organisationsmodell. Die konventionelle Fabrik gehört fraglos zu den bürokratisch-mechanischen Organisationen, die (im Polaritätenprofil nicht eingezeichnete) Universität ebenso fraglos zu den professionellen. Die Schule hat eine starke Affinität zur professionellen Organisation, aber das gilt nicht für alle Merkmale, vor allem nicht für Kooperation (bzw. Arbeitsteilung) und Kontrolle. Das liegt in der für die Schule typischen Spannung begründet, die zwischen einer tendenziell bürokratischen Aufbauorganisation einerseits und professionellen Anforderungen an die Ablauforganisation bzw. an das pädagogische Handeln andererseits entsteht. Das führt zudem zu großen Diskrepanzen zwischen pädagogischen Idealvorstellungen und realen Alltagserfordernissen.

Abb. 6: Schule im Vergleich zu anderen Organisationen – ein organisationssoziologisches Polaritätsprofil aus der Sicht der permanenten Mitglieder

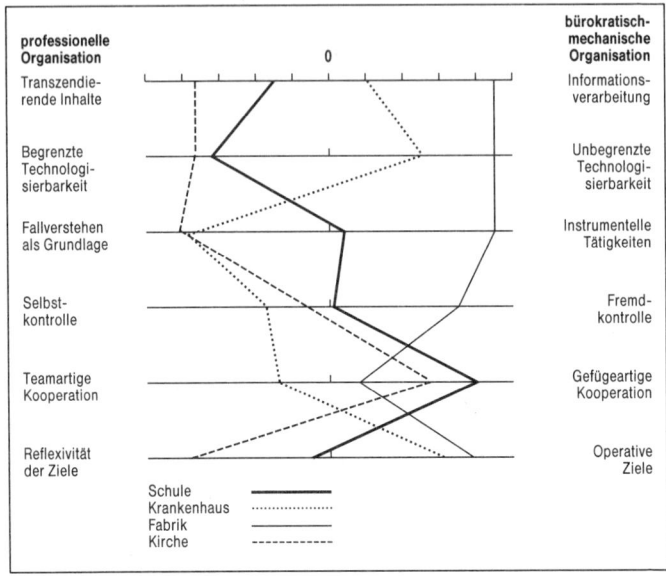

Dennoch ist in den letzten Jahren eine deutliche Tendenz der Professionalisierung pädagogischen Handelns festzustellen. Dabei ist möglicherweise der staatliche Charakter des öffentlichen Schulwesens eine innere Schranke für weitere Professionalisierung, die nur schwer zu überwinden ist. In fast allen industrialisierten Ländern ist die Schule überwiegend nicht privat, sondern durch den Staat oder durch Kommunen getragen, in den Niederlanden vor allem durch Stiftungen. Dadurch befindet sich die Schule einmal in Abhängigkeit von ihren Trägern, und ist sie andererseits gegenüber gesellschaftlichen Einflüssen offen. Staat und/oder Gemeinde planen vieles, was Schulen dann nur noch auszuführen haben. Für professionelle Organisationen indes gilt das Prinzip der Selbstregulation bzw. Selbstorganisation.

Zur Selbstorganisation gehört, daß die Organisationsmitglieder selber Diagnosen stellen, Bedarfe ermitteln, Ziele und Prioritäten setzen und dann handeln, währenddes man in nicht-professionellen Organisationen bloß handelt und andere, nämlich die außenstehenden „Träger", für Diagnosen

136

und Zielfestsetzungen zuständig sind. Planung und Ausführung fallen in nicht-professionellen Organisationen auseinander. In bürokratisch-mechanischen Organisationen regelt die Hierarchie die Entscheidungsstruktur und ist die Aufbauorganisation gleichsam als geronnene Führung anzusehen. In professionellen Organisationen geht die Führung zunehmend über in die Selbstorganisation kooperierender Teams, wird Führung „transformational" (BURNS 1978).

Schulen unterscheiden sich vom reinen Professionsmodell auch dadurch, daß sie nach außen hin bemerkenswert offen sind. Klassische Professionelle wie Ärzte und Psychiater arbeiten in gewissem Sinne intim, und Vertraulichkeit ist so etwas wie professionelles Ethos. Im Unterschied, ja im Gegensatz dazu, ist Lehrerarbeit immer auch öffentlich. Sie ist kontrolliert durch staatliche Schulaufsicht und dort, wo die Schule nicht öffentlich ist, durch Inspektoren des Trägers.

In einigen Ländern sind Lehrer – wiederum im Unterschied zu den klassischen professionellen Berufen – Beamte und damit auch Bürokraten, die nicht nur andere kontrollieren, sondern auch von staatlichen und politischen Instanzen selbst kontrolliert werden.

Öffentliche Schulen sind offene Schulen. Die Träger (Staat, Gemeinde, Stiftungen oder Private) nehmen Einfluß auf ihr inneres Geschehen, ebenso Parteien, Kirchen, Medien und vor allem die Eltern ihrer Schüler. Der Elterneinfluß nimmt in der „Zivilgesellschaft" in einem Maße zu, daß viele Beobachter meinen, die Eltern prägten die Schulpolitik stärker als die dafür zuständigen Politiker.

4. Entwicklung von Schulen als Organisations-Lernen

Wenn man das Verständnis des besonderen Charakters der Schule als Organisation vertiefen will, muß man organisationale Veränderungsprozesse untersuchen. Nur wenn man etwas verändert, zeigt sich, was Substanz und Potential ist. Und wenn man die Grenzen der Schule erkennen will, muß man Überschreitungsversuche studieren. Anders und handlungsbezogener ausgedrückt: Wenn das Bild einer professionellen

Schule mehr als eine Vision sein soll, muß man analysieren,unter welchen Bedingungen ein solches Modell von Schule zu realisieren ist.

Das alles zusammengenommen verweist auf Ansätze der Organisationsentwicklung, die seit einiger Zeit als Organisations-Lernen thematisiert und konzeptualisiert werden. Die Grundidee dabei ist: Schulen sind nicht nur Lernorganisationen, d.h. die Organisation systematischer Lernprozesse, sie sind als Organisationen auch selbst zu Lernprozessen fähig und auch dazu aufgerufen.

4.1 Individuelles Lernen und Organisations-Lernen

Das Konzept des Organisations-Lernens geht von einem scheinbaren Paradox aus: Lernen im unmittelbaren Sinne können letztlich nur Individuen, aber Individuen lernen fast immer im Rahmen einer Organisation, die Lernen überhaupt erst ermöglicht, aber auch behindert, deutet oder verstellt. Umgekehrt ist die Lernkapazität einer Organisation mehr als die Summe der Lernpotentiale der Mitglieder, und dennoch besteht sie nur aus ihren Mitgliedern. ARGYRIS und SCHÖN haben die bisher produktivste Konzeption des Organisations-Lernens vorgelegt. Sie versuchen, diese Paradoxie produktiv zu machen, indem sie handlungsorientierte analytische Unterscheidungen einführen:

Sie unterscheiden individuelles Lernen von Organisations-Lernen. *Individuelles Lernen* wird mit Sozialisation gleichgesetzt. Bei Sozialisationsprozessen verinnerlichen individuelle Organisationsmitglieder die praxisleitende Theorie („theory-in-use") der Organisation, die sich von der offiziellen oder Fassaden-Theorie („espoused theory") dadurch unterscheidet, daß sie nicht die häufig geschönte und künstlich harmonisierte Außensicht, sondern die tatsächlich geltenden Ziele, Werte und Normen und die wirklich gehandhabten Strategien, Methoden und Verfahren meint.

Organisations-Lernen bezieht sich demgegenüber auf das Ganze der Organisation unter der Perspektive von Lernsystemen. Lernsysteme werden komplexe Bündel von Annahmen, Normen und Handlungsstrategien genannt, die das

Lernpotential kollektiver Interaktionen repräsentieren, die einerseits also Lernen ermöglichen, andererseits aber auch selber Gegenstand von Lernprozessen — im Sinne von organisationalen Entwicklungsprozessen — sind. Lernsysteme haben eine kognitive Seite oder Wissensseite: ARGYRIS/ SCHÖN benutzen in diesem Zusammenhang den schon genannten Begriff der kognitiven Landkarten, worunter sie die von allen Mitgliedern geteilten Beschreibungen der Aufbau- und Ablauforganisation der Organisation verstehen. Organisations-Lernen ist insofern selbstbezogen bzw. reflexiv als die Mitglieder diese kognitiven Landkarten sich nicht nur aneignen, sondern sie auch konstruieren, genauer: zur Konstruktion einzelner Elemente oder auch ganzer Teile der Landkarten prinzipiell in der Lage sind. ARGYRIS/SCHÖN bezeichnen diese kognitiven Landkarten als die eigentlichen „Medien des Organisations-Lernens" (ARGYRIS/SCHÖN 1978, 16 f.). Sie implizieren dabei einen Organisationsbegriff, wie ihn TÜRK (1989, S. 27) anhand von sechs Merkmalen prägnant formuliert hat:

— *Perspektivität* (statt Objektivität).

Verhalten in Organisationen wird wesentlich als Ergebnis kognitiver Prozesse verstanden; es gibt demnach Organisationen nicht als davon losgelöste „objektive" Realität.

— *Heterarchie* (statt Hierarchie).

Mit diesem ungewöhnlichen Wort ist die Annahme ausgedrückt, daß Organisationen multizentrisch aufgebaut sind und nicht nach einfachen hierarchischen oder zentralistischen Prinzipien funktionieren.

— *Komplexität* (statt Simplizität).

Hiermit ist eine Abkehr von einfachen Organisationsprinzipien gemeint und das Bemühen, Komplexität begrifflich zu erfassen.

— *Holographie* (statt Mechanik).

In Analogie zur Computer-Holographie werden Organisationen als ganzheitliche Systeme begriffen, die vor allem in den Köpfen jedes einzelnen Mitglieds als kognitive Landkarten bestehen.

– *Wechselseitige Beeinflussung* (statt linearer Determination).

Einfache Kausalmodelle haben sich als ungenügend erwiesen; sie werden durch Modelle der Vernetzung ersetzt.

– *Gestaltwandel* (statt Statik).

Dieser Begriff soll zweierlei bezeichnen: Organisationen entwickeln sich ständig, und zwar als Konfigurationen bzw. Gestalten.

4.2 Lernniveaus und Problemlösungskapazitäten

Beim Organisations-Lernen unterscheiden ARGYRIS/ SCHÖN drei Niveaus, wobei sie Begriffe von Bateson benutzen:

(i) *Einfachschleifen-Lernen:* Dieses funktioniert wie ein Thermostat, der Abweichungen und Fehler entdeckt und weiß, wie diese korrigiert werden können. Dabei ändert sich die Organisation nicht.

(ii) *Doppelschleifen-Lernen:* Hier wird die Regelung durch den Thermostat in Frage gestellt und ein neues Problemlösungssystem gesucht. Das umfaßt auch die „Modifikation der Normen, Strategien und Ziele, die der Organisation zugrunde liegen" (ARGYRIS/SCHÖN 1978, S. 3), also auch die Änderung oder Abschaffung des Thermostats.

(iii) *Deutero-Lernen:* Hierbei handelt es sich um Meta-Lernen, um das Lernen des Lernens, um den Aufbau von Problemlösungs-Kapazitäten. Nach ARGYRIS/SCHÖN (1978, S. 26 f.) ist es vornehmlich Ziel des Organisations-Lernens, zu lernen, wie Einschleifen- und Zweischleifen-Lernen adäquat ausgeführt wird, welches der Kontext von Lernprozessen ist und wie man ihn erweitern kann, vor allem durch Abbau von Lernbarrieren.

Eine interessante Frage ist in diesem Zusammenhang, ob ein einzelner Lehrer überhaupt in der Lage sein kann, das Niveau des Einschleifen-Lernens zu überschreiten oder ob es dazu nicht der teamartigen Kooperation mit Kollegen bedarf. Wir neigen in der Tat zu dieser Annahme. So haben wir in unserer Veröffentlichung über das „Institutionelle Schulentwicklungs-Programm" (DALIN/ROLFF/BUCHEN 1990) ebenfalls drei *Stadien* der Entwicklung von Schulen unterschieden, die man fraglos als Niveaus des Organisations-Lernens begreifen kann:

(i) Die *fragmentierte Schule,* bei der es wohl gefügeartige, aber keine teamartige Kooperation gibt und auch kein gemeinsames Zielsystem und keine allen bewußte Organisationskultur.

(ii) Die *Projekt-Schule,* bei der etliche, vielleicht auch viele Lehrer sich zu Projektteams organisiert haben, in diesen auch Neues lernen und die Organisation auch mit Lernpotential anreichern. Indem sie die Projekte aber nicht aufeinander beziehen, verschenken sie Synergie-Effekte und Meta-Lernen.

(iii) Meta-Lernen institutionalisiert die Problemlöse-Schule, die das Organisations-Lernen und damit auch die Schulentwicklung selbst zum Lerngegenstand macht. In der Problemlöse-Schule drückt sich Organisations-Lernen aus in Veränderungen der Aufbau- und Ablauforganisation und damit in Veränderungen der Organisations-Struktur und -Kultur und außerdem in Weiterentwicklungen der kognitiven Landkarten der Organisationsmitglieder. Organisations- und Personalentwicklung fallen hier zusammen.

Man könnte auch bündig formulieren, daß es beim Organisations-Lernen letztlich um die Erhöhung von Problemlösungskapazitäten geht.

4.3 Selbstorganisation und Systemsteuerung

Konzepte des Organisations-Lernens wie Deutero-Lernen oder Erhöhung der Problemlösungskapazität laufen auf Selbstorganisation oder Selbstregulierung hinaus. Schulen stellen vor dem Hintergrund der neueren Systemtheorien so etwas wie (teil)-autonome Einheiten ("Systeme") dar, in denen die Organisationsmitglieder selbst Diagnosen durchführen, gemeinsam geteilte Bedeutungen, kognitive Schemata, Symbole oder Rituale produzieren, Ziele klären, Entscheidungen selbständig und selbstverantwortlich treffen, Handlungspläne entwerfen und auch ausführen.

Abbildung 7 zeigt im unteren Teil schematisch, in welchem Systemzusammenhang sich Schulen zur Problemlöseschule entwickeln können. Der Entwicklungsprozeß beginnt mit einer gemeinsamen Diagnose zum Zwecke der Beurteilung der Stärken und Schwächen der Einzelschule. Vor diesem Hintergrund können Kollegium und Schulleitung ein Entwicklungsprogramm oder mehrere vereinbaren, z.B. zur Teamentwicklung, zur Management-Entwicklung (die sich nicht nur auf die Leitung, sondern auch auf Projektgruppen erstrecken sollte) oder zur Organisationsentwicklung sowie zur Weiterentwicklung des Curriculums, zur Einrichtung von Supervisionsgruppen oder zur umfassenden Kollegiumsentwicklung. Jedes dieser Entwicklungsprogramme zielt auf die Erhöhung der Problemlösekapazität der Schule ab, also auf Organisations-Lernen. Die Erhöhung der Problemlösungskapazität ist wiederum kein Selbstzweck, sondern dient der Verbesserung der Schulkultur als Rahmen für eine Verbesserung der Qualität der Lehrerschaft — und dieses alles, um letztlich die Kompetenzen der Schülerinnen und Schüler zu erhöhen. Nach einem Durchgang (oder einer „ Runde"), meist nach einem oder zwei Schuljahren, schließt sich eine zweite Schulbeurteilung an, und der Prozeßt beginnt aufs Neue. Diese Abbildung wird im Schlußkapitel ausführlicher erläutert.

Mit den Ausnahmen der Niederlande (vgl. LIKET 1992) und Großbritanniens (vgl. HOPKINS 1989) haben die Einzelschulen fast aller Länder bisher wenig Erfahrungen mit Selbst-Evaluation; die bedeutendste Ausnahme in der Bundesrepublik ist die Laborschule der Universität Bielefeld. Schulen, deren Personal fast ausschließlich aus Akademikern besteht und deshalb hochqualifiziert ist, müssen und können selbst noch lernen. Für diesen Schritt des Organisations-Lernens benötigen sie allerdings Unterstützung, die Hochschulen, Landesinstitute und Schulentwicklungsberater leisten können. Sie benötigen zudem Unterstützung, um die Qualifikationen zur Selbstorganisation und Selbstentwicklung zu erwerben, sofern diese noch nicht vorhanden sind. Im oberen Teil der Abbildung 7 sind die wichtigsten Komponenten eines Unterstützungssystems veranschaulicht, das Selbstorganisation von Einzelschulen ermöglichen soll.

Im Bereich der öffentlichen Schulen ist Selbstorganisation allerdings auf die Binnenorganisation bzw. auf die jeweiligen

142

Abb. 7: Problemlöseschulen mit Steuersystem

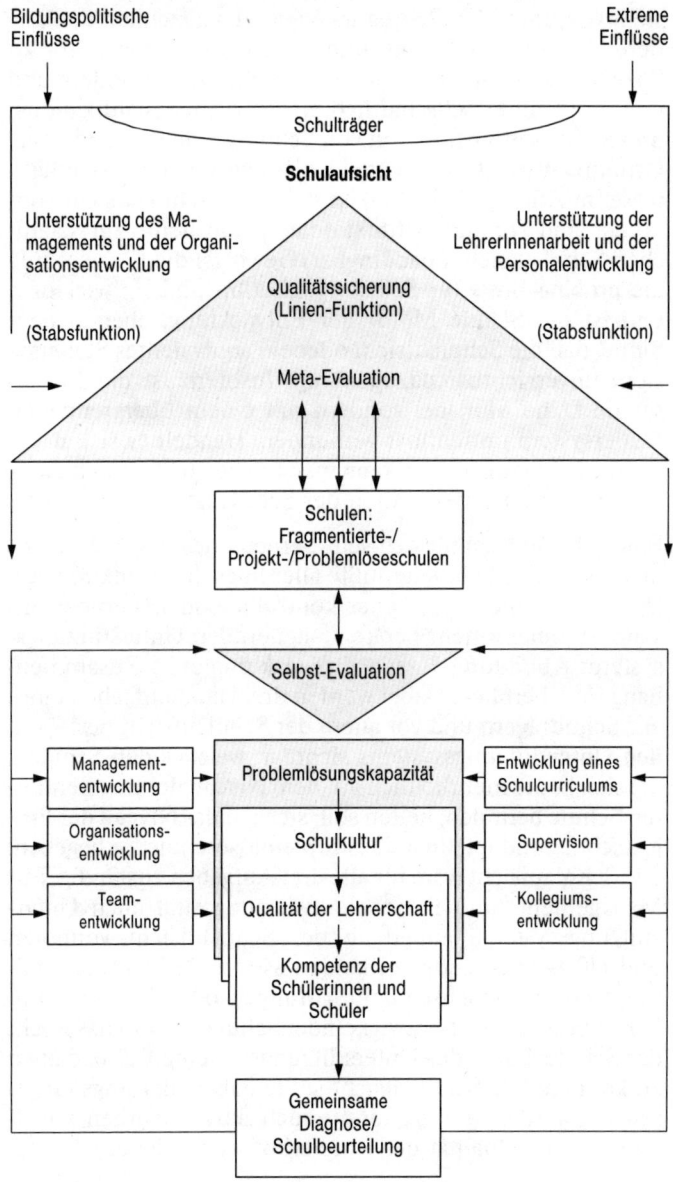

Quelle: DALIN/ROLFF 1992

143

Subsysteme von Einzelschulen begrenzt. Wäre dieses nicht der Fall, liefe Selbstorganisation auf ein ungesteuertes System von unter den Bedingungen von Ungleichheit konkurrierenden Schulen hinaus, und Selbstorganisation würde zu Sozialdarwinismus verkommen. Um dies zu verhindern und um die gesamtgesellschaftlich erforderliche Qualifikations- und Sozialisationsfunktion von Schule zu sichern und dabei Grundrechtswerte wie Vergleichbarkeit der Lebensverhältnisse im Auge zu behalten, ist staatliche Schulaufsicht vonnöten, sind zumindest funktionale Äquivalente zur staatlichen Schulaufsicht unabdingbar. Gewiß ist die Einzelschule die probate Basis für Selbstorganisation und Entwicklung, und ist die Schule Motor der Entwicklung, aber in dem Sinne, daß die Schulaufsicht oder ein aquivalentes Steuersystem unverzichtbar dazugehören. Insofern ist die Einzelschule keine Monade, sondern mit einem übergreifenden Steuersystem untrennbar verbunden. Handelt es sich dabei um die Schulaufsicht, so kann man folgern, daß die Schulaufsicht integrierter Bestandteil der Schule ist.

Eine Schulaufsicht für sich-selbst-erneuernde und sich-selbst-organisierende Schulen müßte allerdings ihre Funktion verlagern von einer heute eher kontrollierend-steuernden Instanz zu einem mehr beratend-steuernden Unterstützungssystem. Abbildung 7 zeigt diesen komplexen Zusammenhang im Überblick. Dabei werden drei Hauptaufgaben eines aus Schulträgern und vor allem der Schulaufsicht bestehenden Unterstützungssystems sichtbar, welches den Schulen, die sich heute mehrheitlich auf dem Niveau der fragmentierten Schule befinden, helfen soll, sich auf das Niveau der Projektschule und letztlich der Problemlöseschule zu begeben. Die Schulaufsicht wäre für alle drei Aufgaben zuständig. Für Management- und Personalentwicklung sind auch Unterstützungssysteme außerhalb der Schulaufsicht vonnöten und z.T. bereits schon vorhanden wie Landesinstitute, Trainingszentren, Hochschuleinrichtungen oder Berater. Zum Konzept sich-selbst-entwickelnder Schulen gehört das Recht der Schulen, sich der Unterstützungssysteme frei bedienen zu können. Die Schulaufsicht sollte dabei allerdings eingeschaltet werden, und sie könnte auch aktiv mitwirken, vor allem, um die Qualität der Unterstützung zu sichern.

Qualitätssicherung für alle Schulen ist ohnehin die Hauptaufgabe der Schulaufsicht, für die — abgesehen von einem nationalen Testsystem wie in den USA — ein funktionales Äquivalent kaum vorstellbar ist. Qualitätssicherung ist sozusagen die Linienfunktion der Schulaufsicht, die dafür allerdings fortgebildet werden und ebenfalls Programme des Organisations-Lernens einleiten müßte.

Was Organisations-Lernen in diesem Zusammenhang genauer und konkreter heißt, kann und soll im Rahmen eines Aufsatzes nicht weiter geklärt werden. Dazu bedarf es eines Organisationsentwicklungsprojektes, das die Schulen wie die Schulaufsicht selbst durchführen müssen: Selbstorganisation ist Ziel, aber auch Weg.

VIII. Selbstorganisation durch Organisationsentwicklung[1]

Das Fazit des vorigen Kapitels lautete: Konsequente Schulentwicklung läuft auf Organisationslernen hinaus, Ziel und
Weg von Schulentwicklung lassen sich als Selbstorganisation beschreiben, und Selbstorganisation verlangt nach Organisationsentwicklung. Das folgende Kapitel will klären
helfen, was hinter dem vielleicht etwas ungewöhnlichen Begriff der Organisationsentwicklung steht. Wenn man sich
dem Grundverständnis der Organisationsentwicklung, abge-
kürzt OE, nähern will, ist es sinnvoll, sich der Entstehungsge-
schichte zu erinnern. Aus dem Entstehen erschließt sich
häufig das Verstehen am leichtesten, ganz im Sinne der gene-
tischen Didaktik.

1. Entstehungsgeschichte und Begründung

Man kann im wesentlichen zwei Quellen unterscheiden, aus
denen die Organisationsentwicklung in den USA Mitte der
40er Jahre entstanden ist: Einmal die Feldpsychologie und
die Gruppendynamik, verbunden insbesondere mit dem Namen K. LEWIN, und zum zweiten die Betriebssoziologie, genauer: die Human-Relations-Bewegung und Management-
schulung, wie sie etwa von BLAKE, MANN und MOUTON (vgl.
dazu FRENCH/BELL 1977, S. 37 ff.) vertreten wurde.

---

1 Dieses Kapitel ist eine Quintessenz von Vorträgen, die ich seit
  1976 auf Veranstaltungen zur Schulleiterfortbildung des "Landesinstituts für Schule und Weiterbildung" des Landes NRW gehalten habe.

Mit dieser „Zwei-Quellen-Theorie" — dem pädagogisch-gruppendynamischen und dem industriesoziologisch-managementorientierten Ursprung — scheint gleichzeitig ein Januskopf, ein Doppelgesicht auf, das die OE bis heute prägt.

Beiden Gesichtshälften geht es allgemein um Einsicht in Veränderungsmöglichkeiten, um *Abkehr* von *Zwang* und von *Anordnung* von oben.

LEWIN entwickelte sein Konzept der OE, als er den Auftrag erhielt, ein Programm der Umerziehung zu entwerfen — vor dem Hintergrund der Katastrophe des Dritten Reiches. Die Grundidee war, daß ein demokratisches Bildungswissen eine Wiederholung dieser schrecklichen Epoche, wenn auch nicht ausschließen, so doch unwahrscheinlicher machen würde, und daß man zur Demokratie nicht gezwungen werden, sondern nur durch eigene Einsicht gelangen kann.

Das Schlagwort vom *„mitdenkenden Mitarbeiter"* bestimmte die Pilotprojekte in der Industrie im und nach dem Zweiten Weltkrieg, als die Produktion grundlegend umorganisiert wurde. Autoritäre Anordnung von oben erschien plötzlich als anachronistisch. In dem Maße, in dem Unternehmen sich innovativer verhielten, wurde es nötig, auf allen Unternehmensebenen das Verständnis und die Bereitschaft für nachhaltige Veränderungsprozesse zu fördern (vgl. dazu MANN 1971, S. 302 f.).

1.1 Aktuelle Begründung: Erneuerungszwang

Organisationsentwicklung ist heute relativ weit verbreitet; vor allem in der Industrie, bei den Kirchen und beim Militär. Von den Bayerischen Motorenwerken über den Evangelischen Kirchentag bis zur alternativen Tageszeitung „TAZ" werden zunehmend OE-Verfahren eingesetzt, um organisatorische, betriebliche und individuelle Veränderungen zu initiieren und/oder zu realisieren.

Die unterschiedlichen Anwendungen haben eines gemeinsam: OE ist überall dort am Platz, wo es um Innovationen, also um Veränderungen, Wandel, Neuerungen geht. Dies ist der Grund dafür, daß OE zur Zeit in Industrie und Verwaltungen so populär ist, im Zeichen der Neuen Technologien in der Industrie und der Elektronisierung der Büros.

Aber auch im Schulbereich gewinnen die Konzepte und Methoden der Organisationsentwicklung immer mehr an Bedeutung. Ähnlich wie im ökonomischen Bereich hat sich auch in den Schulen in den letzten zwei Jahrzehnten viel geändert und steht weiterer Wandel bevor. Als Beispiel für Neuerungen im Schulbereich seien etwa in Stichworten genannt:

— 1968 Institutionelle Trennung von Grund- und Hauptschulen
— Neue Grundschulrichtlinien
— Einführung und Ausbau von Integrierten und Kooperativen Gesamtschulen
— Die Einführung der gymnasialen Oberstufe oder
— Differenzierung des Fachunterrichts in Haupt- und Realschulen
— 1990 Umorganisation der Schule in den neuen Bundesländern.

Es geht in Zukunft weiter mit:

— Einführung der Informations- und Kommunikationstechnologischen Grundbildung
— Gestaltung und Öffnung von Schule oder
— dem fortschreitenden Niedergang der Hauptschule und den damit verbundenen Umorganisationsnotwendigkeiten.

Diese Beispiele, die erheblich ergänzt werden könnten, zeigen, daß auch in Schulen Veränderungen stattfinden, die im Rahmen der herkömmlichen Schulorganisation nur unzureichend umgesetzt werden können.

Die übliche bürokratische Organisation mag historisch so lange gerechtfertigt gewesen sein, wie in den Bildungseinrichtungen uniforme, immer wiederkehrende Verrichtungen abliefen, die mit einem festen Bestand an Fachwissen bewältigt werden konnten. Die neuere Schulentwicklung zeichnet sich demgegenüber durch eine hohe Innovationsrate aus, die ständige Veränderungen des Arbeitsablaufs und wechselnde Problemstellungen verursacht. Die Effekte der Innovation auf den Bildungsprozeß sind zwar in manchen Fällen in angebbaren Fehlerbereichen abzusehen, nicht aber im Detail und in allen Konsequenzen vorweg zu bestimmen.

1.2 Systematische Begründung

Wenn sich — wie das bei innovativen Entwicklungen der Fall ist — die Zielvorstellungen des Handelns nicht in konstant bleibende Tätigkeiten zerlegen lassen, so müssen die Mittel und Maßnahmen der sich ständig wandelnden Situation immer aufs neue angepaßt werden. Eine Dauerregelung kann sich hier nur als hemmend erweisen. Dem bürokratischen Modell der Organisation ist also ein professionelles Modell der Organisation gegenüberzustellen: „Kurz gesagt, wo Organisationen mit nicht-uniformen Ereignissen zu tun haben, wird eine Organisation effizienter sein, wenn sie in mindestens sechs Charakteristiken von WEBERs Bürokratiemodell abweichen:

— horizontale Autoritätsmuster,
— minimale Spezialisierung,
— Mischung von Politik und Verwaltungshandeln,
— geringe Begrenzung der Pflichten und Rechte,
— personelle statt unpersönliche Orientierung und
— Minimum allgemeiner Regelungen (LITWAK 1961, S. 179).

Diese sechs Merkmale treffen gerade für die Schule zu, allerdings in unterschiedlicher Weise: Relativ unstrittig dürfte es sein, daß der Schulbereich durch eine „flache" Hierarchie gekennzeichnet ist, die sich in der Regel auf zwei Ebenen (Schulleitung und Kollegium) erstreckt, was die Autoritätsmuster eher horizontal als vertikal aussehen läßt. Auch angesichts des Trends zur Professionalisierung des Lehrerberufs arbeiten Lehrer — etwa im Vergleich zu anderen Berufsgruppen — nach wie vor wenig spezialisiert; man denke nur an die Spezialisierung bei Ärzten und Ingenieuren. Schulleitungshandeln ist eine Mischung aus Verwaltung und Politik sowie Pädagogik. Die Pflichten und Rechte von Schulleitern und Lehrern sind relativ gering begrenzt, wie ein Vergleich mit anderen Beamten (Ausnahme: Professoren) zeigt. Unterrichten ist personal orientiert, Erziehen erst recht.

Angesichts der Diskussion um die Verrechtlichung und -regelung der bundesdeutschen Schulen ist die Gültigkeit des sechsten Charakteristikums für den Bildungsbereich nicht unmittelbar einsichtig. Dennoch: Studien von HOPF u.a. (1980) erbrachten, daß die staatlichen Regelungsmöglichkeiten bei weitem nicht ausgeschöpft werden, mithin relativ viele Gestaltungsräume in der Schule offen sind.

1.3 Mischmodell

Diese Analyse darf allerdings nicht zu dem Schluß führen, daß das bürokratische Modell schlicht überlebt ist. LITWAK kommt vielmehr aufgrund empirischer Analysen zu der Überzeugung, daß zur Verbesserung der Leistungsfähigkeit der meisten Organisationen eine Mischung des bürokratischen und des professionellen Modells am vorteilhaftesten ist. Für die Durchführung von Neuerungen folgt daraus die Notwendigkeit, einen gegenüber der traditionellen Kultusverwaltung elastischeren Rahmen der Organisation zu schaffen. Er muß die Voraussetzungen dafür gewähren, daß in Bildungseinrichtungen nicht nur anders und anderes gelernt wird, sondern daß sie darüber hinaus in die Lage versetzt werden, über sich selbst zu reflektieren und sich selbst zu verändern.

Bildungseinrichtungen, deren Eigenverantwortung und Gestaltungsspielraum bisher eingeschränkt sind, müssen also in Institutionen umgestaltet werden, die Initiative und Selbständigkeit nicht nur zulassen, sondern auch fördern. Das verlangt eine Entwicklung der inneren und äußeren Schulorganisation in Richtung des professionellen Organisations-Modells durch Organisationsentwicklung.

2. Was ist Organisationsentwicklung?
Einige Definitionsversuche

Bereits 1974 veröffentlichte W. J. FILLMORE einen Aufsatz unter dem Titel: „Organization Development – No more definitions, please" (FILLMORE 1974). Schon damals zählte er über 100 Definitionsversuche. Trotz dieser Vielzahl von Definitionen sind fast alle Ansätze in fünf Punkten weitgehend ähnlich: Demnach handelt es sich bei der Organisationsentwicklung um ein

151

(1) reflexives Verfahren zur

(2) Veränderung des Sozialverhaltens von Organisationsmitgliedern, bei

(2) Veränderung des Sozialverhaltens von Organisationsmitgliedern, bei

(3) gleichzeitiger oder vorhergehender Veränderung der
Organisationsstrukturen,

(4) zum Zwecke der Verbesserung der Aufgabenerfüllung,

(5) auf der Grundlage der angewandten Sozialwissenschaften.

Diese Kriterien werden allerdings höchst unterschiedlich
ausgelegt. Es gibt widerstreitende Richtungen bzw. „Schulen". Leicht vereinfacht kann man die folgenden Pole unterscheiden: Systemtheoretiker, Betriebssoziologen und Ma-
nagementtrainer auf der einen Seite sowie „Gruppendynami-
ker" und Pädagogen auf der anderen Seite.

Richard BECKHARD steht für die ersteren: „OE ist ein An-
strengung, geplant, organisationsweit und von oben gesteuert, die Effektivität durch geplante Interventionen in den Or-
ganisationsprozeß zu erhöhen, wobei sozialwissenschaftli-
che Erkenntnisse genutzt werden", definiert er (BECKHARD
1969, S. 17).

Warner BURKE steht für die zweiten. Er hält folgende Defini-
tionsmerkmale für unverzichtbar: „OE muß auf deutlich ge-
fühlte Bedürfnisse der Klienten antworten, die Klienten in
den Planungs- und Realisierungsprozeß einer Neuerung einbeziehen und einen Wandel in der Organisationskultur her-
beiführen" (BURKE 1974, s. 19).

Aus diesen beiden Definitionen schaut erneut das Doppelgesicht der Organisationsentwicklung hervor, das bereits in der
eingangs vorgestellten Herkunft dieser Neuerungsstrategie
sichtbar wurde („Zwei-Quellen"). OE wird einerseits als ef-
fektivierende Sozialtechnologie und Managementstrategie
beschrieben. Auf der anderen Seite finden sich Definitionsversuche, die die OE als pädagogisches und selbstreflexibles
Konzept verstehen. Zwischen diesen beiden Polen ist eine
Arbeitsdefinition angesiedelt, mit der wir in der Schulleiter-
und Lehrerfortbildung arbeiten:

Organisationsentwicklung (OE) ist ein Ansatz, *eine Organisation von innen heraus weiterzuentwickeln.*

OE ist ein offenes, planmäßiges, zielorientiertes und langfristiges Vorgehen im Umgang mit Veränderungsforderungen und Veränderungsabsichten in sozialen Systemen.

OE ist nicht nur Technik oder Verfahren. In einem Organisationsentwicklungsprozeß werden wohl viele Techniken angewendet, wobei aber die dabei sichtbar werdende Einstellung zum Menschen den Ausschlag gibt und die Glaubwürdigkeit der Motive und Absichten beeinflußt.

— OE will die technischen und menschlichen Aspekte eines sozialen Systems integrieren, respektiert aber gleichzeitig deren je eigene Gesetzmäßigkeiten. Sie betrachtet die Bedürfnisse der Organisation und die ihrer Mitglieder als gleichberechtigt.

— Ziel eines Organisationsentwicklungsprozesses ist die Selbstentwicklung der Mitglieder und die Selbsterneuerung der Organisation zur Erhaltung und Verbesserung der Aufgabenerfüllung der Organisation.

— OE geht vom Menschen als mündigem, zu Selbstverantwortung und zum Lernen fähigen Wesen aus.

— OE schafft gezielt Lernsituationen im Alltag für Personen, Gruppen und das gesamte System.

— Organisationsentwicklungsprozesse beanspruchen ein großes Maß an Gestaltungsfreiheit.

— OE beginnt bei den Problemen des Alltags oder bei den Stärken aller Beteiligten. Die gemeinsame Situationsanalyse bildet die Grundlage für die Problemlösung und den Entwicklungsprozeß. Der bewußte Umgang mit Konflikten wird als wesentlicher Aspekt von Lernprozessen angesehen.

OE integriert Analyse-, Entscheidungs-, psycho-soziale und inhaltliche Lernprozesse.

OE versucht eine Einheit von Inhalt und Verfahren. Organisationsentwicklung ist nie wertfrei.

153

Diese Arbeitsdefinition verdeutlicht zweierlei:

— OE ist eine pädagogische Veränderungsstrategie: Sie setzt auf den mündigen Menschen, und sie schafft Lernanlässe.

— OE ist keine nur technische, sondern betont personenorientierte Strategie, die letztlich das Verhalten und Handeln ihrer Mitglieder ändern will.

Wer Verhalten und Handeln ändern will, muß mit massivem Widerstand gegen Wandel rechnen. Das ist eine alte Erfahrung. Mit Widerstand gegen Wandel muß jede Maßnahme der Erneuerung von Schule rechnen, so auch OE. Deshalb soll im folgenden eine Antwort auf die Frage versucht werden:

3. Wie kann Widerstand gegen Wandel bzw. Angst vor Neuerungen abgebaut werden?

So banal es klingt, so wichtig ist es, daran zu erinnern, daß Organisationen Mitglieder haben. Ohne Mitglieder gäbe es keine Organisationen. Bei Schulen sind die festen Mitglieder: die Schulleitung, die Lehrer und die Schulaufsicht, die wechselnden: die Schüler und Eltern. So trivial das klingen mag, so offensichtlich ist, daß dies die traditionelle Organisationstheorie zu übersehen geneigt ist, bei der es in erster Linie um Zwecke, Aufgaben, Organigramme, Regeln, Stellenpläne und Dienstanweisungen geht.

Weil Organisationen nicht nur Mitglieder haben, sondern mehr noch aus Mitgliedern bestehen, können Neuerungen nur gelingen, wenn Schulleiter, Lehrer und Schulaufsicht von deren Notwendigkeit und Vorzügen überzeugt werden, weil diese Personengruppen die Hauptakteure der Schulentwicklung sind.

Es ist jedoch kaum damit zu rechnen, daß Schulleiter, Lehrer und Schulaufsicht für Innovation und Reformen von vornherein aufgeschlossen sind. Eher sind Widerstand und Angst zu erwarten. Diese Resistenz ist ein allgemeines Phänomen, das viele Ursachen hat: Dazu gehören zum Beispiel die Anstrengungen, die durch die Notwendigkeit des Um- und Dazulernens entstehen, der Widerwille gegen aufgezwungene Änderungen, der mögliche Verlust von persönlichen Bindungen, die Angst, in der neuen Situation nicht mehr so gut bestehen zu können, oder Uneinsichtigkeit der Beweggründe des Wandels. Aber es gibt auch gute und berechtigte Gründe, sich gegen Wandel zu wehren (z.B. Arbeitsüberlastung oder Kritik an den Intentionen des Wandels). So ist es vielleicht hilfreich, sich über den Stand der Forschung, über den Widerstand gegen Veränderungen und Möglichkeiten des Abbaus zu informieren.

Der empirischen Forschung über Resistenz gegen Wandel verdanken wir erste Erkenntnisse darüber, wie Ängste gegen Wandel abgebaut werden können. Nach G. WATSON

– muß ein Organisationsentwicklungsprojekt die Unterstützung der „Topmanager" haben, also der Schulleitung, in manchen Fällen auch der Schulaufsicht, und
– müssen die Beteiligten das Gefühl haben, es sei ihr Projekt. Widerstände gegen Wandel werden um so geringer sein,
– je mehr die neuen Formen des Neuerungsprojektes mit den bisherigen übereinstimmen und
– desto weniger die Autonomie und Sicherheit (vor allem des Arbeitsplatzes) der Betroffenen bedroht ist (WATSON 1975).

Wenn man dieses Fazit aus der sozialpsychologischen Forschung naiv übernimmt, läuft es in der Essenz darauf hinaus, daß Widerstand gegen Wandel um so geringer ist, je weniger der Wandel wirklich (substantieller) Wandel ist. Das ist eine praktisch wenig hilfreiche Erkenntnis. Hilfreicher mag es sein, sich an den detaillierten Gelingensbedingungen zu orientieren, die aus der Innovationsforschung stammen.

Die vorliegenden Studien über die Gelingensbedingungen von selbstgeplantem organisatorischen Wandel können in acht Punkten zusammengefaßt werden (vgl. McLAUGHLIN 1990). Sie stehen alle unter der Überschrift: Die Widerstände werden geringer,

1. je mehr die Betroffenen in gemeinsamen Situations-Analysen einbezogen werden;

2. je mehr Konsensus bei Entscheidungen angestrebt wird;

3. je mehr Verständnis für Opponenten vorhanden ist bzw. auch angezeigt wird;

4. je mehr unterschiedliche, auch unterschiedlich wertvolle Vorschläge zur Kenntnis genommen, das heißt, diskutiert und abgeschätzt werden (ein fast schon „klassisches" Verfahren, das praktisch umsetzt, ist das „Brain-Storming");

5. je mehr Schritte unternommen werden, um aufkommende, aber unnötige Ängste abzubauen;

6. je mehr damit gerechnet wird, daß die Vorstellung neuer Projekte häufig zu Mißverständnissen und Unklarheiten führt, und je mehr unternommen wird, um diese auszuräumen (ein Beispiel dafür ist die „Stille Post", das bekannte Kreisspiel, bei dem etwa die Aussage „Opa ist stark wie ein Bär" nach der letzten Weitergabe als „Opa versucht immer, allen einen Bären aufzubinden" ankommt); *offene klare Kommunikationswege, + Infterns*

7. je mehr das Projekt offengehalten wird für eine Revision der Ziele und/oder Mittel, die durch unerwartete Erfahrungen veranlaßt werden können; und

8. je mehr die Betroffenen Verständnis, Vertrauen, Unterstützung und Anerkennung in ihren Beziehungen zu anderen (Projektteilnehmern) erfahren.

4. Fazit

Vor dem Hintergrund der Erkenntnisse über Widerstand gegen Wandel bei den Organisationsmitgliedern und wie man ihn überwinden kann, läßt sich abschließend besser begreifen als anhand formaler Definitionen, was Organisationsentwicklung bedeutet: OE ist nicht nur Verwaltungshandeln. OE ist vielmehr „mäeutische" Planung der Schulreform nach Hebammenart. Die Hebamme zeugt das Kind nicht, zieht es auch nicht auf. Sie hilft aber bei der Geburt und setzt dann auf die Eigeninitiative der Betroffenen.

156

Die sozialpsychologische Basis von OE zwingt zu der Erkenntnis, daß Veränderung von Organisationen auch immer Veränderung von Verhalten und Handeln der Menschen bedeutet, die Organisationsmitglieder sind: „Das Pferd muß nicht nur zum Brunnen, es muß auch trinken", lautet ein dazu passendes Sprichwort. Die klassische Organisationstheorie weiß wohl, wie man die Pferde zum Brunnen kriegt, nicht aber, wie man sie zum Trinken veranlassen soll. OE ist demgegenüber nicht nur technische Organisationsplanung, sondern immer auch rückgebunden an die Probleme, Bedürfnisse und Qualifikationen der Organisationsmitglieder – und zwar nicht nur kognitiv, sondern auch emotional. Sie ist im Schulbereich an Zielen und Inhalten orientiert. In diesem Sinne ist die OE ein ganzheitlicher Ansatz sozialer Veränderung.

Ich hoffe, daß diese Ausführungen dazu beigetragen haben, eine erste Vorstellung davon zu erhalten, was Organisationsentwicklung will und was OE leistet. Was OE tatsächlich *ist,* kann man erst erfahren, wenn man es *praktiziert.*

IX. Auf dem Wege zur sich-selbst-entwickelnden Schule[1]

Es ist nicht unproblematisch, das Thema Organisationsentwicklung mündlich oder schriftlich abzuhandeln: Was Organisationsentwicklung (OE) wirklich bedeutet, kann man nur unvollständig verstehen, wenn man nicht selbst praktische Erfahrungen damit macht − so, wie man das Autofahren auch nicht aus Worten und Texten erlernen kann, sondern nur durch Fahrübungen.

Angesichts dieser Schwierigkeiten sollen hier auch nicht weitere theoretische Ableitungen vorgestellt werden, sondern bemühe ich mich um eine konkrete Beschreibung dessen, wie wir bei der konkreten Schulgestaltung durch OE tatsächlich vorgehen, wobei einige theoretische Einschübe allerdings unvermeidlich sind.

Ich beziehe mich dabei auf die Schulleiterfortbildung in Nordrhein-Westfalen und auf das, was daraufhin in etlichen Schulen praktiziert wurde und wird. Ich ziehe eine Art Quint essenz aus dieser Praxis. Sie besteht aus drei strategischen Regeln und aus einer Antwort auf die Frage: Wann, wie und unter welchen Bedingungen sollte man eine OE-Maßnahme zur Schulgestaltung anfangen. Ich beginne mit der

---

1 Dieses Kapitel geht auf einen Vortrag zurück, den ich am 16.12.1990 auf dem Bamberger Schulleitersymposion hielt.

1. Regel: Organisationsentwicklung ist Programmplanung

Diese Regel klingt abstrakt. Sie erfordert einige theoretische Erörterungen:

Das klassische Bürokratiemodell von Organisation trennt bekanntlich Ziele und Mittel strikt voneinander, aus der Sicht von OE sind sie eine untrennbare Einheit. Um das zu erläutern, ist ein kleiner Ausflug in die Wissenschaftstheorie unvermeidlich. In der Wissenschaftstheorie ist das Verhältnis von Zielen und Mitteln umstritten. Zumindest sind zwei Richtungen deutlich voneinander zu unterscheiden, die ihr Interesse entweder einseitig auf die Behandlung der Zwecke oder aber ebenso einseitig auf die Behandlung der Mittel konzentrieren. So liegt bei den Vertretern einer hermeneutisch orientierten Wissenschaft der „Nachdruck offensichtlich mehr auf den Zwecken als auf den Mitteln" (HORKHEIMER 1967, S. 16). Die Bevorzugung des Zweckaspekts kann so weit gehen, daß dabei − zumindest gelegentlich − der Maxime, der Zweck heilige die Mittel, gefolgt wird. LITT hat dagegen eingewandt, die „Gleichgültigkeit gegen die Mittel käme der Untreue gegen den Zweck gleich" (LITT o.J., S. 100). Ziele verflüchtigen sich dann in den Wolken. Demgegenüber haben bedeutende Gelehrte wie KANT und WEBER betont: Wollen impliziert Können, daß man sozusagen nur wollen kann, was man auch können kann.

Umgekehrt neigen die Vertreter einer analytisch-empirisch orientierten Wissenschaft dazu, die bloße Mitteldiskussion zu bevorzugen. Das führt nicht nur zur Ausklammerung von Zielinterpretationen, sondern im Extremfall zu einer technokratischen Position, die nach SCHELSKYs Formulierung davon ausgeht, „daß sozusagen die Mittel die Ziele bestimmen, oder besser: daß die technischen Möglichkeiten ihre Anwendung erzwingen" (SCHELSKY 1965, S. 456). Hier wird auch Wertfreiheit behauptet.

Beide Positionen können einer strengen Prüfung nicht standhalten. Denn bei genauerem Hinsehen zeigt sich, daß Mittel unter bestimmten Gesichtspunkten auch als Ziele erscheinen können und somit geradezu definitionsgemäß der Wertung unterliegen − und umgekehrt Ziele den Charakter von Mitteln annehmen.

160

Ziele können Mittel sein und Mittel Ziele. Ein Beispiel dafür ist die Moralerziehung. Sie kann Ziel sein, sogar ein hohes und erhabenes, ein Wert an sich. Sie kann aber auch als Mittel verstanden werden, als Mittel der staatsbürgerlichen Erziehung, um zum zivilen Ungehorsam zu erziehen – oder umgekehrt, um Kritik zu verhindern. Dieses Beispiel zeigt auch, daß ein Zweck nicht die Mittel heiligt, beispielsweise nicht die Prügelstrafe legitimiert. Ebenso kann das, was die meisten für ein Mittel halten, zum Ziel werden. Ein gutes Beispiel ist der Computer; er ist eher ein Mittel, aber für viele ist er auch ein Wert an sich, namentlich für Computerfreaks. Genauso können Pünktlichkeit, Fleiß, Arbeitsverhalten zweitrangige Werte sein, sog. Sekundärtugenden bzw. Mittel, die Primärtugenden untergeordnet sind. Für einige verselbständigen sie sich jedoch zu primären Zielen.

Diese Überlegungen zeigen exemplarisch, daß nicht nur die Ziele, sondern auch die Mittel eines Handlungsverlaufs wertbehaftet sind. Deshab ist MYRDAL zuzustimmen, wenn er folgert: „Die Mittel sind nicht wertmäßig indifferent. Die Wertsetzung bezieht sich jeweils auf einen ganzen Verlauf und nicht nur auf ein antizipiertes Schlußresultat" (MYRDAL 1965, S. 223). Er weist ferner darauf hin, daß die Ziele niemals als totale Endsituation eines Handlungsablaufs, sondern jeweils nur als ein – gleichwohl wichtiger – Ausschnitt daraus betrachtet werden können. Aus diesem Grunde wird der erfolgreiche Mitteleinsatz in der Regel nicht nur die durch die Ziele bezeichneten Folgen haben, sondern darüber hinaus zu erwünschten oder unerwünschten Nebenfolgen bzw. Nebenwirkungen führen, bis hin zum pädagogischen Gegenteileffekt. Dafür ist die Neugestaltete Gymnasiale Oberstufe (NGO) ein anschauliches Beispiel. Sie entstand 1972, bildungstheoretisch gut begründet, um den Schülern mehr Wahlmöglichkeiten zu eröffnen, über Spezialisierung und Neigung, gewissermaßen dialektisch das Allgemeine zu erschließen. Im gleichen Jahr wurde der Numerus clausus beschlossen, der zur Folge hatte, daß die Schüler gerade nicht sich spezialisierend ihren Neigungen nachgingen, sondern „außengesteuert" die Fächerkombinationen wählten, die am ehesten verhießen, den Numerus clausus zu überlisten. So können Folgen die Zwecke dementieren. Das sind häufig ungewollte Folgen.

Diese Nebenwirkungen müssen — wie bereits Max WEBER betont hat — an den Zielen wertend abgeschätzt werden. Somit unterliegt jedes einzelne Element innerhalb sämtlicher möglicher Verlaufsalternativen einer Wertsetzung. Es müssen „nicht nur der Zweck, sondern auch die Mittel und Nebenwirkungen, das heißt ganze Verläufe in allen ihren Elementen gewertet werden . . . ehe sie vergleichbar sind" (MYRDAL 1965, S. 223). Die Wertung von Schulentwicklungsvorhaben ist also nicht auf ihre Zwecke begrenzt, sie umfaßt die Mittel und Nebenwirkungen ebenso.

Im Anschluß an MYRDAL bezeichnet STREETEN derartige komplexe Zweck-Mittel-Nebenwirkungen-Abläufe als *Programme:* „Programm soll . . . als ein Plan beabsichtigter Handlungen verstanden werden . . . Ein Programm ist die Formulierung einer Politik. Es besteht aus bestimmten Zielen und bestimmt die Art und Weise, wie diese Ziele verfolgt werden sollen."

Das Programm als „Komplex gewünschter Ziele, Mittel und Handlungsverläufe sowie auch der Nebenwirkungen, die neben den Zielen die unvermeidbaren Folgen sein können" (STREETEN 1965, S. 16), erhöht durch den Vergleich ausformulierter Programme die Rationalität bei Prioritätenentscheidungen. Und erst Programme lassen erkennen, ob Ziele ernst gemeint sind.

Programme verknüpfen Vorhersagen mit Erfahrungswissen über Mitteleinsätze sowie gewollten Zielen; erst dadurch erhalten Planungen ihren Sinn und die Ziele ihre Durchsetzungschancen: „Um wirksam zu sein, muß ein Programm dem wahrscheinlichen und möglichen Verlauf der Ereignisse Rechnung tragen, mit anderen Worten: das Programm muß auf Analyse und Prognose gegründet sein. Programme verändern sich im Lichte neuen Wissens über Tatsachen. Programme ohne Prognose sind müßige Wunschträume oder leere Proteste."

Aus diesen Überlegungen ergibt sich für Vorhaben der Schulgestaltung die Notwendigkeit, umfassende Programme zu entwickeln, die Analysen der Ausgangssituation mit Voraussagen, Zwecksetzungen, Mittelzuordnungen und Nebenfolgenabschätzungen verbinden.

Die Technik der Programmentwicklung ist die Erstellung von *Ablaufdiagrammen,* mit denen wir seit Mitte der 70er Jahre arbeiten.

Das Ablaufdiagramm ist eine Technik gemeinsamer Planung. Es verwendet Visualisierungstechniken, um zeitlich-logische Abfolgen von Tätigkeiten und Arbeitszusammenhängen transparent zu machen. Ausgangspunkt für jede Ablaufplanung ist eine möglichst umfassende Auflistung aller zu erfüllenden Teilaufgaben bzw. Vorgänge. Die einzelnen Vorgänge sollen dabei so kleinteilig und kleinschrittig gewählt werden, um einen möglichst genauen Überblick über Art, Umfang und Aufwendigkeit eines Programms zu erhalten.

Es ist wichtig, das Ablaufdiagramm in Gruppenarbeit mit Hilfe von Aktionskarten zu erstellen. Die Vorgänge werden mit der Methode des Brainstormings gesammelt und auf die Aktionskarten geschrieben. Dabei gelten zwei Regeln:

— Auf den Karten keine Wünsche sondern konkrete Ereignisse, Tätigkeiten und Vorgänge angeben; d.h. es werden „Tatkarten" ausgefüllt.

— Der zeitliche Ablauf wird von links nach rechts abgetragen.

Die Vorgänge/Tätigkeiten werden als Kästchen dargestellt. Notwendige Entscheidungspunkte werden durch eine Raute gekennzeichnet. Die Pfeile zwischen den Rauten und Kästchen geben das zeitliche Nach- und Nebeneinander der Tätigkeiten wieder. Bei der Erstellung eines solchen Ablaufdiagramms geht es darum zu prüfen,

— welcher Vorgang einem bestimmten Vorgang zeitlich vorangehen muß,
— ob Vorgänge auch zeitlich parallel bearbeitet werden können und
— ob die personellen Voraussetzungen für eine zeitliche Parallelität von Tätigkeiten auch vorhanden sind.

Es kommt bei der Erstellung eines Ablaudiagramms nicht so sehr auf Perfektion an, dafür desto mehr auf Aktivierung von Zusammenarbeit, also auf Kooperation. Denn Ablaufdiagramme sind in erster Linie Verfahren der *kooperativen Planung,* sie dienen durch die Visualisierung und Dokumentation der Ergebnisse als Instrumente der Schulgestaltung. Sie sind so angelegt, daß sie Zielentscheidungen durch die Konkretisierung von pädagogischen Vorhaben fundiern, indem einem Kollegium die konsequente Visualisierung der Planung mit ihren personellen, materiellen und zeitlichen Implikationen verdeutlicht werden, um welches Ziel es sich letztlich handelt und ob man überhaupt in der Lage ist, sich auf das Projekt einzulassen. In diesem Sinne können Ablaufdiagramme sowohl das „Ob" als auch das „Wie" einer pädagogischen Maßnahme beantworten.

Ablaufdiagramme sind eine wichtige Hilfe für kooperative Planung. Die entscheidenden Vorteile der Ablaufdiagramme sind:

— Das Verfahren ist relativ leicht handhabbar; es benötigt nur wenig Vorkenntnisse und ist rasch routinisierbar.
— Die einzelnen Projektschritte müssen vollständig ermittelt werden; d.h. das Projekt muß von Anfang an systematisch durchdacht werden.
— Das jeweilige Vorhaben wird in seinem zeitlichen und sachlogischen Ablauf und in seiner personellen Kapazität transparent.
— Die Arbeit an diesem anschaulichen — für jeden sichtbaren und nachvollziehbaren — Instrument kann Kommunikation und Kooperation sowie Selbststeuerung und Selbstkontrolle im Kollegium fördern.
— Technische, sachliche und personelle Engpässe werden schnell sichtbar und können aufgrund der Transparenz im Falle von Komplikationen schnell gelöst werden.
— Sie können Ängste abbauen, weil die wirkliche Belastung sichtbar wird.
— Alternativ geplante Ablaufdiagramme bilden eine gute Grundlage für „aufgeklärte" Prioritätenentscheidungen. Wichtig ist, daß nur solche Aktionsplanungen, die man gemeinsam erstellt, die Chance haben, akzeptiert und verstanden zu werden.

2. Regel:
Programmplanung ist kooperative Prozeßplanung

Programme beziehen sich auf Verläufe bzw. Verlaufsalternativen — wie MYRDAL sagen würde.

Die Verläufe werden üblicherweise in Phasen aufgeteilt, weil das die aktive Programmplanung übersichtlicher macht und auf eine schrittweise Realisierung verweist. Derartige Phasen weisen bestimmte wiederkehrende und erwartbare Eigenschaften auf, die im Zusammenhang mit ihrer Funktion und ihren spezifischen Leistungen für den Fortgang des Entwicklungsprozesses untersucht werden müssen. Phasen lassen sich möglicherweise zu Zyklen zusammenfassen, die Bestandteile längerfristiger Entwicklungsprozesse sind. In den Grundschulrichtlinien Nordrhein-Westfalens heißt es: Schulgestaltung durch *1. Bewußtmachen; 2. Kritisch Einschätzen; 3. Weiterentwickeln.*

Die US-amerikanische Literatur über OE unterscheidet üblicherweise drei aufeinanderfolgende Phasen des Organisationswandels in Schulen, nämlich

— Initiation (Hier hat die Schulleitung nur eine Hebammenrolle)
— Implementation (Beispiel: Realisierung von Computersoftware auf dem PC oder Verwirklichung eines Gesetzes)
— Inkorporation (Beispiel: Projektwoche und was davon bleibt)

Dem Institutionellen Schulentwicklungs-Programm (DALIN/ROLFF/BUCHEN 1990), mit dem wir in NRW und in Bremen arbeiten, unterliegt ein sehr differenziertes Phasenschema, wie Abbildung 8 zeigt. Diese Abbildung suggeriert allerdings eine Linearität, die in der Praxis nicht vorkommt. Die Phasen stellen sich in jeder Schule ganz unterschiedlich dar, einfach weil die einzelne Schule der Ort der Veränderung ist und weil die kontextuellen Faktoren für Selbstorganisation so wesentlich sind. Wir benutzen das Phasenschema aus zwei Gründen dennoch: Einerseits vermittelt es vorab eine gewisse Orientierung („advanced organizer"), andererseits veranschaulicht es die Differenziertheit des Prozesses ganz gut. Die erste Phase nennen wir:

Initiation und Einstieg: Schulen setzen sich aus vielerlei Gründen mit Entwicklungsaufgaben auseinander. Das kann damit beginnen, daß ein „Problem" bemerkt wird. Doch das muß nicht so sein. Einige sehr erfolgreiche Schulen möchten ihre Organisation weiter entwickeln und ergreifen dazu selber die Initiative. Sie wollen ihre Stärken herausarbeiten. Jedenfalls existiert oft ein — wenn auch manchmal vages — Bedürfnis nach Veränderung. Wir meinen, daß dieses vage Bedürfnis als „Frühwarnsystem" wichtig ist. Doch wissen wir, daß die Schule ihre Bedürfnisse erweitern und verändern wird, sobald sich die Lehrerinnen und Lehrer stärker ins Prozeßgeschehen einbringen.

Dann wird eine Steuergruppe gebildet, worauf ich noch zurückkomme.

Es folgt die Phase:

Gemeinsame Analyse und Diagnose: Wenn die Schule mit ihrer Arbeit mit oder ohne Berater beginnt, wird üblicherweise eine Anzahl von Problemen auf den Tisch gebracht. Die externen Berater können dabei helfen, indem sie die Schule dazu bringen, die Bedürfnisse besser zu verstehen und allmählich ein Verhältnis dazu aufzubauen. Es mag vielleicht auch schon klar werden, daß der Kontrakt modifiziert werden muß.

Auf der Basis des Kontraktes folgen dann die Schritte:

Datensammlung: Sammeln neuer und Analysieren vorhandener Daten. Das Sammeln neuer Daten geschieht durch ein standardisiertes oder durch ein maßgeschneidertes Instrumentarium. Die Schule entscheidet, was gesammelt wird. Dieser Prozeß führt zur Datenanalyse: Sie wird immer mit der Steuergruppe gemeinsam durchgeführt. Gewöhnlich führt dieser Prozeß zur *Daten-Rückmeldung (Feedback),* d.h. zu einem Dialog mit allen Teilnehmern, damit alle die Daten analysieren und verstehen können, was sie für sie bedeuten. Daten allein haben keine Aussagekraft. Nur die diesbezüglichen Wahrnehmungen der Teilnehmer haben eine Bedeutung.

Vor allem in diesen Anfangsphasen, aber auch in den folgenden Phasen, sind Prozesse zentral, die zur Entstehung funktionsfähiger Arbeitsgruppen führen. Wir nennen dies Prozesse der *Teambildung.*

An die Daten-Rückmeldung schließt sich an die Phase der *Zielklärung und der Prioritätensetzung.* Es geht hier um die Fähigkeit der Schule, ihre Intentionen zu formulieren und Alternativen zu erstellen. Dies ist der zentrale Teil des ganzen ISP. In dieser Phase ist es wichtig, den kreativen Prozeß zu erleichtern, der der Schule hilft, ihre Vorstellungen und Ziele zu formulieren. Auch hierauf komme ich noch zurück.

Abb. 8: Phasenschema des ISP

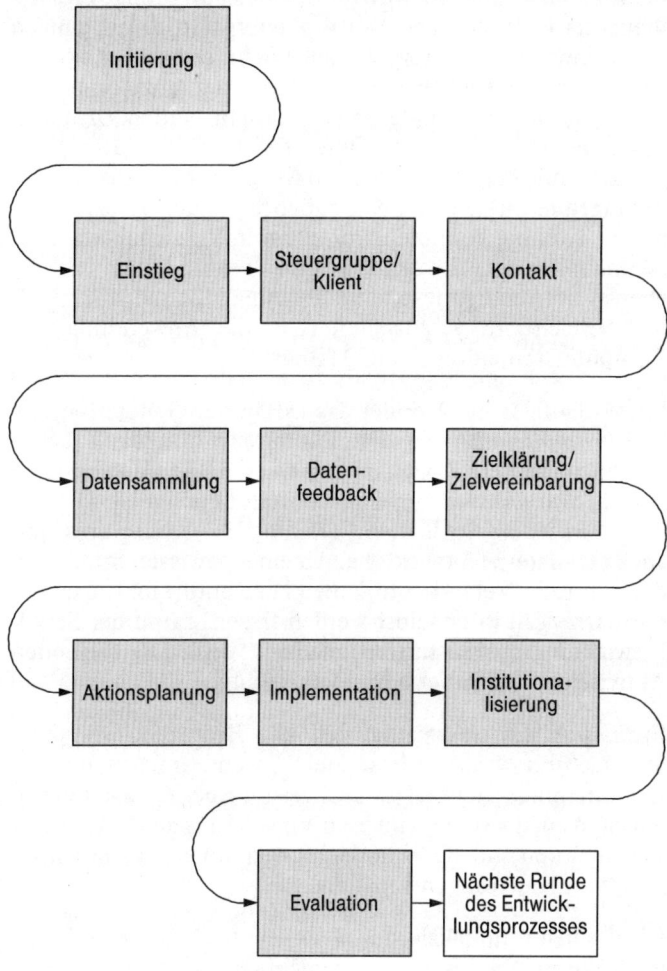

Quelle: DALIN/ROLFF/BUCHEN 1990, S. 40

Es folgt die

Aktionsplanung: Hierbei müssen Ziele und Prioritäten in konkrete Planungen umgesetzt werden. Eine Anzahl von Projektmanagement-Techniken gehört zum normalen Repertoire dieser Phase, die zur *Implementation* führt. Um Pläne zu verwirklichen, wird die Schule häufig einige Projekt-Ideen als Pilot-Vorhaben ausprobieren und damit einigen Lehrerinnen und Lehrern wie auch Schülerinnen und Schülern Gelegenheit geben, die neue Praxis kennenzulernen, bevor Organisationsveränderungen versucht werden. *Organisationsentwicklung* ist so umfassend, daß sie im Prinzip die ganze Schule betrifft und bei den Mitgliedern Verhaltensänderungen bewirkt. Um dieses möglich werden zu lassen, ist häufig Training vonnöten, vor allem in Bereichen wie Projektmanagement, Evaluation und Teambildung. Es ist ebenso notwendig, besondere Trainings für spezifische Inhaltsbereiche zu veranstalten (z.B. die Anwendung von Computersimulation in der Mathematik).

Ein vorläufiges Ende findet das ISP in der Generalisierung und *Institutionalisierung:* Das Pilotprojekt durchläuft für gewöhnlich mehrere Zyklen, an denen eine ständig wachsende Anzahl von Lehrerinnen und Lehrern beteiligt ist. Das bedeutet in jedem FAll mehr Training des Kollegiums und auch oft Materialentwicklung. Ab einer gewissen Stufe muß die Schule ihr Veränderungsarbeit zur Routine und zu einem normalen Teil ihrer selbst werden lassen, damit der Schulentwicklungsprozeß institutionalisiert wird. Die folgenden Aktivitäten sind dabei besonders wichtig:

Evaluation. Es ist wichtig, daß alle Evaluation sorgfältig durchgeführt wird (im besonderen, wenn am Anfang kein Einvernehmen steht). Die Diskussion über Evaluationsdaten kann auch zu einem tieferen Verständnis der Notwendigkeiten führen und die Voraussetzungen für eine Generalisierung von Neuerungen schaffen.

Für die Institutionalisierung ist es sehr wichtig, Lehrerinnen und Lehrern, die bis jetzt noch nicht eingebunden sind, Gelegenheit zu geben, Fähigkeiten zu erwerben für die neue Praxis, die ja möglicherweise verpflichtend wird. Dies kann ein Kollegium desto besser bewältigen, je mehr Erfahrungen mit der Neuerung in der Projektperiode gesammelt werden konnten. Hinzukommen müssen spezielle Veranstaltungen zur Kollegiumsentwicklung.

Es ist wichtig zu verstehen, daß diese Aktivitäten in keiner Weise linear ablaufen. Sie treten zu unterschiedlichen Zeiten im Prozeß auf. Man muß sie weitestgehend als zyklische oder spiralige Prozesse verstehen.

Entscheidend für jede Prozeßplanung ist zweierlei:

1. *Prozeßplanung ist kooperative Planung.* Es handelt sich immer um einen sozialen Prozeß, das heißt alle Betroffenen sollten daran mitwirken. Die Mitwirkung ist wichtiger als technische Perfektion, eine kooperative Planung eines Ablaufdiagramms ist effektiver als ein Computernetzplan, den ein Experte allein erstellt.

Hier stellt sich das *Problem der großen Zahl:* Hat das Kollegium sieben bis zehn Mitglieder, können alle direkt kooperieren. Wir wissen aus der Gruppenforschung, daß ca. 7 die ideale Gruppengröße ist. Hat die Schule 20 Kolleg(innen), müßte man demgemäß drei Gruppen bilden, die parallel oder in Alternativen arbeiten können, intern kooperieren und extern koordiniert werden. Bei 40 Personen würde man mindestens vier Gruppen bilden. Bei mehr als 50 Personen geht diese Strategie nicht mehr auf. Bei größeren Schulen wird die Einsetzung einer *Steuergruppe* unerläßlich, bei der auch der Schulleiter Mitglied ist (nicht Vorsitzender), welche den OE-Prozeß nach der Initiierung „steuert"; deshalb auch Steuergruppe genannt, nicht Planungsteam oder Projektgruppe, denn davon gibt es mehrere, die koordiniert werden müssen. Alle wichtigen Gruppen der Schule sollten sich in der Steuerungsgruppe repräsentiert finden.

Die Arbeit mit einer Steuergruppe erfordert häufig einen externen Berater.

Programmplanung als Prozeßplanung läuft darauf hinaus, Projekte zu initiieren und in kooperativen Gruppen daran zu arbeiten. Die Arbeit mit Gruppen, die von einer Steuergruppe koordiniert werden, erhöht im Kollegium in aller Regel das Organisationsbewußtsein, also das Bewußtsein, daß man als Lehrer nicht Einzelkämpfer ist, sondern Mitglied einer Organisation.

2. *Planung und Ausführung* gehören zusammen. Das ist fast eine anthropologische Basisbedingung. Das kann am Beispiel Jäger und Treiber gezeigt werden. Nur wenn die Treiber bei der Planung beteiligt waren, klappt die Jagd. Durch gemeinsame Planung kann sich ein Kollegium selbst mobilisieren oder motivieren. Nur wer etwas selber macht, kann

von einer Woge der Begeisterung getragen werden. Und nur kooperative Planung kann diejenigen einbeziehen, denen die Ausführung obliegt. Gemeinsame Prozeßplanung ist die Basis einer sich-selbst-entwickelnden Schule.

Bei der Prozeßplanung geht es letztlich um Organisations-Lernen, um die Etablierung teamförmiger Arbeitsgruppen, um die Institutionalierung von Selbststeuerung, vielleicht auch um die Schaffung eines Supervisions-Systems und die Durchführung regelmäßiger Schulbeurteilungen.

3. Regel:
Die Implementation entscheidet über das Ergebnis

Diese dritte strategische Regel basiert auf empirischen Untersuchungen, die zu dem Ergebnis kamen: Implementation ist die wichtigste Phase der Programmplanung: Man könnte sagen, *OE versteht das gesamte Theorie-Praxis-Problem als Implementationsproblem,* das darin besteht, die Frage zu beantworten: Wie müssen Verwaltung und Lehrer, Politiker und Wissenschaftler in allen Phasen des Wandels vor oder in Schulen zusammenwirken, damit das geschieht, was nötig ist. *Nichts wird so realisiert, wie es einmal geplant war,* ist das Resümee der Forschungen unseres Instituts. Aber nur wenn wir uns mit Beliebigkeit akzeptieren, brauchen wir keine Planung. Deshalb müssen wir uns um *Implementationstreue* bemühen. Implementationstreue ist ein Ideal, eine Richtschnur. Ein Ideal ist wie ein Stern, den man auch nie erreicht, aber zur Orientierung dringend braucht.

Es gibt einige methodische Ansätze zur Verbesserung der Implementationstreue, die uns versprechen, dem Ideal etwas näher zu kommen.

(1) Der erste methodische Ansatz ist: *Ziele klären und vereinbaren.*

Dieses ist vielleicht der wichtigste methodische Ansatz, zumindest aber der schwierigste. Von der Managementlehre kann man im Schulbereich kaum etwas lernen. In der Managementlehre liegt kaum Literatur zur Zielklärung vor, und es werden auch keine praktikablen Methoden entwickelt. Das mag daran liegen, daß die Ziele für Firmen und Unternehmungen relativ klar sind, für Schulen jedoch nicht. Das hängt mit der in Kap. VII behandelten Eigenart pädagogischer Ziele zusammen.

Die Eigenart pädagogischer Ziele verlangt nach Reflexion, das „prüfende und vergleichende Nachdenken über etwas". Dies muß der Schulleitung wie dem Kollegium ebenso zugestanden werden wie die zwingende Konsequenz daraus, die Möglichkeit zur Mitwirkung und Mitbestimmung bei der Zielbestimmung. Es kann also nicht um eine Zielfestsetzung und schon gar nicht um eine Zielanordnung gehen, sondern im wesentlichen um Zielklärungen und um Zielvereinbarungen. Dazu eignen sich weder Deduktionen aus Verfassungsnormen, Bildungstheorien oder aus gesellschaftlichen Funktionsanforderungen noch induktive Ableitungen aus spezifischen Funktionsmängeln der Schule (vgl. dazu MEYER 1972).

Bei der Zielklärung und der daraus folgenden Aktionsplanung handelt es sich also nicht um ein technologisches Problem, sondern um einen komplizierten sozialen Prozeß, der Kooperation verlangt und nur durch Kooperation erfolgreich sein kann.

Was die Ziele einer „guten Schule" sein sollen, kann nicht vorgegeben werden — weder durch die Administration noch durch Schul- oder Bildungstheorie. Vorgaben führen höchstens zur Verdinglichung von Zielen oder/und zur „inneren Kündigung" der Kollegien, die die Zielvorgaben auf der Oberfläche bejahen, im praktischen Handeln jedoch negieren. Die realen Handlungsziele (im Rahmen der staatlichen Vorgaben) kann sich das Kollegium nur selber geben: Zunächst durch *kooperative Zielklärung* und dann durch *kooperative Zielvereinbarung*. Was eine gute Schule ist, entscheidet die Schule letztlich selbst.

Um zu vermeiden, daß Zielklärungen folgenlos bleiben, haben wir den Ansatz „Die Ziele über die Mittel klären" entwickelt. „Die Ziele über die Mittel klären" heißt vor diesem Hintergrund, sich auf die Mittel zu besinnen, die der Schule zur Verfügung stehen und die man selber verwenden möchte, um bestimmte Ziele zu erreichen. In dem Maße, wie ein Kollegium lernt, erwünschte Ziele mit gebilligten Mitteln zu verknüpfen, schreitet die OE von der Zielklärung zur Ziel-

171

vereinbarung voran. Wenn man dabei technokratische Verkürzungen vermeiden will, müssen erst die Ziele diskutiert und vielleicht sogar erweitert werden, bevor die Mitteldiskussion als „freiwillige Selbstbeschränkung" in Funktion tritt. Genauso wichtig ist jedoch die Sichtweise des Pragmatikers: Weil Ziele und Mittel ineinander transformierbar sind, die Ziel-Mittel-Relation umkehrbar ist, reicht es nicht, die Zielvereinbarung nur auf der Zielebene zu treffen; die Mittel müssen miteinbezogen werden. Die „Ziele über die Mittel zu klären" wirkt im übrigen auch entlastend. Über Mittel läßt sich in einem Kollegium häufig leichter reden als über Zielfragen, die immer ideologisiert und damit konfliktgeladen erscheinen.

In dem Maße, wie Ziele kooperativ über die Mittel vereinbart werden, tritt eine Schule unmittelbar in den Prozeß der Gestaltung ein, legt sie doch über den Mitteleinsatz die konkreten Aktionen der Schulentwicklung fest.

(2) Der zweite methodische Ansatz lautet: *Konflikte möglichst vorher klären.*

Nur bei Konflikten wird etwas klar, was vorher unklar war. Konflikte sind häufig verdeckt. Sie drängen aber stets an die Oberfläche, wenn sich z.B. jemand verrät, indem er sagt: „Wir helfen uns oft gegeneinander." Konflikte treten spätestens bei der Implementation zutage. Implementation ist immer Konfliktbewältigung, und Konflikte treten erst voll in Erscheinung, wenn die Folgen klar werden. Konflikte müssen möglichst frühzeitig ausgetragen werden, sonst treten sie an der unpassendsten Stelle wieder auf.

Konflikte sind auch eine Chance. Es gibt ein neues Motto: „Hurra, wir haben ein Problem". Das ist übertrieben, aber im Prinzip ernst zu nehmen. Bei schweren Konflikten ist ein externer Berater vonnöten, zumindest dann, wenn die Schulleitung selber involviert ist. Und es kann natürlich nicht um beliebiges „Herumreiten" auf Konflikten gehen, sondern darum, herauszufinden, welche Konflikte sich unter den gegebenen Bedingungen produktiv machen lassen. Das ist allerdings nur von Fall zu Fall zu entscheiden.

(3) Den dritten methodischen Ansatz nenne ich: Die *Explizitheit* muß so *groß* wie möglich sein, die *Komplexität* muß transparent werden.

Die Explizitheit wird durch kooperative Zielklärung und Zielvereinbarung erreicht. Das habe ich bereits behandelt.

Die Komplexität muß bearbeitbar gemacht werden, vor allem am Anfang, beim Einstieg, der sensibelsten Phase der OE. Damit bin ich bei der Frage:

4. Wo und womit kann man bei der Selbstorganisation beginnen?

Dies ist die Frage nach dem Entry, dem Einstieg bei der Schulgestaltung. FOLTZ, HARVEY und McLAUGHLIN haben diese Fragen durch empirische Ermittlungen zu beantworten versucht. Sie leiten aus einer Analyse aller einschlägigen Untersuchungen und eigenen Erfahrungen vier Kriterien ab, die für eine Entscheidungsfindung sehr nützlich sind: Demnach sollte mit *OE-Projekten zur Schulgestaltung* dort angefangen werden;

— wo *Mißstände* am augenfälligsten sind (z.B. ein verwahrloster Schulhof) oder wo die Organisationsmitglieder die größten *Stärken* sehen,

— wo *kurzfristige* Erfolge zu erwarten sind (das meint meistens: im Laufe eines Schuljahres),

— wo *sichere* Erfolge zu erwarten sind und

— wo *sichtbare* Erfolge zu erwarten sind.

Wichtig ist, daß alle vier Kriterien gleichermaßen beachtet werden. Hinzu kommt, daß die Maßnahmen der Schulgestaltung

— von einer *Mehrheit* gewollt sein müssen („tatsächliche" Bedürfnisse)

— und von allen, wenn nicht getragen, so doch *ertragen* werden können müssen.

Man sollte also nicht mit allzu großformatigen und auch nicht mit strittigen Problemen anfangen. Aber auch nicht mit Petitessen, mit unbedeutenden Kleinigkeiten bzw. mit Einmaligkeiten. Die Projekte der Schulentwicklung sollten schon auf's Ganze der Schule zielen. Das ist scheinbar ein

Widerspruch. Wie kommt man da heraus? Indem man bei allen Projekten darauf achtet, daß sie bezogen bleiben auf das *Ganze der Schule* als soziale Organisation. Das wird nur gelingen, wenn das ganze Kollegium eine

— gemeinsame Zielklärung vornimmt und
— in einer Mehrzahl von Teams kooperiert.

So kann Schritt für Schritt ein zusammenhängendes Schulkonzept oder Schulprogramm einer Einzelschule gestaltet werden. Dieses ist der offensichtlichste Ausdruck des Ganzen einer Schule, und es enthält auch ein Stück Vision, — allerdings keine aufgepfropfte oder angeordnete, sondern eine selbstgemachte Vision, die im übrigen immer wieder überdacht und verändert werden muß.

Erich KÄSTNER könnte einer der Gründerväter von OE sein; denn er hat bekanntlich formuliert: „Es gibt nichts Gutes, es sei denn, man *tut* es."

Unser Ansatz ist allerdings noch konsequenter. Wir sagen: „Es gibt nichts Gutes, es sei denn, man tut es *gemeinsam*."

X. Schulleitung und Kollegium als Motoren der Entwicklung[1]

„Schulen sind wie Stromkreise. Es gibt Leiter, Halbleiter und auch Widerstände" (Redeweise)

Empirische Studien belegen, daß Ideen über Qualität von Schule wichtig sind ebenso wie Visionen darüber, wie Schule sein sollte (vgl. HUBERMAN/MILES 1984). Aber sie weisen auch nach, daß Ideen über gute Schulen allein nicht reichen. Hinzu kommen muß die Implementation dieser Ideen, die alltägliche Konkretisierung. Aus den Forschungen über Organisationsentwicklung von Schulen (DALIN 1986, S. 113 ff.) wissen wir, daß dabei die ganzheitlich verstandene Einzelschule als Motor der Entwicklung anzusehen ist.

Aber die Schule ist keine Maschine, die aus gut funktionierenden Teilen besteht, sondern eine komplizierte soziale Organisation von miteinander lebenden Menschen: Schülern, Eltern, Lehrkräften und Schulleitung. Genauer gesagt sind diese Menschen der Motor der Entwicklung.

Wir wissen aus Erfahrung und Forschung, daß vor allem die ständigen Mitglieder von Organisationen die Träger der Entwicklung sind, bei der Schule also Lehrkräfte, Leitung und Schulaufsicht. Deshalb sollen zum Abschluß deren Rollensituation und Handlungsperspektiven etwas genauer dargestellt werden. Ich beginne mit der Schulleitung.

---

1 Dieses Kapitel beruht im ersten Teil auf Vorträgen für die Schulleiterfortbildung in NRW und im zweiten auf einem Beitrag, den ich für die Bremer "Schulbeispiele", H. 1, 1992, geschrieben habe.

1. Schulleiter als „Türöffner"?

In der Mehrzahl der Untersuchungen über die Gelingensbedingungen schulischer Innovationen wird die Rolle des
Schulleiters als Schlüsselrolle angesehen; er wird häufig als
„gatekeeper" (Türöffner) von Innovationen bezeichnet. FUL-
LAN (1991) hat diese Rolle am ausführlichsten analysiert. Er
muß allerdings auch einräumen, daß es bisher sehr wenig
empirische Studien gibt, die Aufschlüsse über die konkrete
Rolle der Schulleitung beim Wandel von Schulen erlauben.
Was allerdings an einschlägigen Ergebnissen vorliegt, hat er
zusammengetragen, wobei er von Analysen über die tatsächlichen Tätigkeiten der Schulleiter und deren Zeitbudget ausgeht. FULLANs Zusammenfassung bezieht sich auf die Tätigkeiten von Schulleitern in Nordamerika.

Danach ist die typische Schulleitertätigkeit Kommunikation,
vor allem im direkten Zweiergespräch, aber auch in Besprechungen, Sitzungen und Telefonaten.

- Ungefähr ein Viertel der Zeit verbringt eine Schulleiterin
  oder ein Schulleiter in geplanten und vorbereiteten Besprechungen,
- ein anderes Viertel in geplanten, aber nicht vorbereiteten
  Besprechungen
- und 15% in gelegentlichen, ungeplanten Begegnungen.
- Es bleiben nur 15% ihrer/seiner Zeit für ungebundene
  Kommunikation.

Nur 20% sind keine Kommunikationstätigkeiten.

Es wurde ferner festgestellt, daß die Schulleiterin wie der
Schulleiter sich fast wahllos auf jedes Problem einläßt, das
entsteht. Sie haben kein System von Prioritäten – außer das
Prinzip, zu verhindern, daß aus kleinen Problemen große
werden. Ihre Haupttätigkeit ist Krisenmanagement. Sie antworten täglich auf Notfälle, sind immer erreichbar und sehen
alle Probleme als wichtig an. Schulleitungsmitglieder nehmen permanent eine Art „Feuerwehrfunktion" wahr. Bezieht man die neuere Managementtheorie auf den Schullei-
teralltag, so könnte man diese Tätigkeit ironisch als „management by running around" charakterisieren.

Der Alltag der Schulleiterin wie des Schulleiters erscheint in
den Studien als sporadischer, der gleichermaßen gekenn-

zeichnet ist durch Kurzatmigkeit, Vielfalt und Bruchstück-haftigkeit. FULLAN berichtet von einer Studie, die erbrachte, daß Leiter von Sekundarschulen pro Tag durchschnittlich 149 Aufgaben erledigen, wovon über 50% auch noch vorzeitig abgebrochen werden müssen. Es scheint, als gebe es bei den Schulleitern wenig Spielraum für die Planung des Wandels. Er muß erst geschaffen werden. Voraussetzung dafür ist eine Veränderung des Aufgaben- und Rollenverständnisses.

Was das bedeutet, kann nur klargelegt werden, wenn ich vorweg das gängige Amts- und Rollenverständnis von Schulleitern rekapituliere, wobei ich mich an eine Arbeit von BAUMERT (1980, S. 659 ff.) sehr eng anlehne.

Schulleiter oder Schulleiterinnen stehen an der Spitze einer jeden Schule. Sie werden je nach Landesrecht in der Regel nach der dienstlichen Beurteilung durch die zuständige Schulaufsicht vom Schulträger bzw. vom Regierungspräsidenten unbefristet bestellt. Die Schulgesetze der einzelnen Bundesländer regeln Aufgaben und Rechte der Schulleiter (von Schulleiterinnen sprachen sie bisher nicht) unterschiedlich, aber doch ähnlich. Danach leitet der Schulleiter die Schule im Rahmen der Rechts- und Verwaltungsvorschriften nach den Weisungen der Schulaufsichtsbehörden und den Grundsatzbeschlüssen der Lehrer- bzw. Schulkonferenz, deren Vorsitzender er ist. Er hat dafür zu sorgen, daß die Schule ihren Unterrichts- und Erziehungsauftrag erfüllt.

Nach dem Regierungsentwurf des niedersächsischen Schulgesetzes vom Mai 1992, neben dem Entwurf für ein hessisches Schulgesetz der aktuellste Text zum Thema, obliegen dem Schulleiter und der Schulleiterin (die hier ausdrücklich genannt wird) die folgenden Aufgaben (vgl. § 30 des Entwurfs). Die Schulleiterin oder der Schulleiter:

— tragen die Gesamtverantwortung für die Schule,
— vertreten die Schule nach außen,
— führen die laufenden Verwaltungsgeschäfte,
— haben den Vorsitz in der Gesamtkonferenz, bereiten die Sitzungen vor und führen die Beschlüsse aus,
— sorgen für die Einhaltung der Rechts- und Verwaltungsvorschriften und der Schulordnung,
— können die an der Schule tätigen Lehrkräfte im Unterricht besuchen und sie beraten,

– können innerhalb von drei Tagen Einspruch einlegen, wenn nach ihrer Überzeugung ein Beschluß einer Konferenz oder eines Ausschusses

1. gegen Rechts- und Verwaltungsvorschriften,
2. gegen eine behördliche Anordnung,
3. gegen allgemein anerkannte pädagogische Grundsätze oder Bewertungsmaßstäbe verstößt oder
4. von unrichtigen tatsächlichen Voraussetzungen oder von sachfremden Erwägungen ausgeht, und

– können in Erfüllung der Aufgaben allen an der Schule tätigen Personen Weisungen erteilen.

Neu ist im niedersächsischen Entwurf die generelle Möglichkeit, eine kollegiale Schulleitung einzurichten, wenn mindestens zwei Drittel der Stimmberechtigten der Gesamtkonferenz das wollen. Zu den Mitgliedern einer kollegialen Schulleitung gehören

1. die Schulleiterin oder der Schulleiter,
2. die ständige Vertreterin oder der ständige Vertreter,
3. die Inhaber von höherwertigen Ämtern mit Schulleitungsaufgaben und
4. bis zu drei Lehrkräfte als zusätzliche Mitglieder.

In einigen Bundesländern sind auch sog. ADOs (Allgemeine Dienstordnungen) erlassen, die die Rechte und Pflichten der Schulleitung weiter präzisieren. Darin wird unter anderem geregelt: Der Schulleiter soll sich, u.a. auch durch Unterrichtsbesuche, vom Leistungsstand der Schüler überzeugen. Den Unterricht der vollausgebildeten Lehrer kann er wohl besuchen, er darf aber nicht eingreifen. Nach den Unterrichtsbesuchen soll er seine Beobachtungen mit dem Lehrer erörtern. Durch Einsicht in die angeordneten schriftlichen Nachweise (Stoffverteilungspläne, Lehr- und Kursberichte, Klassenbücher, Versäumnislisten, Schülerarbeitshefte) kann er sich über den jeweiligen Stand der Arbeiten in den einzelnen Klassen bzw. Kursen und Gruppen auf dem laufenden halten. In Bayern sind Unterrichtsbesuche des Schulleiters an Gymnasien, Realschulen und beruflichen Schulen nicht nur ausdrücklich vorgeschrieben, sie haben auch unangemeldet zu erfolgen. Der Schulleiter ist mit den genannten Weisungs- und Kontrollbefugnissen gegenüber den Lehrkräften und dem nicht unterrichtenden Personal seiner

Schule ausgestattet. Er befindet sich dabei allerdings in doppelter Verantwortung, da er einerseits an die Weisungen der Schulaufsichtsbehörde und andererseits an (bestimmte) Konferenzbeschlüsse (der Schulkonferenz und/oder der Lehrerkonferenzen) gebunden ist. In der Ausgestaltung der Weisungs- und Kontrollbefugnisse des Schulleiters und der Festlegung der Beschlußkompetenzen der Konferenzen gibt es zwischen den einzelnen Ländern allerdings größere Unterschiede.

Zunächst einmal ist der *Schulleiter überall beamtenrechtlich unmittelbarer Vorgesetzter* der Lehrer seiner Schule. Im Rahmen der Erfüllung seiner Aufgaben ist er befugt, den in der Regel verbeamteten Lehrkräften *dienstliche Weisungen* zu erteilen. Eine ausdrückliche Einschränkung dieses Weisungsrechts nehmen nur wenige Schulverfassungsgesetze vor. Beispielsweise kennt das niedersächsische Schulgesetz ein Weisungsrecht des Schulleiters gegenüber den an der Schule tätigen Personen nur für die Ausführung von Konferenzbeschlüssen und zur Einhaltung der Schulordnung. Anordnungen im engeren Bereich der Unterrichts- und Erziehungsarbeit, die nicht durch Konferenzbeschlüsse gedeckt sind, stehen dem Schulleiter also nicht zu. Nach dem Berliner Schulverfassungsgesetz ist die Weisungsbefugnis des Schulleiters gegenüber Lehrern und anderen an der Schule tätigen Personen grundsätzlich auf den Bereich seiner Verwaltungsaufgaben begrenzt. Allerdings räumt ihm das Schulverfassungsgesetz beim Vorliegen bestimmter Voraussetzungen (vor allem bei Verletzungen des Gleichheitsgrundsatzes) und unter Beachtung bestimmter Verfahren das Recht zum Eingriff in die Unterrichts- und Erziehungsarbeit ein.

Der Schulleiter ist Vorgesetzter der Lehrkräfte, da er ihnen für die dienstliche Tätigkeit Anordnungen erteilen kann; aber er ist in der Regel nicht Dienstvorgesetzter. Dienstvorgesetzte sind im Unterschied zum Schulleiter auch befugt, Disziplinierungsmaßnahmen zu verfügen und Entscheidungen zu treffen, welche die Rechtsstellung des nachgeordneten Beamten berühren (zum Beispiel Erteilung eines Dienstzeugnisses, Ausspruch einer Versetzung oder Verhängung einer Dienststrafe). Nächster Dienstvorgesetzter der Lehrer und Schulleiter, die Landesbeamte sind, ist der Leiter der die unmittelbare Schulaufsicht ausübenden Behörde. Gleichwohl hat der Schulleiter in den meisten Bundesländern

179

dienstrechtliche Befugnisse, allerdings überwiegend unter-
geordneter Art (wie Erklärung über Dienstunfähigkeit, kurzfristige Beurlaubungen, Beanstandung dienstlichen Verhal-
tens und ähnliches). Darüber hinaus kann der Schulleiter in
Baden-Württemberg, Bayern, Rheinland-Pfalz und dem
Saarland zur dienstlichen Beurteilung der Lehrer seiner
Schule herangezogen werden. Damit sind ihm ausgesprochen schulaufsichtliche Befugnisse eingeräumt. In Bayern
hat der Verordnungsgeber den Schulleiter an Gymnasien,
Realschulen und beruflichen Schulen mit der Zuweisung des
Beurteilungsrechts ausdrücklich zum Dienstvorgesetzten
bestimmt.

Das rechtlich fixierte Muster der Schulorganisation darf
nicht als empirische Beschreibung des innerschulischen Ent-
scheidungssystems mißverstanden werden. In der Schulverfassung sind nur die Umrisse schulischer Entscheidungspro-
zesse vorgezeichnet, von denen man nicht ohne weiteres auf
empirische Verhältnisse schließen kann, da wichtige informelle Strukturmerkmale der Schule unberücksichtigt bleiben, welche die Machtausübung des Schulleiters sowie Umfang und Wirksamkeit kollegialer Abstimmung faktisch
begrenzen.

Eine von BAUMERT und LESCHINSKY (1986) im Jahre 1984
durchgeführte schriftliche Befragung einer Stichprobe von
etwa 1000 Schulleitern und Schulleiterinnen stützt denn
auch die Annahme, daß der Einfluß eines Schulleiters u.a.
davon abhängt, inwieweit es ihm gelingt, auch widersprüchlich erscheinende Erwartungsnormen zu balancieren. Schulleiter, die dieses Gleichgewicht zustande bringen, führen
Schulen mit vielfältigeren und intensiver genutzten „intel-
lektuellen und expressiven Entfaltungsmöglichkeiten" —
neuerdings Managementstile genannt. Sie nutzen die in der
beschriebenen rechtlichen Position eingebettete Spannung
produktiv.

Die Spannung besteht im wesentlichen darin, daß der Schulleiter einerseits gegenüber der Schulbehörde die Gesamtverantwortung für einen geordneten Schulbetrieb trägt — bei
Störungen ist zunächst er Ansprechpartner der Schulaufsicht, und er andererseits bei faktisch begrenzten Kontrollmöglichkeiten in hohem Maße auf die freiwillige aktive Mitarbeit seiner Untergebenen angewiesen ist, die er als Infor-

manten und Ratgeber bei der Erledigung der ihm selber zugewiesenen fachlichen Aufgaben braucht. Es ist ein leichtes für ein Kollegium, alle Anliegen eines Schulleiters zu blockieren, die über die sichtbare Pflichterfüllung hinausgehen. Selbst wenn ein Schulleiter nur Wert auf die Erhaltung eines erträglichen Arbeitsklimas legt, kann er bestimmte informelle Verhaltenserwartungen des Kollegiums nicht ignorieren. Die Verbindung von Gesamtverantwortlichkeit und Abhängigkeit von der Bereitwilligkeit der Untergebenen macht den Schulleiter verletzlich. Daraus ergibt sich faktisch die Notwendigkeit, Machtmittel sehr zurückhaltend und differenziert einzusetzen. Ein „erfolgreicher" Schulleiter wird seine formelle Weisungsbefugnis selten voll nutzen und im Normalfall versuchen, seinen Willen in der Form einer Bitte, Anregung oder eines Ratschlags zu äußern.

Die organisatorische Grundstruktur der traditionellen Schule, das Nebeneinander geschlossener Klassenräume, in denen jeweils ein Lehrer einer relativ konstanten Gruppe von Schülern gleichzeitig zum Unterricht in anderen Klassen und für die Kollegen unsichtbar und möglichst auch unhörbar Unterricht erteilt, setzt jeder Form der Aufsicht und Kontrolle deutliche Schranken. Allein die „Nichtsichtbarkeit" des Unterrichts schränkt die Möglichkeiten des Schulleiters ein, die Tätigkeit einzelner Lehrer fundiert beraten und beurteilen zu können sowie im Einzelfall sachgerecht zu intervenieren. Eine dichte Beratung und Kontrolle wäre im Grunde nur durch kontinuierliche Visitationen möglich — oder würde größere Veränderungen der Alltagspraxis in den Schulen voraussetzen. Allein das Zeitbudget eines Schulleiters erschwert den regelmäßigen Unterrichtsbesuch, schon gar bei kleinen Schulen, bei denen Schulleiter kaum eine Entlastung erhalten. Der geringe Differenzierungsgrad des Schulbetriebs, in dem administrativ-technische und pädagogische Aufgaben personell kaum getrennt sind, führt zu einer Kumulation von Verwaltungstätigkeiten bei der Schulleitung, die insbesondere bei saisonalen Spitzenbelastungen jede kontinuierliche Beratung und Kontrolle in einer Sekundarschule durchschnittlicher Größe erheblich erschwert.

Eine weitere Begrenzung der Kontrollmöglichkeiten des Schulleiters liegt im Fachlehrerprinzip vor allem der Sekundarschulen. Hier befindet sich der Schulleiter gegenüber Lehrern jener Fächer, für die er selbst keine Fakultas besitzt, in der Position eines fachwissenschaftlichen Laien, der auch bei der Besprechung methodischer Fragen in die fachliche Domäne des anderen eindringt. Am ausgeprägtesten ist das fachlich-professionelle Selbstverständnis des Lehrers traditionell am Gymnasium. Allerdings ist anzunehmen, daß mit der Akademisierung der Volksschullehrerausbildung und der Verbreitung des Fachlehrersystems sich auch in den übrigen Schulformen ein Berufsbewußtsein verstärkt hat, dem eine enge fachliche Beaufsichtigung durch den Vorgesetzten widerspricht. Etwas anderes wäre allerdings eine pädagogische Beratung. Bei einer Befragung von Hauptschullehrern, die 1972 in Nordrhein-Westfalen durchgeführt wurde, hielten nur 5,6% der Befragten (N = 178) die Visitation durch den Schulleiter für ein geeignetes Kontrollmittel; dabei deutet sich eine ausgeprägtere Ablehnung dieser Kontrollform bei jüngeren Lehrern an (KRAFT 1974, S. 101).

Das organisatorische Grundmuster der Schule sowie das im Fachlehrersystem zunehmende fachliche Selbstbewußtsein der Lehrer einerseits, und die vor allem in großen Schulen notwendige administrative Spezialisierung des Schulleiters andererseits, entziehen einem Befehl-Gehorsam-Verhältnis zwischen Schulleiter und Lehrer jedenfalls im Kernbereich von Erziehung und Unterricht weitgehend die Grundlage. Das Konzept einer bürokratischen Hierarchie eignet sich folglich nur sehr begrenzt zur Beschreibung und Analyse dieses Verhältnisses. Der Einsatz von Machtmitteln ist aus Gründen interner Ökonomie vor allem auf die Behandlung von „Problemfällen" beschränkt. Solche Problemfälle sind in der Regel Lehrer, die häufiger Elternbeschwerden auf sich ziehen, vom Kollegium erwartete Mindestanforderungen an Kontrolle im Klassenzimmer nicht erfüllen oder kollegialen Selbstverständlichkeiten, sei es der pädagogischen Indifferenz oder dem didaktischen Konsens des Lehrkörpers, den Krieg erklärt haben. Im Normalfall scheint jedoch das Verhältnis zwischen Schulleiter und Lehrer eher durch eine faktische – im Einzelfall variable – Zuständigkeitsaufteilung gekennzeichnet zu sein.

Im Unterschied zum Kernbereich von Unterricht und Erziehung sind die Weisung- und Kontrollbefugnisse des Schulleiters im Zusammenhang von Organisation und Verwaltung der Schule umfassender und vor allem leichter realisierbar. Die Kontrollmöglichkeiten eines Schulleiters gegenüber den Lehrkräften reichen von einer schlichten Anwesenheits- und Pünktlichkeitskontrolle über die Prüfung der ordnungsgemäßen Aktenführung (Schülerbogen, Fehllisten, Klassenbucheintragungen usw.) bis zur Inspektion von Klassen- und Fachräumen. Der Schulleiter greift aber auch immer wieder mit Bitten um eine unverzügliche Erfüllung bestimmter Verwaltungsgeschäfte störend in den Unterricht ein, etwa wenn Ansagen gemacht werden müssen, Unterschriften von Eltern einzutreiben oder Statistikbögen auszufüllen sind. Schließlich kann ein Schulleiter auch das Zeitbudget eines Lehrers strapazieren, indem er ihm zusätzliche Verwaltungsaufgaben zur Erledigung überträgt. Im Bereich der äußeren Organisation und Verwaltung der Schule wird ein Lehrer am ehesten Weisungsabhängigkeit spüren, also gerade bei Tätigkeiten, die ihm im Hinblick auf die Erfüllung seiner „eigentlichen" Aufgaben als marginal erscheinen müssen, aber dennoch − gleichsam infolge bürokratischer Mißachtung von Unterricht und Erziehung − den zentralen Aufgabenbereich empfindlich stören können. Wenn man Schulorganisation mit den Begriffen von Befehl und Gehorsam beschreiben will, dann wohl zunächst in dieser Hinsicht.

So kommt auch BAUMERTs Analyse zu dem Schluß: Die strukturelle Heterogenität im Entscheidungssystem einer Schule, die Verschränkung bürokratischer und nichtbürokratischer Organisationselemente, macht die Schulleiter und Schulleiterinnen zu den wichtigsten und einflußreichsten Personen für die Verwirklichung schulpädagogischer Zielvorstellung und Konzepte.

Auch ROSENBUSCH folgert aufgrund eigener empirischer Untersuchungen: Ohne oder gegen Schulleiter sind pädagogische Reformvorhaben im Raum der Schule nicht zu verwirklichen − unabhängig davon, ob sie von innen oder von außen kommen (ROSENBUSCH 1989).

Gute Schulen ohne gute Schulleiter gibt es nicht; dennoch sind gute Schulleiter keine Garantie für gute Schulen. Das zeigt nicht zuletzt die US-amerikanische Forschung zur Rolle der Schulleiter bei der Schulentwicklung. Aus allen einschlägigen Forschungsberichten geht hervor, daß *Erneuerungsprozesse ohne Unterstützung des Schulleiters keine Chance auf Realisierung haben,* wobei die absolute Mindestvoraussetzung die Einwilligung des Schulleiters ist.

Es ist wahrscheinlich, daß sich diese Ergebnisse auch auf deutsche Schulleitungen übertragen lassen, wenngleich das Rollenverständnis ein durchaus anderes ist. In den USA müssen Schulleiter keine Lehrtätigkeit ausüben, sie müssen nicht einmal unbedingt das Lehramt studiert haben. In Deutschland verstehen sich Schulleiter oder Schulleiterinnen nach einem Wort von Herbert BUCHEN, der die Schulleiterfortbildung in NRW aufgebaut hat, häufig entweder als engagierte Pädagogen, die Verwaltungsarbeit geringschätzen bis verabscheuen, oder aber umgekehrt als Büroleiter, die den Betrieb aufrechterhalten und die Pädagogik den Lehrern überlassen. In den letzten Jahren zeichnet sich allerdings ein Wandel in Richtung einer Balance ab, das heißt, einer Integration beider Rollenverständnisse.

Das Rollenverständnis der Schulleiter hat sich in den letzten Jahren auch in den USA beträchtlich verändert. FULLAN bezeichnet die neue Rolle des Schulleiters Ende der achtziger Jahre als die eines „instructional leaders", also eines didaktischen und pädagogischen Führers (FULLAN 1988, S. 7). Damit sei keineswegs die Superrolle eines „Meister-Gestalters" („master implementors") gemeint, der allein verantwortlich sämtliche Entwicklungsprojekte auf den Weg bringt, der Initiator, Manager und Problemlöser zugleich ist. Nach FULLAN macht der moderne Schulleiter dieses alles, aber nicht alles selbst, er ermöglicht es vielmehr den Lehrern, einiges davon selbst zu werden. Er ist auch kein einsamer Wolf, sondern eher ein Teamer.

Der moderne Schulleiter muß nach FULLAN am ehesten als Entwicklungshelfer verstanden werden. Denn schon aus Gründen der Akzeptanz und des „Eigentums" ist es für das Gelingen eines Entwicklungsprojektes oft nützlicher, wenn ein Vorschlag aus dem Kollegium kommt und nicht vom Schulleiter. Dann kann nicht der Verdacht aufkommen, der Schulleiter wolle aus eigenmächtigen Gründen etwas starten, beispielsweise bloß, um seine Karriere zu fördern. Außerdem ist es zweckmäßiger und auch befriedigender, wenn die Planung und die Ausführung von Maßnahmen von den gleichen Personen betrieben werden.

Das bedeutet für viele Schulleiter eine grundlegende Revision ihres Rollenverständnisses. Dominante Schulleiterinnen und Schulleiter müssen lernen, sich zurückzunehmen und zurückzuhalten, auch wenn sie viel besser qualifiziert sind, also schneller eine Idee und vielleicht auch „bessere" Ideen haben als viele Lehrer. Sie müssen sich zurückhalten, damit die Lehrer selber die Chance erhalten, sich für Management- und Entwicklungsaufgaben zu qualifizieren.

Daß dominante Schulleiter nicht die effektivsten sind, läßt sich auch empirisch belegen. HALL (1989), einer der führenden US-amerikanischen Schulentwicklungsforscher, hat bis vor kurzem ebenfalls die verbreitete These vertreten, daß *Schulleiter vor allem in der Rolle des Agenten* verantwortlich für gelungene Entwicklungs- und Erneuerungsprozesse sind. Mitte der 80er Jahre hat er zu diesem Zusammenhang selber Forschungen angestellt und herausgefunden, daß es mehrere Agenten des Wandels in der Schule gibt, die Schulleiter natürlich, manchmal aber auch der Stellvertreter, die Stufenleiterin, die Fachleiterin oder bestimmte Lehrerinnen und Lehrer. HALL sagt heute, daß weniger der Schulleiter entscheidend ist, sondern die kooperierenden Teams, in denen und mit denen er arbeitet. Vermutlich überzieht er dieses Argument, genauer müßte es lauten: Am wirksamsten sind Schulleiter, die es verstehen, im Team und mit Teams zu arbeiten.

Schulleiter jedenfalls sind nicht als passive Türöffner und auch nicht als einsame Agenten des Wandels zu verstehen, sondern eher als Teambilder und Gruppenmoderatoren, die Kooperation ermöglichen und gerade dadurch andere motivieren, die Gestaltung ihrer Schule in die eigenen Hände zu nehmen, indem sie nicht nur in der Schule, sondern auch an der Schule arbeiten. Schulleiter führen auch nicht, wie ein neueres Mißverständnis suggeriert, indem sie Visionen vorgeben und das Kollegium dafür zu gewinnen trachten. Visionen sind gewiß wichtig, schon gar in einer Schule, deren Sinn und Bedeutung immer mehr zwischen Abschlußerwartungen, Ausleseprozeduren und Motivationstechnologien zerrinnen. Aber Visionen, die der Schulleiter setzt, sind äußerlich und keine Visionen der Schule. Visionen der Schule können nur aus der Kooperation und Kommunikation des Kollegiums entstehen — und eine gute Schulleitung ermöglicht gerade das: die Entwicklung einer kooperativen und kommunikativen Kollegiumskultur.

Die US-amerikanische Schulleiter-Zeitschrift „Educational Leadership" kritisiert deshalb auch die Vorstellung eines „instructional-leaders" als zu eng und zu leistungsbezogen und propagiert deshalb ein neues Verständnis der Schulleiter-Rolle, die sog. transformationale Führung (Educational Leadership 1992), die Führungskompetenz zunehmend auf das Kollegium „transformiert". LEITHWOOD hat bereits erste empirische Untersuchungen zur transformationalen Führung vorgenommen und wie folgt resümiert:

„Unsere Ergebnisse lassen erkennen, daß transformationale Schulleiter drei fundamentale Ziele in mehr oder weniger kontinuierlicher Weise verfolgen:

1) den Kollegiumsmitgliedern helfen, eine kollaborative und professionelle Schulkultur zu entwickeln und zu pflegen,
2) eine Personentwicklung für Lehrerinnen und Lehrer anregen und fördern sowie
3) die Problemlösungskapazität innerhalb des Kollegiums erhöhen"
(LEITHWOOD 1992, S. 9 f.).

Um zu einer kollaborativen und professionellen Schulkultur zu gelangen, initiiert die Schulleitung u.a. gemeinsame Zielklärungen und -vereinbarungen sowie gemeinsame Planungen. Bei der Personalentwicklung holt sie sich Anregungen aus dem Bereich des Managementtrainings, das schon seit längerem die Erkenntnis umzusetzen versucht: Keine Organisationsentwicklung ohne Personalentwicklung. Und hinsichtlich der Problemlösungskapazität gilt für Schulleitung wie für den gestreßten Lehrkörper: Work smarter, not harder. Smarter heißt dabei nicht nur entspannter, sondern auch selbstbestimmter und unkonventioneller zu arbeiten.

Transformationale Schulleitung ist anspruchsvoller als das schon länger bekannte Konzept der „kooperativen Führung" (vgl. dazu FISCHER 1990), weil es Selbstorganisation anstrebt. Die bisweilen noch offene Frage ist, ob dieser Ansatz geeignet ist, das zu befördern, was seit Jahren von allen Beteiligten und Betroffenen gefordert wird: Die Schulleitung zu stärken, ohne das Kollegium zu schwächen. Die Stärkung der Management- und Personalentwicklungs-Kompetenzen der ganzen Schule, auf die transformationale Führung hinausläuft, ist gewiß ein richtiger Schritt in die richtige Richtung. Vermutlich ist er leichter zu gehen, wenn in den Schulen temporäre Steuer- und Koordinierungsgruppen zur Bearbeitung besonderer Aufgaben eingerichtet werden, an denen die Schulleitung beteiligt ist ohne zu leiten und die vom Kollegium getragen werden. Solche Gruppen·könnten einen Teil des Schulmanagements übernehmen, und sie würden außerdem der Personalentwicklung dienen (vgl. dazu ausführlich ROLFF 1993). Damit keine Parallelstruktur neben der Schulleitung entsteht, müssen die Aufgaben von Entwicklungsprojekten in klarer Form vereinbart werden und dürfen die Mitglieder der Steuergruppe nur für die Laufzeit eines Projektes gewählt werden. Darüber hinaus muß regelmäßig eine Erneuerung der Aufgabenstellung zusammen mit dem ganzen Kollegium vereinbart werden.

Die Zukunft der Schulleitung liegt also in der Tranformation von Leitung durch die Verbindung von pädagogischer Führung und Schulmanagement und im Aufbau von Entwicklungsteams unter Beteiligung des Kollegiums.

Auch bei transformationaler Leitung ist mit Situationen zu rechnen, bei denen starke Konflikte alle Energien zur Schulentwicklung binden. Diese Konflikte können darin bestehen, daß große Teile des Kollegiums mit dem Schulleiter über Kreuz liegen, daß das Kollegium unter sich zerstritten ist oder daß Obstruktion gegen jeden Neuerungsvorschlag betrieben wird, was manchmal sogar berechtigt ist.

Auf dieses Problem gibt es keine rezeptförmige Antwort, weil jeder Fall anders liegt und jeder Lösungsvorschlag eine gute Situationskenntnis voraussetzt. Aber es kann eine prinzipielle Antwort gegeben werden: So wie in Beziehungsgesprächen die Bearbeitung von Störungen einen Vorrang vor den Inhalten haben, so beanspruchen Konflikte bei Organisationsentwicklung einen Vorrang. Konflikte müssen so weit bearbeitet werden, daß Energie nicht gebunden bleibt, sondern für Entwicklung freigesetzt wird. Einige Konflikte kann die Schulleitung selber lösen, wenn sie Sinn für Konfliktmanagement (GLASL 1990) hat. Dazu gehören Mitarbeitergespräche oder die Initiierung solcher Arbeitsvorhaben, die sozusagen über sachliche Arbeit die aufgewühlten Wogen zu glätten versuchen. Da man nicht annehmen kann, daß die Fähigkeit zum Konfliktmanagement angeboren ist, muß sie erlernt werden. Eigene Erfahrung reicht dazu nicht aus. Deshalb muß Konfliktmanagement ein Schwerpunkt der Schulleiterfortbildung sein.

Wenn Schulleiter allerdings in Konflikte einbezogen oder sogar zentraler Gegenstand des Konflikts sind, können sie das Konfliktmanagement nicht selber übernehmen. Dann ist die Vermittlung oder auch Intervention einer dritten Partei vonnöten, die neutral ist. Das können in etlichen Fällen Schulaufsichtsbeamte sein, aber auch eigens für Konfliktdiagnose und Konfliktbehandlung ausgebildete Schulentwicklungsmoderatoren. Ich werde darauf unter dem Stichwort „Unterstützungssysteme" zurückkommen.

Es gibt im übrigen derart verhärtete Konflikte, daß ein schulinternes Konfliktmanagement auch mit Unterstützung einer dritten Partei nicht erfolgversprechend ist. Als ultima ratio sind dann personalwirtschaftliche Maßnahmen wie Versetzungen erforderlich, die sich sowohl auf Kollegiumsmitglieder wie auf Schulleitungsmitglieder beziehen können. Dafür ist gemeinhin die Schulaufsicht zuständig. Darauf komme ich später noch zu sprechen.

2. Lehrerinnen und Lehrer auf dem Weg zur Professionalisierung

Wenn man allerdings sicher gehen will, daß der auf diese Weise gestärkte Schulleiter nicht Chef des „Unternehmens Schule" zu Lasten des lehrenden Personals wird, dann darf man ihn nicht auf Kosten des Kollegiums, sondern muß man ihn zusammen mit dem Kollegium stärken. Das bedeutet verstärkte Anstrengungen bei der Personalentwicklung mit der Perspektive von Kollegiumsentwicklung.

Das übliche Konzept von Personalentwicklung orientiert sich an Professionalisierung. Das gilt auch für das Lehrerkollegium. Aber hier ist Professionalisierung etwas Besonderes. Professionalisierung von Lehrerinnen und Lehrern basiert auf bildungstheoretischen Reflexionen einerseits und auf den spezifischen Werten des pädagogischen Verhältnisses andererseits. In der Lehrer-Schüler-Interaktion ist der professionelle Lehrer gefordert, seine Beziehung zu den Schülern stellvertretend zu deuten bzw. den Fall zu verstehen, und er ist andererseits gefordert, kulturelle Objektivationen und Unterrichtsinhalte daraufhin zu befragen, was sie zum

Erreichen übergeordneter pädagogischer Ziele, letztlich also zur Autonomie und Handlungsfähigkeit mündiger Subjekte beitragen. Die kritische Abwägung von Bildungsinhalten ist ein Spezifikum der lehrenden Berufe, mit dem Ärzte, Psychoanalytiker, Richter usw. es in der Regel nur dann zu tun haben, wenn sie selbst Nachwuchs ausbilden. Ob man beispielsweise Filme oder Bücher im Unterricht verwendet, ob man sich mit den Klassikern oder mit Trivialliteratur beschäftigt, ob man werkimmanente Interpretationen durchführt oder Bezüge zu gesellschaftlichen Prozessen oder zur Biographie des Autors herstellt usw., — alle diese Entscheidungen lassen sich weder allein psychologisch noch allein soziologisch begründen, sondern bedürfen der pädagogischen Reflexion, d.h. der Reflexion im Hinblick auf das „erzieherische Verhältnis".

Was das für die konkrete Ausfüllung der Lehrerrolle bedeutet, kann man in vier Punkten zusammenfassen:

1) Unterrichten ist eine einsame Tätigkeit

Lehrer sind Einzelarbeiter, wie es sie wahrscheinlich in keiner anderen akademischen Disziplin geben dürfte. Hinter der zumeist geschlossenen Klassentür stehen Lehrer in aller Regel allein vor der Klasse. In den Köpfen dominiert weitgehend die Perspektive „Ich und meine Klasse" anstelle der Sichtweise „Wir und unsere Schule". „Organisationsbewußtsein", also ein Bewußtsein über die ganze Schule als soziale Organisation, ist in ausgeprägter Weise nicht vorhanden, sondern muß erst erzeugt werden.

2) Der soziale Status ist ambivalent

Zwar hat es im Lehrerberuf in den hinter uns liegenden Jahren einen beeindruckenden Professionalisierungsschub gegeben, doch gilt Lehrerarbeit nach wie vor als teilprofessionell. Beispielsweise verwalten sich professionelle Berufsstände weitgehend selbst; Ärzte, Richter und Hochschullehrer, die Lehrer aber nicht. Sie können sich nicht einmal ihre Kollegen selbst hinzuwählen. Zudem haben Lehrer mehr Probleme mit der Anerkennung ihrer Fachkompetenz als andere Professionen. Das mag daran liegen, daß Lehrerinnen und Lehrern im Unterschied zu anderen akademischen Professionen eine ausgesprochen professionelle Kompetenz

189

fehlt, vor allem „esoterisches Wissen", fühlen sich doch so gut wie alle Erwachsenen, insbesondere Eltern, in Fragen von Unterricht und Erziehung sachkundig. Dem Fehlen pädagogischen Expertenwissens korrespondiert die Tatsache, daß im Lehrerberuf weder eine spezifische Fachsprache noch pädagogische „termini technici" existieren (die Zeiten der Curriculumentwicklung, in denen Lernziele „operationalisiert" und „Lernzieltaxonomien" konstruiert wurden, sind vorbei). Zum Aufweis von Unterschieden zu anderen Professionen genügt ein Hinweis auf die Sprache der Juristen oder Mediziner. Lehrerinnen und Lehrer sind also – wie in Kap. VII ausführlich dargestellt – nicht voll professionalisiert. Volle Professionalisierung ist jedoch Voraussetzung für Selbstorganisation.

3) Der Erfolg ist unsicher, die Tätigkeit wenig kontrollierbar

Ein weiteres Problem im Zusammenhang mit der Fachkompetenz von Lehrerinnen und Lehrern ist die Unsicherheit über die Erfolge der Arbeit, die nur sehr schwer zu messen sind. Einfache, auf Wissensvermittlung bezogenen Ziele lassen sich noch am ehesten auf ihre Erreichung hin überprüfen, z.B. durch Klassenarbeiten oder Tests. Die anspruchsvollen Bildungsziele entziehen sich zum Teil einer eindeutigen Erfolgskontrolle, die zudem nur sehr langfristig angelegt werden könnte und allein deshalb wenig handlungsrelevant ist. Zudem bekommen Lehrerinnen und Lehrer während ihrer Tätigkeit kaum „Feedback" über die pädagogische Arbeit: Die Kollegen sind nicht anwesend und können die Arbeit anderer deshalb so gut wie gar nicht beurteilen. Die Schülerinnen und Schüler haben zu wenig Distanz und zu wenig Erfahrung für eine um Objektivität bemühte Einschätzung. Und die Eltern melden – wenn überhaupt – nur indirekt und dann eher negativ zurück. Deshalb ist der Aufbau eines kollegialen Supervisionssystems vonnöten.

4) Die Tätigkeit ist überkomplex

Im weitgehenden Unterschied zu fast allen anderen Berufen kann selbst für die erfahrensten Lehrerinnen und Lehrer der Berufsalltag nicht zum Routinehandeln werden. Sie haben es immer wieder mit anderen Schülern zu tun; ihre „Klientel" ist wechselnd. Ältere Schüler werden entlassen, jüngere neu aufgenommen. Und auch in den Schulklassen, die man

kennt, kommt es tagtäglich zu Situationen, in denen impro-
visiert werden muß. So gleicht keine Stunde einer anderen.
Aber nicht nur deshalb ist Lehrerarbeit überkomplex: Lehrerinnen und Lehrer müssen auf vier Ebenen ständig zugleich
präsent sein. Sie haben eine „Rollenüberlast" zu tragen, wie
Soziologen das ausdrücken, die für kaum einen anderen Beruf zutrifft:

Lehrerinnen und Lehrer müssen

— erstens Stoff vermitteln zu einer Zeit, in der sich das Wissen alle sieben Jahre verdoppelt, auf dem Gebiet der
  neuen Technologien sogar alle 1 1/2 Jahre,

— zweitens Erziehen und Motivieren, was angesichts der
  „Kindheit im Wandel" immer aufwendiger wird, und sie
  müssen

— drittens Gruppenprozesse moderieren. In der Gruppendynamik wird vertreten, daß Gruppen nicht mehr als 10 Mitglieder haben sollten und zwei Moderatoren, damit sich
  einer auf die Beziehungsebene und einer auf die Inhalts-
  ebene konzentrieren kann. Der Lehrer als Gruppenmode-
  rator hat mit 30 Schülern zu tun, und er ist allein.

Im Zeitalter der allgegenwärtigen Medien kommt noch eine
vierte Ebene hinzu:

— Lehrerinnen müssen ihre Arbeit „unterhaltsam" verrichten, sie müssen auch Entertainer sein, also ihren Stoff
  nicht nur sach- und schülergerecht, sondern auch noch
  unterhaltsam vermitteln, was auf Dauer jeden überfordert.

Die Überbürdung der Lehrerrolle führt oftmals dazu, daß
Lehrerinnen und Lehrer — trotz der Beschränkung der Un-
terrichtstätigkeit auf den Vormittag — nach der Arbeit emotional ausgepreßt, erschöpft und wie betäubt sind. So erklärt
sich auch das bekannte „burning-out"-Phänomen und vermutlich auch der Umstand, daß nur etwas mehr als 1% der
Lehrkräfte nach Erreichen der Ruhestandsgrenze aus dem
Dienst ausscheiden.

3. Fazit: Professionalisierung durch Organisationsentwicklung

Schulleitungen und Lehrerschaft — so kann das Fazit aus den referierten Studien lauten — sind also nicht von vornherein für eine innovative und reformorientierte Schulgestaltung aufgeschlossen. Wenn Schulen sich aktiv erneuern wollen, so muß bei Schulleitern und Lehrern zunächst ein beträchtliches Maß an subjektiven Vorbehalten abgebaut werden. Dies gelingt noch am ehesten, wie Experimente und Forschungsberichte zeigen, wenn die Neuerungen mit allen Beteiligten zusammen entwickelt bzw. intensiv erörtert werden, wobei Sinn, Modus und Konsequenzen der Innovationen zu klären sind. Administrative Anordnungen von oben führen eher zur Ablehnung der Neuerungsprojekte; deren Durchführung ist dann allein schon deshalb gefährdet, weil sie nicht gewünscht wird und folglich leicht an durchaus überwindbaren Schwierigkeiten des Alltags scheitert.

Demgegenüber vermag der Ansatz der Organisationsentwicklung (OE) die Professionalität zu erweitern, indem alle Beteiligten in reflektierte Lernprozesse einbezogen werden. Dabei kann die Kehrseite sublimer Manipulation, die der OE in Teilen zweifellos auch anhaftet, nur abgewendet werden, wenn alle Betroffenen die Chance zur Ablehnung und Modifizierung der vorgeschlagenen Neuerung grundsätzlich zugestanden wird.

Schulleitungsmitglieder haben es in der Schule aufgrund der „relativen Autonomie" der Bildungseinrichtungen und der darin Handelnden, die zum Beispiel Methodenfreiheit haben, ohnehin schwerer als im Industrie- oder Dienstleistungsbetrieb. Sie können keine Neuerungen bzw. Veränderungen erzwingen, sie müssen eher wie ein Moderator vorgehen als ein Agent. Moderatoren leiten, nehmen sich aber zugunsten des Teams zurück. Agenten wollen etwas erreichen, im Notfall durch Zwang und fast immer allein. Schulleiter müssen sich zurücknehmen; das ist ein Problem — aber gleichzeitig auch eine Chance. Denn wer nichts erzwingen kann, der muß *überzeugen;* und wenn etwas aus Überzeugung geschieht, ist die Motivation tiefgreifender und anhaltender, als wenn etwas auf Zwang beruht.

XI. Neuorientierung der Schulaufsicht: Qualitätssicherung und Unterstützungssystem[1]

Motivierte Schulleitungen und Kollegien schöpfen die Gestaltungsautonomie in vielfältigster Weise aus. Aktuelle Entwicklungen wie „Profilbilung", „Schulprogramm", „Gestaltung und Öffnung der Schule" oder „Gemeinwesenorientierte Schule" kennzeichnen diese Vielfalt. Aber Vielfalt ist nicht nur Ausdruck von Autonomie, sondern sie verschärft gleichzeitig das Problem der Vergleichbarkeit von Schulen ebenso wie das der Qualitätssicherung. Vielfalt stellt mithin nicht nur neue Anforderungen an das Selbstorganisationsvermögen der einzelnen Schule, sondern auch an die Schulaufsicht. Deshalb verlangt ein neues Schulkonzept auch ein neues Konzept von Schulaufsicht und Schulverwaltung. Würden wir uns darum nicht bemühen, sondern schlicht auf Deregulation setzen, käme ein schulpolitischer Manchester-Liberalismus auf uns zu: Die Qualität der Schulen würde sich kraß auseinanderentwickeln, die Sozialisation gesamtgesellschaftlich bedeutsamer Werte, Qualifikationen und Kommunikationsfertigkeiten wäre gefährdet, und vermehrte Ungleichheit träte ein. In den USA ist dieser Zustand längst eingetreten.

Ein zeitgemäßes öffentliches Bildungswesen muß demgegenüber zwar nicht auf Gleichartigkeit, aber doch auf Vergleichbarkeit der Lebensumstände bedacht sein und damit

---

1 Dieser Beitrag ist ein Auszug aus einem Vortrag, den ich am 08.11.1991 für den niedersächsischen und am 10.12.1991 für den hessischen Schulleiterverband ausgearbeitet habe.

auch auf Qualitätssicherung aller Bildungseinrichtungen. Wenn es allerdings stärker als bisher die Selbständigkeit der Einzelschulen und die professionelle Autonomie der Lehrkräfte berücksichtigen soll, muß auch die Kontrolle professioneller werden. Die niederländische Praxis ist vermutlich wegweisend, wenn sie in der Kombination von Selbstevaluation durch die Schule und externer Evaluation den Schlüssel für ein neues Schulentwicklungskonzept sucht (vgl. dazu LIKET 1992).

1. Schulinterne Beurteilung

Selbst- bzw. schulbasierte Evaluation ist für deutsche Schulen etwas ziemlich Neues, nicht jedoch für ausländische. Was damit gemeint ist, definiert die OECD wie folgt: „Schulbasierte Evaluation ist ein Prozeß, bei dem Lehrkräfte ihre eigene Schule als eine Gruppe von Professionels in einer Weise diskutieren, die der Verbesserung der Qualität des Lernens dient" (OECD 1989, S. 105).

Eine schulbasierte Beurteilung beginnt mit einer Diagnose, z.B. der Stärken und Schwächen der Schule, wobei entscheidend ist, daß sie Schulleitung und Kollegium gemeinsam durchführen. Die zugrundeliegenden Informationen sind im Prinzip für jedermann in der Schule zugänglich: Jeder hat dasselbe Recht und dieselbe Möglichkeit, sich Informationen zu beschaffen und an der Diagnosephase teilzunehmen. Die einfachste Form einer internen Evaluation besteht in einer regelmäßigen, am besten jährlich wiederholten schulweiten Diagnose. Auf diese Weise erhält die Schule Daten, die es ermöglichen, Veränderungsprozesse zu dokumentieren und zu analysieren, z.B. wie verschiedene Aspekte von Schule zu verschiedenen Zeiten wichtig werden und wie Schule mit ihren Problemen auf Dauer umgeht.

Wir empfehlen den Schulen, gemeinsame Diagnose zu einer alljährlichen bzw. zweijährlichen Gesamtbeurteilung zu erweitern, ähnlich den Schulwerkplänen holländischer Schulen oder den School Development Plans, die wir aus England kennen. In diesen Plänen wird dargestellt, was die augenblickliche Situation einer Schule ist, wie sie bewertet wird („Diagnose"), welche Entwicklung sie gemacht hat, was davon gelungen scheint und was nicht, wie es weitergehen soll und wie die weitergehenden Pläne realisiert werden können.

Jede Diagnose beruht auf Daten, auf quantitativen wie qualitativen, auf bereits vorhandenen wie auf noch zu erhebenden. Gültige Daten sind am ehesten zu gewinnen in einer Situation, die durch Dialog, offene Kommunikation und Vertrauen geprägt ist. Schon allein deshalb müssen diejenigen, von denen Informationen erwünscht sind, in den Beurteilungsprozeß einbezogen sein. Jede einzelne Lehrkraft muß letztlich selbst entscheiden können, welche personenbezogenen Daten in welcher Form externen Nutzern zugänglich gemacht werden sollen. Ansonsten dürfen nur aggregierte bzw. anonymisierte Daten weitergegeben werden.

Ein besonders sensibler Bestandteil der internen Beurteilung ist die Evaluation der Schülerleistungen, ist doch fast allen Lehrkräften die „Fragwürdigkeit der Zensurengebung" (INGENKAMP) bekannt. Dennoch sind die Schülerleistungen in den Augen fast aller an Schule Interessierten die wichtigsten Daten. Es ist auch bekannt, daß die Schülerleistungen nicht nur von Schule zu Schule, sondern auch von Klasse zu Klasse stark variieren und Lehrkräfte nicht in der Lage sind (und auch nicht sein können), diese Unterschiede präzis festzustellen und durch ihre eigene Zensurengebung auszugleichen; wohl aber sind sie in der Lage, eine ziemlich objektive Rangfolge innerhalb einer Klasse festzulegen.

Deshalb sollte eine sich selbst entwickelnde Schule versuchen, die Daten über Schülerleistungen nicht isoliert, sondern als Teil des gesamten Evaluationsbildes der Schule zu sehen. Dadurch wird ein Teil der Fragwürdigkeit der Zensurengebung kompensiert. Denn wenn man die Zensuren auf allen Ebenen des Schulentwicklungsprozesses strukturiert, analysiert und diagnostiziert, kann die Schule damit beginnen, den Beurteilungsprozeß als ein aktives Werkzeug zur Verbesserung von Schule auf allen Ebenen der Organisation zu nutzen. Die Diagnose ist dabei wichtiger als die Aufstellung von Leistungsranglisten.

Interne Evaluation ist Selbstevaluation. Sie ist aus Lehrersicht sicher konflikthaft und voraussetzungsvoll. Denn Lehrer, die evaluieren, werden auch selber evaluiert. Deshalb sollte man Verfahren der schulbasierten Selbstevaluation sehr vorsichtig einführen und bestimmte Gelingensbedingungen penibel beachten. Dazu gehören u.a.:

— Ein vertrauensvolles Schulklima ist unabdingbare Voraussetzung. Wenn es nicht vorhanden ist, muß es erst geschaffen werden, bevor Vorhaben schulinterner Evaluation einige Aussicht auf Erfolg haben.

— Kritik, die bei der Selbstbeurteilung zutage tritt, muß sichtbare Folgen haben, sonst ist sie nur ärgerlich. Die Folgen müssen sich vor allem auf die Arbeitsbedingungen und die Kommunikationsformen beziehen.

— Fast kein Lehrer beherrscht bisher die Methoden der Evaluation in perfekter Weise. So ist viel Training vonnöten, u.a. zur Erhebung valider und zuverlässiger Daten, zur Auswahl und Nutzung sinnvoller Indikatoren und zur kooperativen Verarbeitung und Interpretation von Daten. Hier könnte auch wissenschaftliche Weiterbildung durch die Universitäten von Nutzen sein.

— Man sollte mit der schulbasierten Evaluation schrittweise beginnen, z.B. bei der Evaluation eines einzigen Projektes. Dabei eignen sich die Projekte am ehesten, bei denen die Projektziele am klarsten sind. Sie müssen vor Beginn vereinbart werden.

Vor dem Hintergrund der ersten gemeinsamen Diagnose bzw. Gesamtbeurteilung sollte die Schule später ein sich auf etwa drei Jahre erstreckendes Entwicklungsprogramm erstellen. Wenn sie das dann jährlich daraufhin abcheckt, wie weit es erreicht ist, und ob bzw. wie es fortzuschreiben ist, wäre das die beste Garantie dafür, daß sich die Evaluation nicht verselbständigt, sondern strikt in den Prozeß der Erneuerung von Unterricht, Erziehung und Klima eingebunden bleibt.

Ein solches Entwicklungsprogramm hätte vielfache Aufgaben (vgl. dazu HARGREAVES/HOPKINS 1991). Zum einen wäre es verbindlicher Ausdruck der Absichten und des pädagogischen Selbstverständnisses eines Kollegiums, zum anderen könnte es die Eltern über die Schule und deren Entwicklung im voraus informieren. Es wäre auch zu überlegen, die Eltern bei der Aufstellung des Schulentwicklungsprogramms zu beteiligen. Wenn man Eltern als Verbündete von Neuerungen gewinnen will, muß man die Veränderungsabsichten frühzeitig mit ihnen klären. Und schließlich ist das

Schulentwicklungsprogramm eine wichtige Grundlage für die externe Evaluation.

2. Sicherung vergleichbarer Qualität

Die Schulaufsicht ist in Deutschland die Instanz, die eine externe Evaluation am ehesten durchzuführen in der Lage ist, eine veränderte Schulaufsicht allerdings. Jedenfalls sehe ich keine Alternative zur Schulaufsicht, es sei denn, endlose Batterien von geist- und seelenlosen Tests — wie wir sie aus den USA und Schweden kennen. Eine veränderte Schulaufsicht, die formale Verantwortung für den Evaluationsprozeß zu tragen hätte, müßte allerdings viel weniger kontrollieren als bisher und desto mehr unterstützen. Die Sicherung vergleichbarer Qualität von Schulen bliebe ihre vornehmste Aufgabe. Dabei ist Qualität in doppelter Weise gemeint, von guten Schülerleistungen im weiten, auch nicht-kognitive Dimensionen einschließenden Sinne, zum einen, und einem guten inneren Zustand der Schule, heute meist Schulkultur genannt, zum anderen. Dafür benötigen wir hervorragend qualifizierte Kollegen und Leitungen, aber auch eine vorzügliche Schulaufsicht.

Die Qualitätssicherung müßte sich auf mindestens fünferlei Felder bewegen (vgl. dazu LIKET 1992):

— Definition der Art und des Umfanges der Daten, die von den Schulen erhoben und berichtet werden sollen.

— Training und Expertise für die Entwicklung der schulinternen Evaluationssysteme.

— Meta-Evaluation, d.h. Evaluation der Evaluations-Berichte der Schulen.

— Aggregation von Datengruppen über den ganzen Aufsichtsbereich bzw. das ganze Bundesland.

— Diagnose dieser landesweiten Daten und Rückmeldung an Schulverwaltung und Bildungspolitik.

Das Minimum des Einbezugs der Schulaufsicht bei der Qualitätssicherung ist, daß Schulaufsicht und Schule hinsichtlich der Art und Weise eines Entwicklungsprozesses voneinander Kenntnis haben. Allerdings ist im Auge zu behalten, daß bloße Information auch Ängste auslösen kann und deshalb nicht ausreicht. Es muß eine Klärung des ganzen Konzepts erfolgen, was faktisch nur durch aktive Einbeziehung geschehen kann, durch das Erfahren des eigenen Parts und durch Kenntnis darüber, wie die Praxis von Schulentwicklungsprozessen aussieht.

Im übrigen kann die Schulaufsicht nichts so überzeugend vom Verdacht befreien, sie sei im wesentlichen eine Inspektions- oder Kontrollinstanz, als sie in den Rahmen einer Schulentwicklungsstrategie einzubeziehen.

Die Frage, in welchem Verhältnis der schulinterne Beratungs- und Evaluationsprozeß zu den Kontrollfunktionen von Schulaufsicht steht, ist eine sehr kritische. Schulaufsicht beschränkt sich in Deutschland traditionell nicht auf Beratung, sondern ist auch Kontrolle über die Ausführung des staatlichen Bildungsauftrags. Das behält auch in Zukunft seine Berechtigung.

Immer wenn gegen rechtliche Normen verstoßen wird, wenn rechte Dritter gewahrt werden müssen, wenn personalwirtschaftliche Maßnahmen anstehen, ist die Schulaufsicht auch in ihrer Kontrollfunktion gefordert. Weisung ist dort unverzichtbar, wo Beratung als „Mittel erster Wahl" nicht zu wirken vermag und wo es keine Tradition der Selbstkontrolle gibt.

Eine entscheidende Rolle spielt der Zugang zu den Daten. Wenn konsequent zwischen Schuldaten und privaten, auf einzelne Personen bezogene Daten unterschieden wird, entschärft sich diese Frage: Personenbezogene Daten unterliegen der Vertraulichkeit, also einem besonderen Schutz. Schuldaten dienen der Schulentwicklung und müssen allen daran Beteiligten zugänglich sein. Hier bedarf es allerdings der vorherigen und ausdrücklichen Klärung sowie der Vereinbarung von Normen, wie diese Daten genutzt werden dürfen. Das sollte von der Schulaufsicht nicht als Brüskierung empfunden werden. Gewöhnlich ist es möglich, mit den Daten innerhalb der Schule und gegenüber der Schulaufsicht offen umzugehen, wenn über längere Zeit positive Erfahrungen gesammelt worden sind. Unsere eigenen Erfahrungen zeigen, daß das einige Zeit dauert und daß einige Lehrer sich dem Austausch von Informationen über die Stärken und

Schwächen der Schule erst verschließen, aber danach kaum noch Probleme damit haben.

Die Schulaufsichtsbeamten erhalten von den Schulen die Berichte über die interne Evaluation. Sie gewinnen dadurch regelmäßig ein Bild von der Arbeit der Schule, selbstverständlich auch durch Schulbesuche. Normalerweise werden sie die Schulleitung gut kennen und mit den Fragen, an denen die Schule gerade schwerpunktmäßig arbeitet, vertraut sein. Der Bericht der Schule über die Gesamtbeurteilung oder das Schulentwicklungsprogramm sollte Grundlage der Beratung durch die Schulaufsicht sein. In England vereinbart die Schulaufsicht nach dem Studium dieser Schulberichte eine Art Beratungswoche mit der Schule, d.h. eine intensive Begegnung über eine Woche hin mit allem, was dazugehört: Es wird über neue Erfahrungen geredet und über Schwachstellen sowohl mit der Schulleitung als auch mit dem Kollegium, aber immer, ohne vom Weisungsrecht Gebrauch zu machen. So kann sich Beratung von der Kontrolle zur Unterstützung wandeln.

Eine geraume Weile vor ihrem Besuch und normalerweise bevor der schulinterne Rückblick stattfindet, könnten die Schulaufsichtsbeamten die Schule bitten, ihnen weitere Daten zu bestimmten Aspekten ihrer Arbeit zugänglich zu machen (z.B. über die Leistungsstände in Mathematik, die Scheiternsquote für ausländische Kinder, Erfordernisse von Teamentwicklung, Anforderungen von Materialien, ungelöste Fragen, für die man externe Hilfe benötigt, usw. . . .). Diese Daten dienen dazu, daß die Schulaufsichtsbeamten eine festere Basis gewinnen für gemeinsame Diagnosen und Entwicklungsideen. Aufgabe von Schulaufsicht ist es also nicht, irgendwelche Daten zu sammeln, sondern sicherzustellen, daß die Schule einen wirksamen internen Prüfprozeß durchführt, der die bestmöglichen Informationen darüber liefert, welche Fragen besonders wichtig sind.

Was sich also im Klassenraum abspielt und was im Lernprozeß wirklich passiert, kann nicht von draußen „bewerkstelligt" werden. Die „Botschaft" von John GOODLAD (1975) in den siebziger Jahren bis zu HUBERMAN und MILES in den achtziger Jahren ist deutlich: Führungspersonen im Schulbereich können nicht anordnen, was wichtig ist, sie können nur

Ergebnisse ermöglichen, Prozesse unterstützen oder bestenfalls Initialzündungen geben.

Es bleibt dennoch festzuhalten, daß die Ebene des Gesamtsystems eine wichtige Rolle bei Veränderungsprozessen spielt. Nach HUBERMANs und MILES' Arbeit ist eine Kombination von Druck und Zug (Unterstützung) wichtig. Wichtiger jedoch ist die Erkenntnis, daß Veränderungsprozesse Platz greifen durch Dialog und tatsächliche wechselseitige Einwirkung (HUBERMAN/MILES 1984).

Eine belehrende und direktive Schulaufsicht ist bei Prozessen der Schulentwicklung also eher hinderlich als förderlich. Der Schulrat ist weder Oberschulleiter noch Oberlehrer. Je mehr sich Schulräte zurückhalten, je mehr Elemente von Lehrerkooperation, schulinterner Fortbildung und gegenseitiger Beratung realisiert werden, desto höher ist die Akzeptanz durch die Kollegien und desto eher sind Lehrerinnen und Lehrer bereit, an Entwicklungsprojekten aktiv mitzuarbeiten. Deshalb darf es bei der externen Evaluation auch nicht um die Beurteilung individueller Lehrerleistungen gehen, sondern um die Beurteilung einzelner Projekte, Fächer, Nachmittagsangebote oder um die Arbeit und Qualität der Schule insgesamt.

Wenn man einen internen Prozeß von Qualitätsprüfung haben will, muß die Schulaufsicht also einbezogen sein, aber paradoxerweise doch von extern wirken. Die Schulaufsichtsbeamten der Zukunft sollten Experten für die Schule als Organisation sein und für die Strategien und Techniken von Evaluation. Sie haben die Aufgabe, den Schulentwicklungsprozeß zu befördern (z.B. dadurch, daß sie für Fortbildung in Evaluation sorgen) und die erforderlichen Ressourcen zu beschaffen. Das alles wird von ihnen erwartet und auch, daß sie außerhalb der internen Beurteilung bleiben. Die Schulaufsicht trägt eine sehr hohe Verantwortung dafür, der Schule dabei zu helfen, die Vision einer besseren Zukunft zu realisieren, indem sie z.B. die Brücke bildet zur Schulverwaltung, indem sie bei der Personalversorgung hilft, sich für zusätzliche Ressourcen einsetzt, kurz: den Prozeß der Weiterentwicklung von Schule nach Kräften unterstützt. Damit komme ich zum letzten Abschnitt, zum:

3. Aufbau eines Unterstützungssystems

Das Konzept einer sich-selbst-erneuernden Schule ist eine anspruchsvolle Strategie der Weiterentwicklung des Bildungssystems. Die einzelnen Schulen sollen sozusagen erwachsen werden, was bedeutet, daß die Kollegien und Kollegen möglichst viele ihrer eigenen Dinge so selbständig wie möglich regeln, die ganze Schule ein Bewußtsein gemeinsam geteilter Ziele ausbildet, Prioritäten setzt, Entwicklungsprojekte entwirft und auch realisiert sowie eine interne Evaluation durchführt.

Auf eine solche Praxis sind die heutigen Schulen kaum vorbereitet. Sie müssen die Fähigkeit zur Selbstorganisation erst lernen und sie mit einem Verantwortungsbewußtsein für die Entwicklung der ganzen Schule verbinden. Denn zur Selbstorganisation gehört Selbstverantwortung. Maßnahmen zur Kollegiumsentwicklung im Sinne von Personalentwicklung sind also unabdingbar.

Kollegiumsentwicklung ist nicht über die üblichen Fortbildungsveranstaltungen zu erreichen, auch nicht durch die besondere Form einer pädagogischen Klausur. Sie ist mehr als eine punktuelle, maximal zweitägige Klausurtagung. Bei Kollegiumsentwicklung geht es vielmehr darum, kontinuierliche Prozesse zu initiieren und institutionell abzusichern. Ich kann mir nicht vorstellen, wie das ohne gemeinsame Planung und Ausführung von Entwicklungsprojekten gelingen soll.

Die Schulleiterinnen und Schulleiter spielen auch bei der Kollegiumsentwicklung eine Schlüsselrolle, indem sie den Prozeß organisieren, ohne ihn dem Kollegium überstülpen zu wollen. Überstülpen würde demotivieren. Unterstützung von Initiativen des Kollegiums — und seien sie noch so zart — wäre der richtige Weg. Die Unterstützung sollte auch moralisch sein, vor allem aber methodisch. Mit Methoden sind Fähigkeiten und Fertigkeiten zur kooperativen Diagnose, gemeinsamen Zielklärung und Prioritätensetzung und zum Projektmanagement gemeint. Diese Methoden müssen Schulleiter zum Großteil allerdings erst selbst erwerben. Dies unterstreicht die Notwendigkeit des Ausbaus der Schulleiterfortbildung. Eine Professionalisierung der Schulleiterfortbildung ist eine fundamentale Voraussetzung für Schulentwicklung. In dem Maße, in dem sich das neue Schulkonzept realisieren ließe, werden die Schulleiter auch noch für die Organisation der schulbasierten Evaluation verantwortlich. Auch hier benötigen sie Fortbildung und Unterstützung durch die Schulaufsicht.

Die Schulleitung muß also gestärkt werden, damit sie die Aufgabe der pädagogischen Führung wie die des professionellen Managements besser ausüben kann, wobei es sich hier nicht um eine starre Zweiteilung, sondern um zwei Seiten ein- und derselben Medaille handelt.

Wenn die Professionalisierung der Schulleitertätigkeit vorangetrieben wird, können Schulleiterinnen und Schulleiter auch stärker als bisher die Fortbildungsbereitschaft der Lehrkräfte initiieren, die Kollegiumsentwicklung vorantreiben, Organisationshilfen geben und Konflikte bearbeiten, vielleicht sogar produktiv machen und durch engere Zusammenarbeit in gemeinsamen Projekten mehr Vertrauen aufbauen. Dann wäre die Schulleitung so etwas wie ein internes Unterstützungssystem. Lehrerinnen und Lehrern könnte es auf diese Weise erleichtert werden, sich mit dem Prozeß der Schulentwicklung zu identifizieren.

Für die „corporate identity" des Kollegiums, wie man Identifizierung mit dem besonderen Profil der eigenen Schule auch nennen könnte, wäre es auch gut, wenn es mehr Gelegenheit bekäme, neue Kolleginnen und Kollegen selbst hinzuzuwählen. So würde wenigstens in der Tendenz so etwas wie Wahlkollegien entstehen. Und für die „corporate identity" des gesamten Schulsystems wäre es heilsam, wenn Bildungspolitiker die aufgezeigte Rollenproblematik der Lehrerinnen und Lehrer besser verstehen und deren schwieriger werdende Arbeit öffentlich häufiger würdigen würden.

In etlichen Fällen reichen die bisher genannten Maßnahmen nicht aus, einen Schulentwicklungsprozeß von innen her in Gang zu setzen und selbst zu moderieren. Sie reichen immer dann nicht aus, wenn die Schulleitung selber noch nicht fortgebildet oder aber in eine Konfliktlage verwickelt ist. Wenn diese Fälle gravierend sind, empfiehlt es sich, externe Berater zu Hilfe zu holen, was in der Wirtschaft schon lange und neuerdings in der öffentlichen Verwaltung gang und gäbe ist (vgl. dazu DALIN/ROLFF/BUCHEN 1990).

In NRW gibt es neben einer einschlägigen Schulleiterfortbildung inzwischen ausgebildete Berater, Schulentwicklungsmoderatoren genannt. Schulen können sie anfordern, um Hilfe z.B. bei der gemeinsamen Diagnose, beim Projektmanagement oder bei der Lösung eines Rollenkonflikts zu erhalten. Diese Schulentwicklungsmoderatoren können nicht verpflichtet werden, mit einer bestimmten Schule zu arbeiten. Sie stellen ihre externe Unterstützung einer Schule für einen Entwicklungsprozeß zur Verfügung, wenn die Schule diese Unterstützung wünscht.

Wichtig ist, daß Schulaufsicht und Schulentwicklungsmoderatoren in keinem formellen Auftragsverhältnis stehen. Der Charakter der Arbeit beider Seiten mit Schulen ist vertraulich. Schulaufsicht kann ggf. die Schule mit Schulentwicklungsmoderatoren in Verbindung bringen, wenn beide, Schule und Moderatoren, dies für sinnvoll halten. Und Schulaufsicht muß in jedem Fall die formale Genehmigung geben.

Kommt noch Supervision hinzu, die auch die Schulleitung in Anspruch nehmen kann, entsteht nach und nach ein umfassendes Unterstützungssystem. Es ist im Kern ein Qualifizierungs- und Professionalisierungssystem, das der Personal- und Kollegiumsentwicklung dient. Es wird zusätzlich Kosten verursachen. Deshalb ist es vielleicht wichtig in dem Jahr, in dem Unternehmensberatungsfirmen zum Thema Schule mehr Gehör finden als Pädagogen, daran zu erinnern, daß in der Wirtschaft dafür im Durchschnitt 7 1/2% der Arbeitszeit aufgewendet werden — und in Hightech-Betrieben sogar bis zu 40%.

Ich komme zur

4. Zusammenfassung

Ich bin davon ausgegangen, daß sich die Bedingungen des Schulehaltens rapide ändern und Schulen darauf reagieren müssen. Wenn sie nicht nur reagieren wollen, müssen sie Selbstorganisation lernen und selbstverantwortliche, sich-selbst-entwickelnde-Schulen werden. Das führte zur Skizzierung eines neuen Schulkonzepts, dessen Grundidee ich abschließend noch einmal zu vier kurzen Punkten komprimiere:

(I)   Eine zentralistische Schulplanung ist obsolet geworden.

(II)   Ein Trend zur Dezentralisierung, besser zur teilautono-
       men bzw. sich-selbst-entwickelnden Schule setzt sich
       durch.

(III) Je autonomer die Schule wird, desto stärker kommt die
       zentrale Ebene der Schulentwicklung doch wieder in
       den Blick.

(IV)   Die zentrale Ebene muß sich allerdings ändern, wenn
       sie ihre Aufgaben erfüllen will. Sie muß sich vom Pla-
       nungs- zum Unterstützungssystem wandeln, das der
       Qualitätssicherung dient.

Ein solches Unterstützungssystem zu schaffen, gehört zu
den vornehmsten Aufgaben künftiger Bildungspolitik.

Literatur

Kommentierte Literaturliste zur
Organisationsentwicklung

BECKER, H./LANGOSCH, J.: Produktivität und Menschlichkeit. OE und ihre Anwendung in der Praxis. Stuttgart 1989[3]. Dies ist ein Einführungsbuch, das allgemein über den Einsatz der OE informiert.

BENNIS, W.G. u.a. (Hrsg.): Änderung des Sozialverhaltens. Stuttgart 1975. Dieses Buch ist die erste ins Deutsche übertragene Aufsatzsammlung amerikanischer OE-Autoren. Noch immer aktuell. Empfehlenswert sind die Beiträge von Chin/Benne (mit einer Typologie der gängigsten Veränderungsstrategien) und Watson (über Widerstand gegen Neuerungen).

BULLA, H.G.: Probleme einer Organisationsentwicklung in der Schule. Analyse, Konzepte und ein Rahmenmodell: Zur Strategie des Survey-Feedbacks. Frankfurt/M./Bern 1982. Diese Dissertation berichtet über eines der ersten OE-Vorhaben in bundesdeutschen Schulen. Der häufig angewandte OE-Ansatz des Befragungs-Feedbacks wird sehr fundiert dargestellt.

BURKE, W.W.: Organization Development. A Normative View. Reading/Mass u.a. 1987. Burkes überarbeitetes Buch ist Teil einer preisgünstigen Reihe im einschlägigen OE-Verlag der Vereinigten Staaten (Addison-Wesley; andere Autoren: Beckhard, Schein, Walton). Der Autor stellt die OE sehr umfassend, mit praktischen Beispielen und gut lesbar dar.

DALIN, P.: Organisationsentwicklung als Beitrag zur Schulentwicklung – Innovationsstrategien für die Schule. Paderborn 1986. Diese Studie des international arbeitenden (auch in der Bundesrepublik) OE-Beraters ist eine sehr gut lesbare Einführung in die schulische OE, die einen hervorragenden Überblick über internationale Forschungen und OE-Projekte enthält.

DALIN, P./ROLFF, H.-G. unter Mitarbeit von Herbert Buchen: Institutionelles Schulentwicklungsprogramm – Eine neue Perspektive für Schulleitung, Kollegium und Schulaufsicht. Soest 1990. Dieses Buch präsentiert zum ersten Mal einen umfassenden Ansatz, der einzelnen Schulen einen Weg zeigt, ihr eigenes Institutionelles Schulentwicklungsprogramm zu betreiben, kurz ISP genannt. Das ISP ist in Norwegen entstanden, dort sowie in Holland und England erprobt und in Nordrhein-Westfalen weiterentwickelt worden. Es wird in diesem Buch in klarer und leicht lesbarer Sprache dargestellt und durch zahlreiche Graphiken illustriert. Es ist für Schulleitungs- und Kollegiumsmitglieder ebenso von Interesse wie für

Schulaufsichtsbeamte, denn produktive Schulentwicklung kann nur als Gemeinschaftsaufgabe gelingen.

DYER, W.G.: Team Building. Issues and Alternatives. Reading Mass.1987. Wiederum eine Addison-Wesley-Publikation. Gespickt mit Beispielen, Methoden und Instrumenten zeigt Dyer die Spannbreite von Teamentwicklungs-Programmen auf.

FRANCIS, D./YOUNG, D.: Mehr Erfolg im Team. Hamburg 1989[3]. Zu demselben Thema erscheint hier bereits in der dritten Auflage ein sehr praktisch angelegtes Methodenbuch. Es bietet 46 Übungen an, um die Leistungsfähigkeit von Arbeitsgruppen zu verbessern.

FRENCH, W.C./BELL, C.H.: Organisationsentwicklung. Stuttgart/Bern 1977. Vor dem Buch von Sievers (s. weiter unten) ist dies die Standardeinführung in Prinzipien, Methoden und Beispiele der allgemeinen OE. Die neue 4. amerikanische Auflage ist besonders lesenswert.

FULLAN, M.: The New Meaning of Educational Change. New York: Teachers College Press 1991. Hierbei handelt es sich um eine fast vollständige, systematische und kritische Übersicht zu Innovationsstrategien im Bildungswesen. Im empirischen Teil zeigt Fullan Handlungsmöglichkeiten, aber auch Ambivalenzen und Paradoxien der Schulentwicklung auf.

GLASL, F.: Konfliktmanagement. Ein Handbuch für Führungskräfte und Berater. Haupt-Verlag, Bern 1990, 2. Auflage. – Das beste Buch zum Thema, theoretisch hervorragend, voller Praxishilfen und verständlich geschrieben. Allerdings etwas langatmig.

GLASL, F./de la HOUSSAYE, L. (Hrsg.): Organisationsentwicklung. Das Modell des Niederländischen Instituts für Organisationsentwicklung und seine praktische Bewährung. Bern/Stuttgart 1975. Das NPI illustriert sein Modell an verschiedenen Praxisbeispielen. Glasl beschreibt in „Selbstdiagnose einer Schule" das Fallbeispiel einer Selbsterkundung.

HORSTER, Leonhard: Wie Schulen sich entwickeln können. Der Beitrag der Organisationsentwicklung zu schulinternen Projekten. Soest 1991. Diese Schrift gibt konkrete Praxisanleitungen für die Selbstentwicklung von Schulen. Hierzu werden zahlreiche Methoden und Instrumente (auch als Kopiervorschlag) vorgestellt und ihre Einsatzmöglichkeiten im Kollegium erläutert. Eine ausführlich dokumentierte Fallstudie verschafft einen Überblick über den Prozeß innerschulischer Entwicklungsarbeit und stellt die einzelnen Methoden und Instrumente in einen Kontext. Theoretischer Hintergrund ist das ISP.

KLEBERT, K. u.a.: Kurzmoderation. Hamburg 1987. Die Autoren geben zahlreiche konkrete Anwendungsbeispiele für die Moderationsmethode, die ursprünglich vom „Quickborner Team" als Verfeinerung des Brain-Stormings propagiert wurde.

LANGENMAACK, B./BRAUNE-KRICKAU, M.: Wie die Gruppe laufen lernt. München/Weinheim 1987[3]. Dieses Buch, entstanden in praktischen Verhaltenstrainings-Seminaren, will „Anregungen zum Planen und Leiten von Gruppen" geben. Diese Anregungen sind sehr fundiert, mit einigen Theorie-Einschüben versehen und dennoch sehr praxisnah. Leitfragen und Checklisten sind auch für die schulische Konferenzvorbereitung brauchbar.

LAUTERBURG, Ch.: Arbeitssupervision im Kollegenkreis. In: Organisationsentwicklung 4(1985)[1]. Der beste Aufsatz zur gegenseitigen Supervision unter Kollegen. Theoretisch reflektiert, mit zahlreichen nützlichen Praxisanleitungen. Gut auf die Schule zu übertragen.

NEUBERGER, Oswald: Personalentwicklung. Stuttgart: Enke 1991. Diese lehrbuchähnliche Schrift informiert in umfassender Weise über das Konzept der Personalentwicklung in allen seinen Nuancen. Wenngleich der Autor formuliert, die Zielsetzung des Unternehmens und nicht die des Mitarbeiters hätten im Vordergrund zu stehen, informiert er sachlich über das gesamte Spektrum von Verständnissen der PE. Er diskutiert ausführlich die theoretischen Bezüge und erläutert illustrativ praktische Erfahrungen und methodische Verfahren.

OSSWALD, E.: Gemeinsam statt einsam. Kriens 1990. Dies ist die ausführliche, sehr engagiert geschriebene Darstellung des „Arbeitsplatzbezogenen Pädagogischen Trainingsprogramms" (APT) der Stadt Basel, das u.a. die folgenden Elemente umfaßt: Organisationsentwicklung, Kommunikationstraining, Feedback-Ansatz und Projektlernen. Zentral zum Verständnis des APT ist die Themenzentrierte Interaktion nach R. Cohn.

PHILIPP, E./ROLFF, H.-G.: Schulgestaltung durch Organisationsentwicklung. Fallbeispiele, Methoden und Konzepte. Bd. 54 des Schulleiterhandbuches. Braunschweig 1990. In diesem Heft werden verschiedene Ansätze und Aspekte angewandter OE behandelt. U.a. werden vorgestellt: Rolle der Schulleitungen als „Agenten" des Wandels, Methoden des Einstiegs in ein OE-Projekt, Strategien und Regeln der OE, Ablaufdiagramm als Verfahren kollegialer Planung, Team-Entwicklungsprogramme und Verbesserungsmöglichkeiten der Kooperation durch Selbstbefragung.

PHILIPP, E.: Gute Schule verwirklichen. Ein Arbeitsbuch mit Methoden, Übungen und Beispielen der Organisationsentwicklung. Weinheim/Basel 1992. In diesem Handbuch zur schulischen Organisationsentwicklung werden über 20 Verfahren zur praktischen Weiterentwicklung von Schulprogrammen mit Illustrationsbeispielen beschrieben. Dargestellt werden u.a. Methoden und Instrumente des Einstiegs, der kollegialen Teamentwicklung, der Prozeßanalyse sowie der Arbeit mit Schulen und Eltern. Die Darstellung aller Methoden beruht auf Erfahrungen des Autors mit konkreten Schulentwicklungsprojekten in der Bundesrepublik.

PIEPER, A.: Verbesserung der Zusammenarbeit im Lehrerkollegium als Aufgabe einer systembezogenen schulpsychologischen Beratung. Entwicklung und Erprobung praktischer Formen von Organisationsentwicklung in der Schule. Frankfurt/M. u.a. 1986. Ebenfalls eine Dissertation, die sich — neben den im Titel genannten Schwerpunkten — insbesondere mit der Konferenzgestaltung beschäftigt.

ROLFF, H.-G.: Schulreform als geplanter organisatorischer Wandel — Ein Bericht über Schulreformplanung in den USA. In: Die Deutsche Schule, Heft 6/1977. In diesem Bericht wird über Organisationsentwicklung in den USA informiert und nach Übertragungsmöglichkeiten gefragt.

SCHMUCK, R.A./RUNKEL, P.: Third Handbook of Organization Development in Schools. Palo Alto: Mayfield 1985. In ihrem dritten Handbuch (das erste erschien bereits 1971) geben diese OE-„Päpste" die nach wie vor umfassendste Darstellung von Themen, Methoden und Theorien schulischer OE.

SCHULMANAGEMENT Heft 3/1986: Themenheft zur Organisationsentwicklung (u.a. mit Beiträgen von Buchen, Philipp und Rolff). Eine der ersten Publikationen zur Bedeutung von OE für Schulen in der Bundesrepublik.

SCHULMANAGEMENT Heft 2/1991: Themenheft zum ISP (u.a. mit Beiträgen von Dalin, Buchen, Rolff und einer Fallstudie von Horster).

SCHWÄBISCH, L./SIEMS, M.: Anleitung zum sozialen Lernen für Paare, Gruppen, Erzieher. Kommunikations- und Verhaltenstraining. Reinbek 1974. Dieses Taschenbuch liegt mittlerweile in mehreren Auflagen vor und zeigt verschiedene Ansätze der Gruppenpädagogik und -dynamik. Sehr praxisnah und immer noch anregend.

SIEVERS, B. (Hrsg.): Organisationsentwicklung als Problem. Stuttgart 1977. Obwohl leicht „angejahrt", gibt dieses Buch des einzigen bundesdeutschen Ordinarius' für die OE eine gute Übersicht diverser OE-Ansätze. Zudem weist es auf Probleme und Schwierigkeiten der OE hin.

STAEHLE, W.H.: Management. Eine verhaltenswissenschaftliche Perspektive. München 1989. Dies ist die vierte Auflage des Management-Handbuchs, das grundlegend überarbeitet die vielfältigsten Aspekte des Themas aufzeigt. In OE-Perspektive sind die beiden umfangreichen Schlußkapitel am interessantesten: „Management des Humanpotentials: Personalmanagement" und „Management des Wandels: Organisationsentwicklung".

STEUER, E.: Organisationsentwicklung für die Schule. Frankfurt/M. 1983. Hierbei handelt es sich um eine Doktorarbeit zur OE im Schulfeld. Sie arbeitet die bis dahin vorliegende Literatur auf und analysiert in vorzüglicher Weise einen deutschen Fall.

TREBESCH, K. (Hrsg.): Organisationsentwicklung in Europa (2 Bde.). Bern/Stuttgart 1980. Es handelt sich um die umfangreichen, nahezu alle Felder der OE berührenden Dokumentationsbände eines OE-Symposions in Aachen im Jahr 1979.

WEICK, K.E.: Der Prozeß des Organisierens. Frankfurt/M. 1985. Vielleicht nicht zufällig am Schluß steht diese Publikation, stellt sie doch unser gewohntes Sehen und Reden über Organisationen in Frage (etwa die Anleihen bei militaristischer Rhetorik in Organisationen; „Stab", „Linien", „Marschbefehl" etc.). Sie ist gut lesbar und mit Hinweisen zu konkretem, organisatorischem Handeln versehen.

(Diese annotierte Bibliographie beruht auf Vorarbeiten von Elmar PHILIPP)

Benutzte Literatur

ARGYRIS, Ch./SCHÖN, D. (1978): Organizational Learning: A Theory of Action Perspective. Reading Mass.: Addison-Wesley.

AURIN, K. (Hrsg.): Gute Schulen — worauf beruht ihre Wirksamkeit? Bad Heilbrunn 1990.

BAACKE, D.: Jugend und Jugendkulturen. Weinheim/München 1987.

BALL, St.J.: The Micro-politics of the School. Towards a Theory of School Organization. London: Menthuen 1987.

BAUMERT, J./LESCHINSKY, A.: Berufliches Selbstverständnis und Einflußmöglichkeiten von Schulleitern. In: Zeitschrift für Pädagogik 32 (1986) 2, S. 247 — 266.

BAUMERT, J./ROEDER, P.M./SANG, F./SCHMITZ, B.: Leistungsentwicklung und Ausgleich von Leistungsunterschieden in Gymnasialklassen. In: Zeitschrift für Pädagogik, 32. Jg. (1986), H. 5, S. 639 — 660.

BAUMERT, J./SCHMITZ, B./SANG, F./ROEDER, P.M.: Zur Kompatibilität von Leistungsförderung und Divergenzminderung in Schulklassen. In: Zeitschrift für Entwicklungspsychologie und Pädagogische Psychologie, Bd. 19 (1987), H. 3, S. 249 — 265.

BAUMERT, J.: Aspekte der Schulorganisation und Schulverwaltung. In: Max-Planck-Institut für Bildungsforschung (Hrsg.): Bildung in der Bundesrepublik Deutschland, Bd. 1. Reinbek bei Hamburg 1980.

BECK, M./BROMME, R./HEYMANN, H.W./MANNHAUPT, G./SKOWRONEK, H./TREUMANN, K.: Gefangen im Datenlabyrinth. Kritische Sichtung eines Forschungsberichts zum schulischen Chancenausgleich. In: Zeitschrift für Pädagogische Psychologie, Bd. 2 (1988), H. 2, S. 91 — 111.

BECK-GERNSHEIM, E.: Mutterwerden — Der Sprung in ein anderes Leben. Frankfurt/M. 1989.

BECKHARD, R.: Organization Development. Strategies and Models. Reading: Addison-Wesley 1969.

BELL, D.: The Social Framework of the Information Society. In: Tom FORRESTER (Ed.): The Microelectronics Revolution. Oxford: Blackwell 1980.

BERMAN, P. et.al.: Federal Programs Supporting Educational Change. Vol. I — VII. Santa Monica, Ca.: Rand 1974 ff.

BOHNSACK, F.: Pädagogische Strukturen einer guten Schule heute. In: Tillmann, a.a.O.

BROOKOVER, W./BEADY, C./FLOOD, P./SCHWEITZER, J. und WISENBAKER, J.: School Social System and Student Achievement — Schools can make a Difference. New York: Praeger 1979.

BUNDESMINISTER FÜR BILDUNG UND WISSENSCHAFT: Berufsbildungsbericht 1989, Bonn 1989.

BUNDESMINISTER FÜR BILDUNG UND WISSENSCHAFT: Berufsbildungsbericht 1991. Bonn 1991.

BURKE, W.: Managing Conflicts between Groups. In: J.D. Adams (Ed.): New Technologies in Organizational Development. Vol 2. San Diego 1974.

BURNS, J.Mc. (1978): Leadership. New York: Harper and Row.

DALIN, P.: Case Studies of Educational Innovation. Vol. IV. Paris: OECD 1973.

DALIN, P.: Organisationsentwicklung als Beitrag zur Schulentwicklung. Paderborn 1986.

DALIN, P./ROLFF, H.-G. (1992): Changing the School: Towards a new Learning Organization. London: Cassel.

DALIN, P./ROLFF, H.-G. zus. mit H. BUCHEN (1990): Das Institutionelle Schulentwicklungs-Programm. Soest.

DEUTSCHER BILDUNGSRAT: Empfehlungen zur Reform von Organisation und Verwaltung des Bildungswesens. Teil I. Bonn: Bundesdruckerei 1973.

DURKHEIM, E. (1972): Erziehung und Soziologie. Düsseldorf.

EDMONDS, R.R.: Programs of School Improvement. An overview. Educational Leadership, 40 (1982) 3, 4 — 11.

EMNID, herausgegeben vom Bundesminister für Bildung und Wissenschaft: Daten und Fakten über Jugendliche ohne abgeschlossene Berufsausbildung. Bonn 1991.

FEND, H.: Gute Schulen — schlechte Schulen. Die einzelne Schule als pädagogische Handlungseinheit. In: Die Deutsche Schule 82 (1986) 3, S. 275 — 293.

FILLMORE, W.J.: What is O.D.? No more definitions, please. In: O.D. Practitioner 10 (1974) 2.

FISCHER, L.: Kooperative Führung. In: Wiendeck, G./Wischwede, G. (Hrsg.): Führung im Wandel. Stuttgart 1990.

FLITNER, W. (1974[14]): Allgemeine Pädagogik. Stuttgart.

FOLTZ, J.A./HARVEY, J.B./McLAUGHLIN, J.: Organization Development. In: Adams, J.D. (Ed.): Theory and Method in OD.

Arlington: NTL Institute for Applied Behavioral Sciences 1974.

FRENCH, W.C./BELL, C.H.: Organisationsentwicklung. Stuttgart/Bern 1977.

FROMM, E.: Sein und Haben. Frankfurt/M. 1977.

FULLAN, M.: The New Meaning of Educational Change. New York: Teacher College Press 1991.

FULLAN, M.: What's worth fighting for? Toronto: Ontario Public School Teachers Federation 1988.

FULLAN, M.G.: The Meaning of Educational Change. Toronto: OISE press 1982.

FULLAN, M.G.: The New Meaning of Educational Change. New York: Teachers College Press 1991.

GARDNER, H.: Are television's effects due to television. In: Psychology Today, 1 (1980), S. 63 − 64.

GOOD, Th./BROPHY, J.E.: School Effects. In: Wittrock, M.C. (Ed.): Handbook of Research on Teaching, 3. Aufl.. New York 1986.

GOOD, Th./BROPHY, J.: School Effects. In: Wittrock, M.C. (Ed.). Handbook of Research on Teaching. Third Edition. New York: Mc Millan 1986.

GOODLAD, J.: The Dynamics of Educational Change. New York: Mc Graw-Hill 1975.

HAENISCH, H.: Gute und schlechte Schulen im Spiegel der empirischen Forschung. In: Tillmann, a.a.O.

HALL, G.: The Principal as Leader of the Change Facilitating Team. Paper presented at the annual meeting of the AREA. New Orleans 1987.

HALL, G.E.: The Principal as Leader of the Change Facilitating Team. In: Journal of Research and Development in Education 22 (1989) 1, S. 49 − 59.

HANDY, Ch./AITKEN, R. (1986): Understanding Schools as Organizations. Harmondsworth: Pelican.

HARGREAVES, D.H./HOPKINS, D.: The Empowered School. The Management and Practise of Development Planning. London: Cassel 1991.

HELMKE, A. (1988): Leistungssteigerung und Ausgleich von Leistungsunterschieden in Schulklassen: Unvereinbare Ziele? In: Zeitschrift für Entwicklungspsychologie und Pädagogische Psychologie 10 (1988) 1, S. 45 − 76.

HELMKE, A.: Leistungssteigerung und Ausgleich von Leistungsunterschieden in Schulklassen: Unvereinbare Ziele? In: Zeitschrift für Entwicklungspsychologie und Pädagogische Psychologie 10 (1988) 1.

HESSE, J.J., ROLFF, H.-G. und ZÖPEL, Ch. (Hrsg.): Zukunftswissen und Bildungsperspektiven. Baden-Baden 1988.

HIMMELWEIT, H.T.: Television and the Child. London 1958, S. 11.

HOPF, Ch./NEVERMANN, K./RICHTER, J.: Schulaufsicht und Schule. Eine empirische Analyse der administrativen Bedingungen schulischer Erziehung. Stuttgart 1980.

211

HOPKINS, D. (1989): Evaluation for School Development. Milton Keynes: Open University Press.

HORKHEIMER, M.: Mittel und Zwecke. In: M. Horkheimer. Zur Kritik der instrumentellen Vernunft. Frankfurt/M. 1967.

HUBERMAN, A.M./MILES, M.B.: Innovation Up Close. How School Improvement Works. New York: Plenum Press 1984.

INGENKAMP, K.H. (Hrsg.): Die Fragwürdigkeit der Zensurengebung. Weinheim/Basel 1976[6].

INSTITUT FÜR SCHULENTWICKLUNGSFORSCHUNG (Hrsg.): Entwicklung kommunaler Bildungsangebote in NW. Werkheft 34. Dortmund 1990.

INSTITUT FÜR SCHULENTWICKLUNGSFORSCHUNG (Hrsg.): Entwicklung kommunaler Bildungsangebote in Großstädten. Werkheft 36. Dortmund 1991.

KATZ, F.E. (1964): The School as a Complex Social Organization. In: Harvard Educational Review 34 (1964) 3, pp. 428 − 455.

KLEMM, K. u.a.: Bildungsgesamtplan '90. Ein Rahmen für Reformen. Weinheim/München 1990.

KLEMM, K. u.a.: Bildungsgesamtplan '90. Weinheim/München 1990.

KLEMM, K., ROLFF, H.-G., TILLMANN, K.-J.: Bildung für das Jahr 2000. Reinbek 1985.

KMK (Hrsg.): Vorausberechnungen der Schüler- und Absolventenzahlen 1989 bis 2010. Statistische Veröffentlichungen Nr. 115. Bonn 1990.

KRAFT, P.: Zur beruflichen Situation des Hauptschullehrers. Hannover 1974.

LANGENBUCH, G./BAUER, K.-O./ROLFF, H.-G. und RUNTE, P.: Computer in der Grundschule? Werkheft 31 des Instituts für Schulentwicklungsforschung. Dortmund 1989.

LEITHWOOD, K.A.: The Move Towards Transformational Leadership. In: Educational Leadership 49 (1992) 2, pp. 8 − 12.

LEWIN, K.: Angewandte Sozialpsychologie. Bd. 7 der Kurt-Lewin-Werkausgabe, hrsgg. von C.F. Graumann, Bern/Stuttgart 1985.

LIEBERMAN, A./MILLER, L.: Restructuring Schools − What Matters and What Works. In: Phi Delta Kappan 71 (1990) 10, S. 759 − 764.

LIKET, Th.M.E. (1992): Vrijheid en Rekenschap. Amsterdam: Meulenhoff.

LITT, Th.: Das Bildungsideal der deutschen Klassik und die moderne Arbeitswelt. Bochum o.J.

LITWAK, E.: Models of Bureaucracy which permit Conflicts. In: American Journal of Sociology 1961, wiederabgedruckt in R. Mayntz a.a.O.

LORTIE, D.C. (1975): Schoolteachers. A Sociological Study. Chicago: University of Chicago Press.

LÜDE, R. v., ROLFF, H.-G.: Mit dem Computer leben. Ein Arbeitsbuch. Frankfurt/M. 1989.

212

LYON, D.: The Information Society. Issues and Illusions. Oxford: Blackwell 1988.

MANN, F.C.: Studying and Creating Change. In: H.E. Hornstein u.a. (Eds.): Social Intervention. New York 1971.

MAYNTZ, R. (Hrsg.) (1968): Bürokratische Organisation. Köln/ Berlin.

McLAUGHLIN, M. B.: The Rand Change Agent Study Revisited. In: Educational Researcher 19 (1990) 9, S. 11 − 16.

McLAUGHLIN, M.B.: The Rand Change Agent Study Revisited. In: Educational Researcher 19 (1990) 9, pp. 11 − 16.

MEYER, H.L.: Einführung in die Curriculum-Methodologie. München 1972.

MORTIMORE, P./SAMMONS, P./STOLL, L./LEWIS, D. and ECOB, R.: School Matters: The Junior Years. Wells: Open Books 1988.

MYRDAL, G.: Das Zweck-Mittel-Denken in der Nationalökonomie. In: G. Myrdal: Das Wertproblem in der Sozialwissenschaft. Hannover 1965.

NAVE-HERZ, R./MARKEFKA, M. (Hrsg.): Handbuch der Familien- und Jugendforschung. 2 Bände. Neuwied/Frankfurt/M. 1989.

NOHL, H. (1949³): Die pädagogische Bewegung in Deutschland und ihre Theorie. Frankfurt.

ODDEN, A./MARSCH, D.: State Education Reform Implementation. In: Hannaway, J./Crowson, R. (Eds.): The Politics of Reforming School Administration. New York: Falmer 1989.

OECD (Ed.): Schools and Quality. An International Report. Paris 1989.

OEVERMANN, U. (1983): Hermeneutische Sinnrekonstruktion. In: Garz, D./Kraimer, K. (Hrsg.): Brauchen wir andere Forschungsmethoden? Frankfurt/M.

PHILIPP, E./ROLFF, H.-G.: Schulgestaltung durch Organisationsentwicklung. Braunschweig 1990.

POPITZ, H./BAHRDT, H.P./JÜRES, E.A./KESTING, H. (1964). Technik und Industriearbeit. Tübingen.

POSTMAN, N.: Teaching as a conserving activity. New York: Delacorte Press 1977.

PURKEY, S.C./SMITH, M.S.: Effective Schools: A Review. In: The Elementary School Journal 83 (1983) 4, S. 427 − 452. Deutsch in: Aurin a.a.O.

ROLFF, H.-G. u.a.: Jahrbuch der Schulentwicklung, Bd. 6. Weinheim/München 1990.

ROLFF, H.-G. u.a.: Jahrbuch der Schulentwicklung, Bd. 7. Weinheim/München 1992.

ROLFF, H.-G./STEINWEG, A.: Realität und Entwicklung von Lehrerkooperation. In: Rolff, H.-G.: Soziologie der Schulreform. Weinheim 1980.

ROLFF, H.-G./ZIMMERMANN, P.: Kindheit im Wandel. Weinheim/Basel 1992³.

213

ROSENBUSCH, H.S.: Der Schulleiter — ein notwendiger Gegenstand organisationspädagogischer Reflexion. In: Rosenbusch, H.S./Wissinger, J. (Hrsg.): Schulleiter zwischen Administration und Innovation (Schulleiter-Handbuch, Bd. 50). Braunschweig 1989.

RÖSNER, E.: Abschied von der Hauptschule. Frankfurt/M. 1989.

RUTTER, M./MAUGHAN, B./MORTIMER, P./OUSTON, J.: Fünfzehntausend Stunden — Schulen und ihre Wirkung auf die Kinder. Weinheim 1980.

SARASON, S.S.: The Culture of the School and the Problem of Change. Boston: Allyn and Bacon 1971.

SCHELSKY, H.: Der Mensch in der wissenschaftlichen Zivilisation. In: H. Schelsky: Auf der Suche nach Wirklichkeit. Düsseldorf 1965.

SCHELSKY, H.: Der Mensch in der wissenschaftlichen Zivilisation. In: H. Schelsky: Auf der Suche nach Wirklichkeit. Düsseldorf 1965.

SCHNOOR, D.: Sehen lernen in der Fernsehgesellschaft. Köln/Opladen 1992.

SERGIOVANNI, T. (1992).: Why we should seek Substitutes for Leadership. In: Educational Leadership 49 (1992) 1, pp. 41 — 45.

SORGE, A. et.al.: Microelectronics and Manpower in Manufacturing. London: Gower Press 1981.

SPIES, W.E.: Autonome Schulleiter? In: Bildung und Erziehung 44 (1991) 4, S. 469 — 477.

SPIES, W.E.: Das paradoxe Geschäft des Schulleiters. In: Schulmanagement 10 (1979) 5, S. 6 — 8.

STEFFENS, U./BARGEL, T. (Hrsg.): Qualität von Schule. Heft 1 — 8. Wiesbaden 1987 ff. Hessisches Institut für Bildungsplanung und Schulentwicklung.

STREETEN, P.: Programme und Prognosen. Einführung zu Myrdal a.a.O.

TERHART, E. (Hrsg.): Unterrichten als Beruf. Neuere amerikanische und englische Arbeiten zur Berufskultur und Berufsbiographie von Lehrern und Lehrerinnen. Köln 1991.

TESSARING, M.: Tendenzen des Qualifikationsbedarfs in der BRD bis zum Jahre 2010. In: Mitteilungen aus der Arbeitsmarkt- und Berufsforschung 15 (1991) 1, S. 45 — 62.

TILLMANN, K.-J. (Hrsg.): Was ist eine gute Schule? Hamburg 1989.

TREIBER, B./WEINERT, F.E.: Gute Schulleistungen für alle? Psychologische Studien zu einer pädagogischen Hoffnung. Münster 1985.

TÜRK, K.E. (1985): Der Prozeß des Organisierens. Frankfurt/M.

WATSON, G.: Widerstand gegen Veränderungen. In: W.G. BENNIS u.a. (Hrsg.): Änderung des Sozialverhaltens. Stuttgart 1975.

WEBER, M.: die „Objektivität" sozialwissenschaftlicher Erkenntnis. In: Weber, M.: Soziologie, Weltgeschichtliche Analysen, Politik. Stuttgart 1956.